湖南省社科基金重大委托项目：永州精准对接粤港澳大湾区优势特色农业产业发展对策研究 (23WTA07)

湖南省社会科学成果评审委员会重点课题：数字经济背景下永州对接粤港澳大湾区物流体系建设研究（XSP24ZDI022）

湘南优势植物资源综合利用湖南省重点实验室资助项目

湘粤优势特色产业协同发展湖南省普通高等学校哲学社会科学重点研究基地

“工商管理”湖南科技学院应用特色学科重点建设项目资助

“融湾兴永 · 乡村振兴”湖南科技学院学科创新团队

环粤港澳大湾区优势特色农业产业对接研究

何福林　周芳检　著

人民出版社

序 言

当前，我国正处于全面推进乡村振兴、大力推进农业农村现代化和加快建设农业强国的新时期。习近平总书记亲自谋划、亲自部署、亲自推动的粤港澳大湾区建设，给湖南省优势特色农业产业发展带来了重大机遇。《湖南省对接粤港澳大湾区实施方案(2020—2025)》明确提出，充分把握大湾区建设的战略机遇和溢出效应，瞄准大湾区对优质农产品的市场需求，建设湖南“湘江源”优质特色蔬菜生产基地，打造“湘江源”蔬菜区域公用品牌，为大湾区提供丰富多样、绿色生态、优质安全、供需稳定的“菜篮子”产品。

永州市位于湖南南部，与广东、广西毗邻，是环粤港澳大湾区重要城市。2024年的永州市政府工作报告指出，要充分发挥永州优势特色农业产业优势，持续推广“永州之野”品牌，加快乡村产业振兴步伐，进一步打造对接粤港澳大湾区的“桥头堡”，推动蔬菜出口向200亿元迈进。但同时从永州市实际来看，优势特色农业产业发展还面临对接规划不统一、产品品质不够优、品牌培育力度小、比较效益相对低、物流成本比较高等难题。如何破解相关难题，做大做强对接粤港澳大湾区优势特色农业产业，《环粤港澳大湾区优势特色农业产业对接研究》一书，正是对这一领域的思考与探索。

这部著作比较详细地分析了永州精准对接粤港澳大湾区优势特色农业产业发展取得的成效与存在的问题及原因，并以广西贺州、江西赣州、福建龙岩、山东寿光、云南文山等国内优势特色农业产业发展优秀案例为参考，明确永州精准对接粤港澳大湾区优势特色农业产业发展的战略重点，提出一整套对策建议。本成果基于对接融入的视角，着重分析永州精准对接粤港澳大湾区优势特色农业产业发展中标准互认、产品全产业链质量安全追溯、智慧农业等问题，有利于丰富和发展产业组织理论、产业结构理论和产业关联理论；本成果将优势特色农业产业发展置于融入粤港澳大湾区的背景下，可以为区域合作治理与欠发达地区城市高质量发展的研究增添新内容和新思路，亦可以为丰富区域经济发展的理论做出有益的探索和贡献；本成果尝试以优势特色农业产业发展作为切入点，探讨永州精准对接粤港澳大湾区的对策建议，可以为实施乡村振兴战略拓展新的思路，更可以为内陆城市特别是湖南周边市州融入粤港澳大湾区发展提供高质量的决策参考。

当然，本书所构建的理论框架与提出的对策建议，亦可作为未来研究的起点，鼓励更多学者与实践者关注永州乃至类似地区在区域合作与农业产业发展中的新动态、新趋势，共同推动相关领域的理论创新与实践发展。

是为序。

（湖南农业大学党委书记，二级教授，博士生导师）

2024 年 7 月 10 日

目　录

第一章　绪论

党的二十大报告明确提出，要坚持农业农村优先发展，坚持城乡融合发展，畅通城乡要素流动；发展乡村特色产业，拓宽农民增收致富渠道。永州市位于湖南南部，与广东毗邻，是环粤港澳大湾区的重要城市。优越的地理环境，厚重的历史传统，成就了区域内优势特色农业。湖南省第十二次党代会报告提出，加强对接粤港澳大湾区建设，推动湘南建设中西部地区内陆开放合作示范区，这为永州对外开放赋予了新的使命。充分发挥永州优势特色农业产业优势，加快乡村产业振兴步伐，进一步打造对接粤港澳大湾区的“桥头堡”，已成为当前区域经济发展的重大议题。

第一节　研究背景与研究意义

一、研究背景

第一，我国正处于全面推进乡村振兴、大力推进农业农村现代化和加快建设农业强国的新时期。

我国是农业大国，粮食、棉花、蔬菜、茶叶产量世界第一，主要农产品人均占有量超过世界平均水平，重要农产品供应充足、种类丰富。但同时我国也面临着土地产出率/劳动生产率和资源利用率低、产业结构不合理、农业科技含量不高、农业现代化水平较低等问题。实施乡村振兴战略，是习近平总书记在党的十九大报告中作出的重大决策部署，是全面建设社会主义现代化国家的重大历史任务，是新时代“三农”工作的总抓手。乡村振兴战略总要求是产业兴旺、生态宜居、乡风文明、治理有效、生活富裕，需要努力抓好产业振兴、人才振兴、文化振兴、生态振兴、组织振兴五大重点任务①。自乡村振兴战略实施以来，亿万农民充分发挥他们的积极性和创造性，乡村面貌为之一新，农业农村发展取得了历史性成就、发生历史性变革。

没有乡村的振兴，就没有中华民族的伟大复兴；没有农业农村的现代化，就没有国家的现代化。2021 年 2 月，中共中央、国务院出台了《关于全面推进乡村振兴加快农业农村现代化的意见》，提出要坚持把解决好“三农”问题作为全党工作重中之重，把全面推进乡村振兴作为实现中华民族伟大复兴的一项重大任务，举全党全社会之力加快农业农村现代化，让广大农民过上更加美好的生活。②党的十九届五中全会审议通过的《中共中央关于制定国民经济和社会发展第十四个五年规划和二〇三五年远景目标的建议》，对新发展阶段优先发展农业农村、全面推进乡村振兴作出总体部署。③

① 新华社：《中共中央　国务院关于实施乡村振兴战略的意见》，https://www.gov.cn/zhengce/2018-02/04/content_5263807.htm，2018 年 2 月 4 日。

② 新华社：《中共中央　国务院关于全面推进乡村振兴加快农业农村现代化的意见》，https://www.gov.cn/zhengce/2021-02/21/content_5588098.htm?trs=1，2021 年 2 月 21 日。

③ 国务院：《中华人民共和国国民经济和社会发展第十四个五年规划纲要》，http://www.gov.cn/xinwen/2021-03/13/content_5592681.htm，2021 年 3 月 13 日。

强国必先强农，农强方能国强。党的二十大报告指出要“全面推进乡村振兴，发展乡村特色产业，加快建设农业强国”“要坚持农业农村优先发展，坚持城乡融合发展，畅通城乡要素流动；发展乡村特色产业，拓宽农民增收致富渠道。[①]”习近平总书记在2023年中央农村工作会议上强调：“产业振兴是乡村振兴的重中之重，要落实产业帮扶政策，做好‘土特产’文章，依托农业农村特色资源，向开发农业多种功能、挖掘乡村多元价值要效益，向一二三产业融合发展要效益，强龙头、补链条、兴业态、树品牌，推动乡村产业全链条升级，增强市场竞争力和可持续发展能力。”[②]在2024年中央农村工作会议上，习近平总书记进一步强调，坚持产业兴农、质量兴农、绿色兴农，精准务实培育乡村产业，完善联农带农机制，实施农民增收促进行动[③]。

第二，湖南正处于深度融入“一带一路”建设、加快实现“三高四新”美好蓝图和融入粤港澳大湾区建设的新阶段。

湖南是农业大省，自古以来就享有“九州粮仓”“鱼米之乡”的美誉。近年来，湖南省委、省政府积极打造乡村振兴“湖南样本”，三湘大地发生巨变。在全力推进乡村振兴、大力推进农业农村现代化和加快建设农业强省的同时，湖南“走出去”的步伐越发强劲。

自2013年习近平总书记提出共建“一带一路”倡议以来，特别是2020年习近平总书记来湘视察为湖南擘画“三高四新”美好蓝图

① 习近平：《高举中国特色社会主义伟大旗帜 为全面建设社会主义现代化国家而团结奋斗——在中国共产党第二十次全国代表大会上的报告》，人民出版社2022年版。

② 新华社：《锚定建设农业强国目标 切实抓好农业农村工作：习近平总书记在2023年中央农村工作会议上的讲话》，https://www.gov.cn/xinwen/2022-12/24/content_5733398.htm，2022年12月24日。

③ 新华社：《中央农村工作会议在京召开 习近平对“三农”工作作出重要指示》，http://www.xinhuanet.com/politics/2023-12/20/c_1130037630.htm，2023年12月20日。

之后，湖南充分发挥“一带一部”区位优势，围绕打造内陆地区改革开放高地，深度融入共建“一带一路”，构建起海陆空全方位开放通道，一大批湘企不断拓展国际市场，实现连续7年保持外贸进出口两位数快速增长，2023年湖南进出口总值达6175亿元，其中出口4009.4亿元。在农业产业方面，湖南杂交水稻在60多个国家推广，祁东黄花菜远销日本、澳大利亚和东南亚各国，30个农业援外项目在菲律宾、马达加斯加等20个国家开花结果，省级境外农业产业园建设走在全国前列。2023年湖南共出口农产品217.7亿元、增长21.2%（其中蔬菜出口首破100亿元大关，增长42.4%，居全国第二位）。

建设粤港澳大湾区，是习近平总书记亲自谋划、亲自部署、亲自推动的重大国家战略，是新时代推动形成全面开放新格局的新举措。湘粤两省山水相连，两省经济社会协同发展有着坚实的基础。粤港澳大湾区建设，给湖南省优势特色农业产业发展带来了重大机遇。《湖南省对接粤港澳大湾区实施方案（2020—2025）》明确提出，充分把握大湾区建设的战略机遇和溢出效应，务实推进交通、产业、科技、生态、民生等领域对接合作；瞄准大湾区对优质农产品的市场需求，建设湖南“湘江源”优质特色蔬菜生产基地，打造“湘江源”蔬菜区域公用品牌，为大湾区提供丰富多样、绿色生态、优质安全、供需稳定的“菜篮子”产品。①

第三，永州正走在建设中西部地区内陆开放合作示范区、坚持向南向海向外发展和蔬菜出口“百亿工程”新征程路上。

① 湖南省人民政府办公厅：《湖南省对接粤港澳大湾区实施方案（2020-2025年）》（湘政办发〔2020〕8号），http://www.hunan.gov.cn/hnszf/xxgk/wjk/szfbgt/202003/t20200304_11764140.html，2020年3月2日。

永州市位于湖南南部，是湘西南地区通道资源最富集城市。《国家综合立体交通网规划纲要》《湖南省“十四五”现代化综合交通运输体系发展规划》提出实施“6 主轴 7 走廊 8 通道”国家综合立体交通网主骨架和全省“三纵五横”综合运输大通道，国家综合立体交通网主骨架中的粤港澳—成渝主轴、西部陆海走廊、湘桂通道、厦蓉通道等“1 轴 1 走廊 2 通道”，以及湘桂运河形成的两条南北、东西江海大通道等均在永州交会。湖南省第十二次党代会报告提出，推动湘南建设中西部地区内陆开放合作示范区，这为永州对外开放赋予了新的使命。永州市正以永州陆港为切入点加快建设西部陆海新通道战略支点城市，打造中西部地区经永州至湛江港的新通道，2021 年入选“十四五”时期国家骨干冷链物流基地承载城市，2023 年上榜国家骨干冷链物流基地建设名单。

永州地处粤港澳大湾区、北部湾经济区最前沿的湘粤桂接合部，在乡村振兴、建设农业强国、中国扩大开放、湖南努力实现“三高四新”美好蓝图的大背景下，永州市准确把握“向南、向海、向外”发展方向，瞄准大湾区高端市场，建设现代农业大基地大企业大产业。近年来，永州市把蔬菜产业作为促进脱贫群众增收的特色主导产业，实施对接粤港澳大湾区“菜篮子”工程和蔬菜出口“百亿工程”。市县两级成立对接粤港澳大湾区“菜篮子”工程建设工作领导小组和蔬菜出口工作专班，按照“一个标准供市场、一个平台搞流通、一套体系强监管”的建设思路，打造粤港澳大湾区“菜篮子”产品的重要生产供应基地。目前，永州市蔬菜播种面积居全省第一位、出口额连续五年占全省蔬菜出口总额的 95% 以上，出口数量排全国地级市第三位，是全国除广东以外唯一通过陆路为香港直供蔬菜试点城市。

二、研究意义

2023年12月永州市政府工作报告指出，要充分发挥永州优势特色农业产业（主要包括特色种植业、特色养殖业、特色林果业、特色加工业、观光休闲农业）优势，持续推广“永州之野”品牌，加快乡村产业振兴步伐，进一步打造对接粤港澳大湾区的“桥头堡”，推动蔬菜出口向200亿元迈进。但同时从永州市实际来看，优势特色农业产业发展还面临对接规划不统一、产品品质不够优、品牌培育力度比较小、比较效益相对低、物流成本比较高等难题。如何破解相关难题，做大做强对接粤港澳大湾区优势特色农业产业，对此的研究具有独到学术价值和应用价值。

1. 学术价值

一方面，有利于丰富和发展产业经济前沿理论研究。乡村振兴背景下，传统的产业经济学关注比较多的是产业结构调整、产业空间布局优化、一二三产业融合发展、产业提质升级等主题，很少关注不同行政区划产业结构的互补性、产业发展的互融性。本书基于对接融入的视角，着重分析永州精准对接粤港澳大湾区优势特色农业产业发展中标准互认、产品全产业链质量安全追溯、智慧农业等问题，有利于丰富和发展产业组织理论、产业结构理论和产业关联理论等。

另一方面，有利于丰富和发展区域经济理论研究。传统研究主要是针对国内内地地区的城市群发展进行研究，而粤港澳大湾区是属于不同政治经济体制下区域合作与发展的新体制融合。本书将优势特色农业产业发展置于融入粤港澳大湾区的背景下，可以为区域合作治理与欠发达地区城市高质量发展的研究增添新内容和新思路，也可以为丰富区域经济发展的理论做出有益的探索和贡献。

2. 应用价值

一方面，可以为内陆城市融入粤港澳大湾区发展提供决策参考。近年来，湖南、广西、江西、福建等省份纷纷出台对接粤港澳大湾区的实施方案，探索融入大湾区的路径策略。本书尝试以优势特色农业产业发展作为切入点，探讨永州精准对接粤港澳大湾区的对策建议，既可以为实施乡村振兴战略拓展新的思路，更可以为内陆城市特别是湖南周边市州融入粤港澳大湾区发展提供高质量的决策参考。

另一方面，可以为粤港澳大湾区建设提供新的智力支撑。粤港澳大湾区作为习近平总书记亲自谋划部署和大力推动的国家重大发展战略，既是未来推进我国建设世界级城市群和参与全球竞争的重要空间载体，也是辐射带动粤相邻地区经济社会快速发展的核心力量。开展永州精准对接粤港澳大湾区优势特色农业产业发展的研究，有利于促进粤港澳大湾区人才、技术、资金、信息、土地、产品等资源的有序流动和优化配置，可以为加快推动广东省经济高质量发展、助推广东建设经济强省提供新的智力支撑。

第二节 国内外研究现状

党的十九大以来，我国相继实施乡村振兴战略和粤港澳大湾区建设战略，多地立足本地优势，抢抓机遇发展优势特色农业产业，积极谋划融入湾区建设。学术界瞄准国家发展需求，积极开展对接粤港澳大湾区农业产业发展的相关研究。

一、国外研究现状

（一）现代农业发展研究

欧美日等发达资本主义国家农业发展水平高，这些国家对于现代农业发展的研究走在世界前列。“都市现代农业”作为学术名词最早见于青鹿四郎（1935）的《农业经济地理》一书中[①]，由此引申出“城市农业”“观光农园”“参与农业”“体验农业”等一系列概念。早在19世纪30年代，欧洲已开始兴起以农业旅游为主的现代农业雏形，随后有不同国家的学者基于农业发展特征陆续提出和发展“生物农业”（Hans Muller，1940）、“有机农业”（A.Howard，1940；LadvEv Balfour；Masanobu Fukuoka）[②]、“生态农业”（W.Albreche，1970；Worthington；Jacksont & Benolen）等概念和内涵，并不断进行研究以完善现代农业形态。从概念演变来看，绿色可持续在现代农业的内涵中逐渐突出，以往为追求农业生产率的现代农业系统对环境有严重影响，因此有必要发展无害环境和可持续的现代农业系统（Khoirul & Teguh，2022）[③]。在大数据技术广泛应用的背景下，现代农业的发展离不开农业产业化、农业全球化、农业数字化、农业一体化以及农业结构调整和创新（Ju，2022）[④]。Davis 和 Goidberg（1957）最早提出了“农业一体化”的概念[⑤]。Cramer 和 Jensen（1979）在（Agricultural

---

① 青鹿四郎：《农业经济地理》，东京农文协 1935 年版，第 185 页。

② Hans Muller, *An agriculturaltestament*,Oxford:OxfordUniversityPress,1940, pp.1–266.

③ Khoirul Anam & Teguh Soedarto,（2022）“Efforts to Encourage Development of Sustainable Modern Agriculture Through Empowerment of Farmer Group”, *Agricultural Science*, 5（2）, 91 - 101.

④ Ju, X.（2022）, “Application of Big Data Technology to Promote Agricultural Structure Adjustment and High-Quality Development of Modern Agriculture”, *Computational Intelligence and Neuroscience*, 2022.

⑤ Davis, J., and Goldberg, R.,（1957）“A Concept of Agribusiness. Division of Research, Graduate School of Business Administration” , *Harvard University*, Boston, 136.

Economics and Agribusiness）一书中亦详细介绍了农业一体化、垂直协调和农民合作社等组织模式[①]。农业一体化也是一种农业产业化经营模式（Reardon & Barrett，2000）[②]，而人力资本、金融扶持、科技支持以及消费方式转变等是推动农业产业化发展的关键因素（Gray & Boehlje，2007[③]；Power，2010[④]）。此外，政策指导思想对现代农业发展也影响颇大，农业经济的发展是由适当的创新政策支持，而创新政策需通过农业企业的创新实施[⑤]。例如日本为了鼓励和激励农业经营主体选择绿色生产行为，日本农林主管部门设置了具有日本特色的各项荣誉，为日本农业绿色可持续发展起到了良好的示范和带头作用。同时也有学者对日本施行的农业政策以及平成农地改革问题做出了进一步分析（田代洋一，2010）[⑥]，并系统性地分析了六次产业化的成效及其影响因素（室屋有宏，2013）[⑦]。马来西亚政府也为该国的农业产业制定了多项政策举措以提高农业价值和全链条可持续发展能力

① Cramer, G.L., and Jensen, C.W.（1979），"Agricultural economics and agribusiness: an introduction"，*John Wiley & Sons*.

② Reardon, T., and Barrett, C. B.（2000），"Agroindustrialization, globalization, and international development: An overview of issues, patterns, and determinants"，*Agricultural economics*, 23（3），195–205.

③ Gray, A.W., and Boehlje, M.（2007），"The Industrialization of Agriculture: Implications for Future Policy".

④ Power, A. G.（2010），"Ecosystem services and agriculture: tradeoffs and synergies"，*Philosophical transactions of the royal society B: biological sciences,* 365（1554），2959–2971.

⑤ Boltyanska, N.（2018）. "Justification of choice of heating system for pigsty. TEKA. An International Quarterly Journal on Motorization"，*Vehicle Operation, Energy Efficiency and Mechanical Engineering,*18（1），57 - 62.

⑥ 田代洋一（Yoichi Tashiro）.（2010）. 书评，清源寺真一主编，"改革时代的农业政策——近期政策研究回顾"。农业经济学研究 = 乡村经济学杂志 / 日本农业经济学会编辑，82（1），45–47。

⑦ 室屋有宏.（2013）. 6 次产业化の现状と课题：地域全体の活性化につながる「地域の6次化」の必要性. 农林金融 / 农林中金総合研究所 编，66（5），302–321.

（Adnan & Nordin，2021）[①]。

（二）区域经济协同发展研究

随着全球一体化和技术创新需求的增加，许多学者对创新研究的视角从企业层面转到区域层面。因此，区域经济已成为许多世界级城市发展的共同趋势。例如纽约区域、旧金山区域、东京区域，皆已成为拉动全球经济发展的核心增长点和驱动技术革新的决定性因素。一些学者讨论了旧金山区域在新经济繁荣期间和之后的转型（Walker，2009）[②]，同时，也有学者在研究奥克兰和明尼阿波利斯等城市融入旧金山大湾区中发现，通过推进区域城市间经济发展要素和创新人才的自由流动，打造创新型全球科技中心，以最大限度地创造经济价值（Cole，2018[③]；Tom，2020[④]；Fisher et al.，2019[⑤]）。目前，关注较多的是中亚国家的中亚区域经济合作。如哈萨克斯坦、吉尔吉斯斯坦、塔吉克斯坦、土库曼斯坦和乌兹别克斯坦之间所建立的区域合作（Krapohl & Vasileva，2020）[⑥]。农业是该地区经济的主要组成部分，但气候变化对粮食安全和抵御能力构成重大威胁（Olzhebayeva et al.，

① Adnan, N., & Nordin, S. M.（2021）. "How COVID 19 effect Malaysian paddy industry? Adoption of green fertilizer a potential resolution. Environment, development and sustainability", 23（6）, 8089–8129.

② Walker, R. A.（2009）. *The country in the city: the greening of the San Francisco Bay Area*. University of Washington Press

③ Cole, P.（2018）. *Dockworker power: race and activism in Durban and the San Francisco Bay Area*. University of Illinois Press.

④ Tom, S.（2020）. *San Francisco Bay Area Squadron*（*San Francisco, California*）. Wings of Gold, 45（1）.

⑤ Fisher, R., Tang, M., Le, T., Yee, D., and White, K.（2019）. "Accelerating beyond early adopters to achieve equitable and widespread electric vehicle use in the San Francisco Bay area." *World Electric Vehicle Journal*, 11（1）, 3.

⑥ Krapohl, S., & Vasileva–Dienes, A.（2020）. "The region that isn't: China, Russia and the failure of regional integration in Central Asia", *Asia Europe Journal*, 18（3）, 347–366.

2023）[①]。此外，传统区域经济合作是指两个或者两个以上的国家或者经济体基于地缘关系的一种经济合作，然而发展至今，区域经济合作已经跨越了地缘的范畴，出现了很多跨区域的经济合作，比如我国和智利签订的中智自贸区协定（Torre，2020）[②]，以及美韩自贸区协定（Juust et al.，2021）[③]，均为包括农业在内的产业经济协同发展提供了新机遇。

（三）数字经济赋能农业产业发展研究

近年来，随着信息技术的飞速发展，特别是电子商务和数字乡村的快速推进，国外学者对数字经济赋能优势特色农业产业发展给予了诸多关注。Eanes（2017）等认为美国通过不断完善农业农村信息网络，搭建农业信息服务体系，推动了美国城乡数字化建设[④]。Mueller（2001）提出应当在乡村弘扬企业文化，同时鼓励企业积极参与乡村电商市场的开拓[⑤]。Salemink 等（2017）认为数字乡村建设应以社区为基础，关注市场能否及时地满足居民的需求以及政府在其中的作用[⑥]。数字技术已经影响农业经济发展的各个方面，从农业生产到向最终消

① Olzhebayeva, G., Buldybayev, T., Pavalkis, D., Kireyeva, A. & Micekiene, A.（2023）. "Is there interest in green deal research in Central Asia", *Economics and Sociology*, 16, 302–22.

② Torre Medina, M. D. L.（2020）. "Chinese Trade Bilateralism and Latin America: The Case of China–Chile Free Trade Agreement".

③ Juust, M., Vahter, P., & Varblane, U.（2021）. "Trade effects of the EU – South Korea free trade agreement in the automotive industry", *Journal of East–West Business*, 27（1）, 1–29.

④ Eanes, F.R., Singh, A.S., Bulla, B.R., Ranjan, P., Prokopy, L.S., Fales, M., Wickerham, B., and Doran, P. J.（2017）. "Midwestern US farmers perceive crop advisers as conduits of information on agricultural conservation practices", *Environmental Management*, 60, 974–988.

⑤ Mueller, R.A.E.（2001）. "E–commerce and entrepreneurship in agricultural markets", *American Journal of Agricultural Economics*, 1243–1249.

⑥ Salemink, K., Strijker, D., and Bosworth, G.（2017）. "Rural Development in the Digital Age: A systematic literature review on unequal ICT availability, adoption, and use in rural areas", *Journal of Rural Studies*, 54, 360–371.

费者的销售。特别是物联网技术的出现，将实现精准农业的发展，并显著改善、覆盖农业运输管理（Amirova et al.，2020）[①]。例如，对于澳大利亚来说，数字农业就是一场革命。通过数字技术提升农业生产环节数字化水平，发展智慧农业，并促进数字经济和区域经济的发展（Fleming et al.，2021）[②]。再如，数字经济也成为俄罗斯农业生产科技发展战略的优先领域之一（Khudyakova & Shmidt，2018[③]；Fedorov et al.，2020[④]）。随着农业数字革命的到来，发展数字农业已成为全球共识。然而，数字化农业可能会忽略对环境的负面影响（Gremmen & Bovenkerk，2019[⑤]；Rijswijk & Turner，2019[⑥]）。

（四）东盟跨境农业供应链研究

随着共建"一带一路"倡议的推进，我国与东盟自贸区全面启动，成为全球第三大区域经济合作区。跨境农产品供应链的兴起已成为一种客观需要和逻辑必然。农产品地理标志在经济发展中具有战略性作

---

① Amirova, E. F., Kirillova, O. V., Kuznetsov, M. G., Gazetdinov, S. M., & Gumerova, G. H.（2020）. "Internet of things as a digital tool for the development of agricultural economy. In BIO Web of Conferences"（Vol. 17, p. 00050）. *EDP Sciences*.

② Fleming, A., Jakku, E., Fielke, S., Taylor, B. M., Lacey, J., Terhorst, A., & Stitzlein, C.（2021）. "Foresighting Australian digital agricultural futures: Applying responsible innovation thinking to anticipate research and development impact under different scenarios". *Agricultural Systems*, 190, 103120.

③ Khudyakova, T.A., and Shmidt, A.V.（2018）. "Methodical approaches to managing the sustainability of enterprises in a variable economy Espacios", 39（13）, 28.

④ Fedorov, A. D., Kondratieva, O. V., and Slinko, O. V.（2020）. *Process of digital transformation of agrarian economy. In International Conference on Policicies and Economics Measures for Agricultural Development*（AgroDevEco 2020）（pp. 164–169）. Atlantis Press.

⑤ Gremmen, B., Blok, V., & Bovenkerk, B.（2019）. "Responsible innovation for life: five challenges agriculture offers for responsible innovation in agriculture and food, and the necessity of an ethics of innovation". *Journal of Agricultural and Environmental Ethics*, 32, 673–679.

⑥ Rijswijk, K., Klerkx, L., & Turner, J. A.（2019）. "Digitalisation in the New Zealand Agricultural Knowledge and Innovation System: Initial understandings and emerging organisational responses to digital agriculture". *NJAS–Wageningen Journal of Life Sciences*, 90, 100313.

用，在跨境农业供应链中更是彰显国家特色所在。例如印度尼西亚利用地理标志机制提高农产品的生产率和竞争力。以地理标志战略规划为导向，建构高价值农产品品牌，从而形成品牌拉动资源集聚、品牌带动产业提质、品牌赋能乡村振兴的良性循环。这不仅对农业发展具有重要意义，也对印度尼西亚立足跨境农产品供应链发展经济具有重要意义（Rahmah，2017）[①]。依托当地资源优势，推动融合发展，做高品质、创新型产品，是企业家与村民的共识。如泰国为帮助农民解决滞销农产品问题，利用当地生态、农业、文化等资源优势，启动了"一村一品"项目，针对乡镇利用当地自然资源深加工产品，制作具有文化内涵的传统产品及相关生态产业（Zhang & Bi，2022）[②]。数字化在跨境农业供应链中具有关键性作用，因为只有当所有农民和企业的农产品品牌进入数字化转型版图，才可以确认其价值并走向国际市场。例如越南不断提高农民素质以加快农业数字化转型，并努力将农业从过去以数量为导向转向以质量为导向的发展（Hoang & Nguyen，2020）[③]。

二、国内研究现状

（一）特色农业产业发展研究

国内对特色农业产业的研究始于改革开放后。从20世纪八九十

① Rahmah, M.（2017）. "The Protection of Agricultural Products under Geographical Indication: An Alternative Tool for Agricultural Development Indonesia". *Journal of Intellectual Property Rights*, 22（2）, 90–103.

② Zhang, Y., and Bi, C.（2022）. "Marketing strategy of One village One Product new Media Matrix Marketing in Thailand". *Technium Social Sciences Journal*, 38, 427–443.

③ Hoang, G., and Nguyen, T.T.（2020）. "Geographical indications and quality promotion of agricultural products in Vietnam: an analysis of government roles". *Development in practice*, 30（4）, 513–522.

年代开始，学者开始探索农业产业化，1995年《人民日报》发表的社论《论农业产业化》引起广泛关注[①]。2006年12月31日，中共中央、国务院出台的《关于积极发展现代农业扎实推进社会主义新农村建设的若干意见》，明确要求发展农业的各种功能，发展现代农业的工业系统，发展特色农业，支持农业产业化龙头企业的发展[②]。从此，中央文件一再提到农业产业化发展的重要性。国内学者对特色农业产业的研究起步较晚，但研究内容比较全面，既有全国性的产业研究，又有区域性的产业研究；既有传统农业产业研究，也有现代农业产业研究。主要涉及以下几个方面：

一是特色农业产业内涵研究。众多学者对特色农业产业基本概念和主要特征进行了研究。路富裕（2001）指出特色农业产业是形成了具有一定规模的产业，并获得了一定的经济效益，产业链发展相对完整，并有良好的品牌效应和产业发展前景[③]。谭克虎等（2006）认为特色农业产业是从某种资源或者某种优势出发，通过培优产品、发展规模、形成产业链和树立品牌等，成为某一地区具有明显优势的产业[④]。马强（2013）从地域环境优势和资源要素禀赋的视角，进一步界定了特色农业现代化发展的基本概念和内涵要义[⑤]。林瑞生（2014）主张特色农业是根据不同地区不同的区位优势发展起来的农业，具有独特的

---

① 艾丰：《论农业产业化》，《人民日报》1995年12月11日第1版。

② 中共中央、国务院：《关于积极发展现代农业扎实推进社会主义新农村建设的若干意见》，https://www.gov.cn/gongbao/content/2007/content_548921.htm，2006年12月31日。

③ 路富裕：《把特色产业做大做强》，《探索与求是》2001年第11期。

④ 谭克虎、史铁成：《"十一五"时期太原市特色产业体系构建初探》，《山西大学学报》（哲学社会科学版）2006年第6期。

⑤ 马强：《我国农村生态环境保护的现状及对策研究》，《企业导报》2013年第2期。

资源优势[①]。廖洪泉等（2019）从要素体系这一视角，分析指出现代特色农业是由相关政策支持、市场需求、现代化科技、特色资源、开发资金和基础设施建设构成的体系[②]。关海长、黄珺仪（2019）等学者将特色农业产业归纳为地域性、优势性、层次性、相对性、外向性、规模性和持续性7个特性[③]。

二是中西部民族地区特色农业产业研究。中西部地区在农业、旅游、文化等资源上具有独特优势，成为学者研究的重要区域，早期比较有代表性的学者如张泽荣等（2000）[④]、王元京（2001）[⑤]、王文长等（2001）[⑥]、张丽君（2002）[⑦]、沈道权（2001）[⑧]等。近年来，杨志龙、陈卫强（2021）围绕价值发现、需求发现、供应链发现、价格实现，从学理上阐释了特色农业产业成长的逻辑理路及内在关联[⑨]。任玉霜、王禹杰（2021）分析了山东、浙江、安徽、江苏、福建、江西6省特色农业产业集聚度，建议加强相关政策支持、资金投入以及技术指导的力度[⑩]。韩越等（2022）聚焦海南和云南两省开放型特色农业产业发展，提出加强两省自贸港区合作，共同推动开放型特色农业发展的对

---

① 林瑞生：《特色农业的内涵及其发展对策》，《北京农业》2014年第6期。

② 廖洪泉、兰定松：《民族地区现代特色农业发展政府职能探讨》，《安徽农业科学》2019年第8期。

③ 关海长、黄珺仪：《农村特色产业发展对城乡融合的影响研究——以云南首批特色小镇西庄为例》，《南方农机》2019年第14期。

④ 张泽荣、盛毅：《中国西部特色经济》，四川辞书出版社2000年版，第1–201页。

⑤ 王元京：《西部特色经济的产业识别与评判标准探讨》，《经济学家》2001年第2期。

⑥ 王文长、李曦辉、李俊峰：《西部特色经济开发》，民族出版社2001年版，第1–382页。

⑦ 张丽君：《西部开发与特色经济规划》，东北财经大学出版社2002年版，第1–328页。

⑧ 沈道权：《培植特色产业促进西部开发》，《青海民族研究》2001年第2期。

⑨ 杨志龙、陈卫强：《特色农业产业成长的逻辑理路研究》，《农业经济与管理》2021年第6期。

⑩ 任玉霜、王禹杰：《东部6省特色农业产业集聚度分析》，《中国农业资源与区划》2021年第7期。

策建议[①]。民族地区也是学者研究农业特色产业的重要区域，相关研究主要有段玮等（1999）[②]、张永成（1999）[③]等。张斯琴等（2011）等提出，在少数民族地区发展农业特色产业，能够有效促进产业发展与创新，缩小少数民族地区与发达地区经济差距，是实现脱贫致富和跨越式发展的必然选择。[④]龙梅（2021）[⑤]、唐平（2022）[⑥]、任慧等（2023）[⑦]、张雨（2023）[⑧]等分别对四川凉山、新疆、宁夏、贵州龙里县等西部地区的优势特色农业产业的发展现状、问题和对策进行了研究，并对其趋势和发展前景进行了分析。

三是特色农业产业发展模式研究。赫修贵（2010）从地理方位的角度总结了中国的西南、西北、中部、东北及沿海地区特色农业发展的模式[⑨]。蔡永刚（2019）以泸西县为例，分析了“党总支＋合作社、联农户、联龙头企业”的“村社合一、社企共融”的高原特色农业产业模式[⑩]。冯刚等（2019）分析了乡村振兴战略下山西农谷特色农业产业发展应用PPP模式[⑪]。杜明义（2020）以甘孜州为例，研究了乡村振

---

① 韩越、何先琴、李国庆：《琼滇自贸港区推动开放型特色农业发展对策研究》，《时代金融》2022年第5期。

② 段玮、张福伟：《民族地区特色产业建设的思考》，《黑龙江民族丛刊》1999年第4期。

③ 张永成：《运用特色理论发展广西特色产业》，《改革与战略》1999年第2期。

④ 张斯琴、张璞、杨丽梅：《少数民族特色产业发展与创新的SWOT分析》，《前沿》2011年第13期。

⑤ 龙梅：《四川凉山优势特色农业产业发展分析》，《农村经济与科技》2021年第11期。

⑥ 唐平：《深化企业改革聚焦产业发展打造新疆优势特色农业发展新高地》，《中国农垦》2022年第10期。

⑦ 任慧、白贺兰、李珂璟：《宁夏特色优势产业发展研究及农业产业发展前景》，《农业展望》2023年第3期。

⑧ 张雨：《龙里县优势特色农业产业发展现状问题及对策》，《南方农业》2023年第10期。

⑨ 赫修贵：《中国特色农业现代化模式探讨》，《学术交流》2010年第5期。

⑩ 蔡永刚：《发展高原特色农业产业的模式探究——以泸西县为例》，《山西农经》2019年第16期。

⑪ 冯刚、贺艺伟、陈晶晶：《乡村振兴战略下山西农谷特色农业产业发展应用PPP模式的构想》，《经济师》2019年第12期。

兴战略下民族地区推进土地流转发展特色农业的产业模式。[①]杨亚东等（2020）对全国乡村优势特色产业发展情况进行系统仿真模拟计量分析后，认为传统产业强化型、特色产业培育型和新兴产业引导型是较为适宜的乡村优势特色产业发展类型[②]。张晨晨、林晓静（2021）介绍了浙江省青田县通过构建全产业链、打造新型特色农业体系、大力推动农村“三产”融合发展中药材产业农合联发展经验[③]。

四是优势特色农业产业发展对策研究。我国改革开放之初，“以粮为纲”的政策口号深入人心并影响着农民的农业生产决策与研究，吴传钧（1981）[④]、浦汉昕（1983）[⑤]、吴灼年（1984）[⑥]从不同视角提出要因地制宜，发挥地区农业优势，开展多种经营。进入21世纪，我国农业从解决“吃饱”问题向解决“吃好”方向迅速迈进，以区域资源为基础的特色农业发展成为农业发展进入新阶段的重要选择。员臻等（2003）[⑦]、杨启智等（2012）[⑧]分别对优势特色农业产业发展的产业结构调整、布局规划、集群竞争等问题进行了深入探讨。随着农业供给侧改革和精准扶贫的实施，马福婷等（2014）利用比较优势指数提

① 杜明义：《乡村振兴战略下民族地区推进土地流转发展农业特色产业模式——以甘孜州为例》，《四川民族学院学报》2020年第3期。

② 杨亚东、罗其友、伦闰琪等：《乡村优势特色产业发展动力机制研究——基于系统分析的视角》，《农业经济问题》2020年第12期。

③ 张晨晨、林晓静：《构建全产业链打造新型特色农业体系——浙江省青田县中药材产业农合联发展经验》，《中国合作经济》2021年第8期。

④ 吴传钧：《因地制宜发挥优势逐步发展我国农业生产的地域专业化》，《地理学报》1981年第4期。

⑤ 浦汉昕：《试论农业生态系统的特性与“因地制宜、发挥优势”的关系》，《生态学杂志》1983年第1期。

⑥ 吴灼年：《发挥广东农业资源优势，广开增产门路》，《广东农业科学》1984年第4期。

⑦ 员臻、王永昌：《利用比较优势进行农业产业结构战略性调整》，《中国农垦经济》2003年第5期。

⑧ 杨启智、聂静：《农业特色优势产业竞争力研究——以都江堰市猕猴桃产业为例》，《农村经济》2012年第6期。

出冀西北地区特色优势产业的合理定位及发展策略[①]；罗永乐（2015）分析了特色农业产业集群形成与发展的动力机制[②]。近年来，电子商务不断兴起和数字乡村建设持续推进，加强基地建设、建设全链质量安全体系、完善流通体系等形成专家研究的焦点。张婷婷等（2016）指出电子商务、食品追溯、公共营养是北京市优势特色农产品流通体系创新发展的方向[③]；李俊杰（2017）研究得出，农业综合开发项目扶持能够有效地提高区域优势特色产业比重、规模化水平，从而促进农业经济增长[④]。马艳青（2020）[⑤]、储霞玲等（2022）[⑥]等分别对湖南、广东蔬菜产业规模化、产业化、品牌化、绿色化等高质量发展概况进行了具体分析。郑家喜等（2023）提出构建人力资本引育机制、宣传推介机制、产权激励机制、产业培育机制、政策引导机制，以期优化发展特色农业产业、壮大新型农村集体经济的实践路径[⑦]。

（二）区域经济协同发展研究

一是区域经济协同发展的内涵研究。随着全球化与区域经济一体化的不断发展，地区之间的关系越发密切，区域间的经济关联研究更为专家和学者所重视。协同学理论研究系统协同演化的适用性，一些

① 马福婷、岳崇山：《贫困地区优势特色农业产业选择与合理发展分析——以冀西北地区为例》，《广东农业科学》2014 年第 2 期。

② 罗永乐：《特色农业产业集群形成与发展的动力机制分析》，《理论导刊》2015 年第 3 期。

③ 张婷婷、彭华颖：《北京市“菜篮子”工程流通体系创新研究》，《中国农业资源与区划》2016 年第 10 期。

④ 李俊杰：《农业综合开发对优势特色产业的影响研究》，博士学位论文，中国农业科学院，2017 年，第 88—90 页。

⑤ 马艳青、殷武平、汪端华等：《湖南蔬菜产业形势分析》，《中国蔬菜》2020 年第 11 期。

⑥ 储霞玲、刘小茜、郑林秀等：《广东蔬菜产业发展概况分析》，《中国蔬菜》2022 年第 11 期。

⑦ 郑家喜、卫增、尤庆南等：《发展特色农业产业壮大新型农村集体经济的理论逻辑、实践样态以及优化路径：以新疆为例》，《华中农业大学学报》2023 年第 5 期。

专家学者将其引入了区域经济一体化问题的研究中，使探讨区域经济协同发展的研究成为近年来的学术热点。在关于区域经济协同的定义上，黎鹏（2003）认为，一个地区是一个整体的开放系统，其中包括诸多地域单元和经济组织，在区域内各地域单元和经济组织的协同作用下，区域可以实现经济上的一体化协作，实现区域内协同水平和有序水平的不断提高[①]。冷志明（2006）从行政区划的划分视角考虑省际与相邻地区作为区域系统的相互影响，并认为在研究区域系统时需要考虑系统内部各子系统之间的相互作用与相互作用的水平，通过实现系统内部各子系统之间的协同合作、协调发展的良性耦合，实现系统整体性、综合性的动态发展。[②]王力年（2012）指出区域经济系统协同发展，就是在一定条件下，通过调节控制各个经济要素的独立运动以及要素之间的关联运动，使经济要素之间相互配合、相互协作，使整个区域经济系统由旧结构状态发展变化为新结构状态；从而实现经济要素合乎规律发展、区域内部与外部经济互惠共赢发展、区域经济社会全面协调可持续发展。[③]李琳等（2014）指出，区域经济协同发展是区域之间或同一区域内各经济组之间的协同共生，合力推进大区域经济实现由无序到有序、从初级到高级的动态转变，形成“互惠共生，合作共赢”的内生增长机制，并最终促进大区域经济高效有序发展的过程。[④]刘莹（2018）认为区域经济协同发展是区域间的协同互

① 黎鹏：《区域经济协同发展研究》，经济管理出版社 2003 年版，第 1–321 页。

② 冷志明：《湘鄂渝黔边区域经济协同发展的政策研究》，《产业与科技论坛》2006 年第 1 期。

③ 王力年：《区域经济系统协同发展理论研究》，博士学位，东北师范大学，2012 年，第 29 页。

④ 李琳、刘莹：《中国区域经济协同发展的驱动因素——基于哈肯模型的分阶段实证研究》，《地理研究》2014 年第 9 期。

动影响宏观经济系统演变的动态过程[①]。

二是区域经济协同的机理机制研究。尽管目前关于区域经济的专门理论与机制研究在学术界尚未达成共识，但是结合已有的文献可以发现，作为协同学在区域经济学中的有效应用，区域经济协同是将区域作为一个整体的开放系统，系统内各地域、各经济组织通过协同作用，实现整个区域的协同演化的研究，如早期的朱永达等（2001）[②]、郭莉等（2005）[③]、赵玉林、魏芳（2007）[④]、武春友（2009）[⑤]等学者，奠定了将协同学理论应用至经济学领域分析的基础。刘英基（2012）认为区域经济协同发展是区域经济系统自组织的产物和效应，它通过区域经济发展体系中众多经济行为主体自下而上产生的相互协调与相互作用，提升复杂适应性系统整体功能[⑥]。李军辉（2018）运用生态位理论来分析区域经济协同发展复杂系统的构成，构建了我国区域经济协同发展的动态综合评价以及我国区域经济协同发展变化速度的动态综合评价模型[⑦]。郭湖斌等（2018）发现区域物流综合发展水平每提升1个百分点，就可以推动区域经济综合发展水平提升1.051个百分点，

① 刘莹：《区域经济协同发展：中国区域经济增长新路径》，博士学位论文，湖南大学，2018年，第18页。

② 朱永达、张涛、李炳军：《区域产业系统的演化机制和优化控制》，《管理科学学报》2001年第4期。

③ 郭莉、苏敬勤、徐大伟：《基于哈肯模型的产业生态系统演化机制研究》，《中国软科学》2005年第11期。

④ 赵玉林、魏芳：《基于哈肯模型的高技术产业化过程机制研究》，《科技进步与对策》2007年第24期。

⑤ 武春友、刘岩、王恩旭：《基于哈肯模型的城市再生资源系统演化机制研究》，《中国软科学》2009年第11期。

⑥ 刘英基：《中国区域经济协同发展的机理、问题及对策分析——基于复杂系统理论的视角》，《理论月刊》2012年第3期。

⑦ 李军辉：《复杂系统理论视阈下我国区域经济协同发展机理研究》，《经济问题探索》2018年第7期。

深化了相关认识[①]。梅燕、蒋雨清（2020）基于产业集群生命周期理论的多案例，研究了乡村振兴背景下农村电商产业集聚与区域经济协同发展机制[②]。郭雪萌等（2021）构建了高新区与区域经济协同发展的理论模型[③]。王恕立等（2021）分析了区域经济协同的影响路径，认为区域内的经济周期同步性的提升受到区域间贸易影响，促进区域经济协同发展[④]。

三是区域经济协同发展路径研究。国内学者大多在理论上围绕区域合作与创新发展、建立自由贸易区、建设大湾区经济圈和中心城市来发展经济。如王鹏（2015）认为区域间相似的人才结构可以突破地缘劣势的限制，从而实现跨区域创新合作网络的异域共生[⑤]。贺玉德、马祖军（2015）通过区域物流和区域经济相互作用分析，构建 CRITIC 值为权重系数的 DEA 协同发展模型，建议政府应注重加强产业集群培育和物流产业联动等方面的建设和投入[⑥]。何天祥等（2020）指出高铁网络对本地的市场、产业、交通和创新等功能结构协同既存在显著正向促进作用，也存在负向溢出的“马太效应”[⑦]。郭雪萌等（2021）认为通过完善区域治理结构、优化区域空间资源布局、加快高新区产

① 郭湖斌、齐源：《基于耦合模型的长三角区域物流与区域经济协调发展研究》，《工业技术经济》2018 年第 10 期。

② 梅燕、蒋雨清：《乡村振兴背景下农村电商产业集聚与区域经济协同发展机制——基于产业集群生命周期理论的多案例研究》，《中国农村经济》2020 年第 6 期。

③ 郭雪萌、王志刚：《高新区与区域经济协同发展的机理分析及实证研究》，《东岳论丛》2021 年第 5 期。

④ 王恕立、吴楚豪：《自贸试验区建设推动了区域经济协同发展吗》，《国际贸易问题》2021 年第 6 期。

⑤ 王鹏：《基于地区间经济梯度发展视角的产业转移必要性研究》，《商业经济研究》2015 年第 36 期。

⑥ 贺玉德、马祖军：《基于 CRITIC-DEA 的区域物流与区域经济协同发展模型及评价——以四川省为例》，《软科学》2015 年第 3 期。

⑦ 何天祥、黄琳雅：《高铁网络对湖南区域经济协同发展影响》，《地理科学》2020 年第 9 期。

业转型升级，全方位地建立高新区与区域经济良性互动协同发展机制，提升高新区与区域经济的协同发展程度，将相关领域的研究推到新的高度[①]。张峰等（2021）分析了金融科技创新与区域经济发展的关系，着重探讨了大数据、云计算、区块链、人工智能、物联网等科技创新在金融领域的应用以及将金融科技创新融入区域经济的发展中实现区域经济的增长与发展的路径[②]。丁佳（2023）以欠发达地区融入长株潭都市圈为例，从地方立法层面推进制度保障建设，促进区域经济与社会协同，以法治引领保障的顶层设计促进区域融合一体化高质量发展[③]。

（三）数字经济赋能农业产业发展研究

近年来，随着信息技术的飞速发展，特别是电子商务和数字乡村的快速推进，国内学者对数字经济赋能优势特色农业产业发展给予了诸多关注。

一是数字经济赋能乡村产业振兴研究。相关研究围绕现实价值、作用机制、取得成效、问题障碍、路径对策等方面开展。周新德等（2021）[④]、完世伟等（2022）[⑤]认为数字经济的发展为乡村产业振兴提供了契机、注入了新动能，数字经济可以通过产业成本节约、产业效率提升、农产品质量变革、产业结构升级和一二三产业融合5个机制促

① 郭雪萌、王志刚：《高新区与区域经济协同发展的机理分析及实证研究》，《东岳论丛》2021年第5期。

② 张峰、肖文东、杨泽云、邢秀芹：《金融科技创新与区域经济协同发展研究》，经济科学出版社2021年版，第1–218页。

③ 丁佳：《建立法治保障机制促进区域经济与社会协同——以欠发达地区融入长株潭都市圈为例》，《产业创新研究》2023年第18期。

④ 周新德、周杨：《数字经济赋能乡村产业振兴的机理、障碍与路径研究》，《粮食科技与经济》2021年第5期。

⑤ 完世伟、汤凯：《数字经济促进乡村产业振兴的机制与路径研究》，《中州学刊》2022年第3期。

进乡村产业振兴。杨梦洁（2021）提出数字经济具有高渗透、高价值、高技术、非竞争性等特征，通过发挥数字重生赋能效应、数字融生平台效应、数字增生长尾效应、数字新生蝶变效应，为城乡产业链深度融合与升级注入新动力[①]。李淑艳等（2021）进一步利用“区块链转换阶段”框架分析了在单一产品、本地化、替代品和转型四个阶段区块链技术在物流企业中典型应用模式[②]。马改艳等（2023）对数字经济赋能乡村产业振兴的内在机制、现实挑战与突破之道进行了研究，提出应当加强乡村数字基础设施建设、加快农业科技创新水平、健全涉农数据要素市场体系和强化乡村数字复合人才培养等措施，加速乡村产业数字化转型，进一步释放数字经济对乡村产业振兴的赋能效应。[③]此外，郭朝先（2023）[④]、杨水根等（2023）[⑤]、金福子等（2023）[⑥]、完世伟等（2022）[⑦]、田野等（2022）[⑧]、时孜腾（2022）[⑨]等学者都对数字经济促进乡村产业振兴的机制或机理与路径进行了较深入的研究。

---

① 杨梦洁：《数字经济驱动城乡产业链深度融合的现状、机制与策略研究》，《中州学刊》2021年第9期。

② 李淑艳、李秀敏、李旭东：《区块链技术在粤港澳大湾区物流企业中的典型应用研究》，《企业经济》2021年第1期。

③ 马改艳、杨秋鸾、王恒波：《数字经济赋能乡村产业振兴的内在机制、现实挑战与突破之道》，《当代经济管理》2023年第8期。

④ 郭朝先：《数字经济时代产业组织演变：趋势、特征与效果》，《中国农村经济》2023年第10期。

⑤ 杨水根、何松涛：《数字经济助推产业融合发展了吗？——以长江中游城市群为例》，《财经理论与实践》2023年第4期。

⑥ 金福子、卢衍航：《数字化精准赋能乡村产业振兴的逻辑建构及增能路径》，《学术交流》2023年第5期。

⑦ 完世伟、汤凯：《数字经济促进乡村产业振兴的机制与路径研究》，《中州学刊》2022年第3期。

⑧ 田野、叶依婷、黄进等：《数字经济驱动乡村产业振兴的内在机理及实证检验——基于城乡融合发展的中介效应》，《农业经济问题》2022年第10期。

⑨ 时孜腾：《数字经济驱动乡村产业振兴的内在机理——评数字乡村：〈数字经济时代的农业农村发展新范式〉》，《国际贸易》2022年第11期。

二是数字乡村建设促进农业产业发展研究。王媛、郁钊（2020）认为为进一步提升我国农产品对外贸易能力，需要加快推进农村数字经济产业化、信息化建设，提高农产品科技含量和附加值①。赵成伟等（2021）数字乡村可拆分成“数字+乡村”，叠加虚拟的“数字世界和现实的物理世界”，形成乡村建设领域的“数字孪生现象”，并通过构建一个市场、组织、技术三者的闭环逻辑，论证“原生数字化”“转基因数字化”是推进数字乡村建设的两种路径②。任秦、沈月琴、朱哲毅（2023）分析了“遂昌县农村电商模式”“常山县物联网模式”“淳安县互联网+特色农业模式”3种典型模式，剖析了数字化促进乡村产业发展的作用机制③。王凯（2023）发现数字乡村建设可通过提高技术创新水平和人力资本水平促进农产品流通现代化发展④。樊雅文（2023）提出了数字赋能农产品跨境电商高质量发展的建议，即借助大数据分析并获取高质量市场信息、利用区块链技术搭建农产品溯源系统、利用物联网完善冷链物流系统、采用多样化直播方式、制定差异化的农产品品牌网络营销策略⑤。毕达宇、初升（2024）分析得出数字乡村建设显著促进经济高质量发展，农村消费在其中发挥中介作用⑥。

---

① 王媛、郁钊：《数字乡村战略视野下我国农产品对外贸易能力提升研究》，《农业经济》2020年第9期。

② 赵成伟、许竹青：《高质量发展视阈下数字乡村建设的机理、问题与策略》，《求是学刊》2021年第5期。

③ 任秦、沈月琴、朱哲毅：《山区县数字乡村产业发展的浙江经验与启示》，《浙江农林大学学报》2023年第4期。

④ 王凯：《数字乡村建设对农产品流通现代化发展的影响》，《商业经济研究》2023年第19期。

⑤ 樊雅文：《数字乡村视角下农产品跨境电商高质量发展研究》，《农业经济》2023年第12期。

⑥ 毕达宇、初升：《数字乡村建设、农村消费升级与经济高质量发展》，《中南民族大学学报》（人文社会科学版）2024年第1期。

三是数字经济与农业产业融合研究。在基础理论研究方面。李玉清（2019）提出在加深产业主体观念认识的同时，应做精做强农产品深加工业，加快培育新产业、新业态，推动数字经济与农业融合发展[①]。郭朝先、苗雨菲（2023）从“纵向”延伸农业产业链与“横向”推动农业与旅游、文化、教育、环保等产业融合，并从催生乡村新产业、新业态、新模式角度提出数字经济促进乡村产业振兴的对策建议[②]。迟明园、石雅楠（2022）认为在加速数字经济与传统产业渗透融合的同时，应完善数字经济相关治理体系，依托数字经济推动新业态发展[③]。在实践研究方面。陈怡冰等（2022）以吉林省某电商平台为例，围绕启动构建、全面运营和优化服务三大环节，探索如何在农业内部和外部将农业和现代化技术结合，助推农业与第二、三产业融合，形成高效助农发展新模式，最终实现农户同消费者以及电商平台三方共赢的宏大格局[④]。杨静（2022）以重庆市为例，深入分析了“三社”融合模式面临的挑战，提出应构建以信息体系建设为抓手的产业融合模型，并从顶层机制设计、激发农民内生动力、打造旅游品牌等方面提出政策建议[⑤]。

（四）融入粤港澳大湾区建设研究

一是粤港澳大湾区建设战略设想。粤港澳大湾区建设作为国家重

① 李玉清：《数字经济推动农村一二三产业融合发展的路径研究》，《当代经济》2019年第7期。

② 郭朝先、苗雨菲：《数字经济促进乡村产业振兴的机理与路径》，《北京工业大学学报》（社会科学版）2023年第1期。

③ 迟明园、石雅楠：《数字经济促进产业结构优化升级的影响机制及对策》，《经济纵横》2022年第4期。

④ 陈怡冰、张文博、莫丽颖等：《数字经济赋能吉林省农村农业高质量发展的机制与路径研究——以“一亩阳光”电商平台为例》，《全国流通经济》2022年第1期。

⑤ 杨静：《数字经济与乡村产业融合模式研究——以重庆市三社融合模型为例》，《山西农经》2022年第14期。

大战略设想，最早出现在2015年3月的《推动共建丝绸之路经济带和21世纪海上丝绸之路的愿景与行动》之中。2016年3月，粤港澳大湾区建设被列入《中华人民共和国国民经济和社会发展第十三个五年规划纲要》和国务院印发的《关于深化泛珠三角区域合作的指导意见》之中。2017年12月，习近平总书记在中央经济工作会议上提出要“科学规划粤港澳大湾区建设”①。2018年11月，习近平总书记强调“实施粤港澳大湾区建设，是我们立足全局和长远作出的重大谋划，也是保持香港、澳门长期繁荣稳定的重大决策”②。2019年2月，中共中央、国务院印发了《粤港澳大湾区发展规划纲要》。根据这个规划纲要，粤港澳大湾区目标是建设成为充满活力的世界级城市群、具有全球影响力的国际科技创新中心、“一带一路”建设的重要支撑、内地与港澳深度合作示范区、宜居宜业宜游的优质生活圈③。2023年4月，习近平总书记在广东考察时进一步指出，“粤港澳大湾区在全国新发展格局中具有重要战略地位，要使粤港澳大湾区成为新发展格局的战略支点、高质量发展的示范地、中国式现代化的引领地”④。

二是粤港澳大湾区协同发展研究。《粤港澳大湾区发展规划纲要》于2019年正式印发，在此之前已有许多学者就粤港澳大湾区建设面临的机遇和挑战开展了广泛而细致的探讨和研究。彭芳梅（2017）认

① 新华社：《中央经济工作会议在北京举行》，https://www.gov.cn/xinwen/2017-12/20/content_5248899.htm，2017年12月20日。

② 新华社：《在国家改革开放中实现香港澳门更好发展 共同谱写中华民族伟大复兴时代篇章》，https://www.gov.cn/xinwen/2018-11/12/content_5339622.htm，2018年11月12日。

③ 中共中央、国务院：《粤港澳大湾区发展规划纲要》，https://www.gov.cn/zhengce/202203/content_3635372.htm#1，2019年2月18日。

④ 新华社：《坚定不移全面深化改革扩大高水平对外开放 在推进中国式现代化建设中走在前列》，https://www.gov.cn/yaowen/2023-04/13/content_5751308.htm?eqid=ef3bce57000107e200000006646af22d，2023年4月23日。

为粤港澳大湾区和周边城市呈现“核心—半边缘—边缘”的圈层结构，城市网络以港深穗为中心发散，尚缺乏合理的城市梯度层级。建议大湾区响应共建“一带一路”的国家级倡议①。张紧跟（2018）提出粤港澳大湾区的建设是基于“一国两制”的背景，需要协调制度差异、政策差异以实现优势互补，协调发展②。钟嘉毅（2018）立足于广州南沙，认为广州南沙应该合理产业布局，利用位于大湾区枢纽的战略位置并借力南沙区自贸区的优势融入大湾区③。王方方等（2018）将大湾区的城市群进一步划分为以香港—深圳、珠海—澳门、广州—佛山和中山为核心的四大城市群，发现大湾区城市群之间的经济网络随时间显著增强，产业结构和城市群的距离对经济网络的强度有明显的影响④。李郇等（2018）等发现大湾区的边界区域迅猛发展，高度聚集的制造业带动了周边产业的联动发展，建议各地建立共享的轨道交通网络，加强生产要素在大湾区内部的流动⑤。陈嘉俊等（2022）从培养合作意识、夯实基础设施、完善沟通合作机制、制定专项政策等方面入手，推进湛江更高质量地融入粤港澳大湾区⑥。李青等（2022）提出通过完善人才流动机制、提升科研资金过境效能、促进科技资源开放共享和融

① 彭芳梅：《粤港澳大湾区及周边城市经济空间联系与空间结构——基于改进引力模型与社会网络分析的实证分析》，《经济地理》2017 年第 12 期。

② 张紧跟：《论粤港澳大湾区建设中的区域一体化转型》，《学术研究》2018 年第 7 期。

③ 钟嘉毅：《粤港澳大湾区建设背景下广州深化战略定位的思考——以南沙为例》，《时代金融》2018 年第 6 期。

④ 王方方、杨焕焕：《粤港澳大湾区城市群空间经济网络结构及其影响因素研究——基于网络分析法》，《华南师范大学学报》（社会科学版）2018 年第 4 期。

⑤ 李郇、周金苗、黄耀福等：《从巨型城市区域视角审视粤港澳大湾区空间结构》，《地理科学进展》2018 年第 12 期。

⑥ 陈嘉俊、李祥：《区域协作视角下湛江对接与融入粤港澳大湾区建设研究》，《沿海企业与科技》2022 年第 5 期。

合知识产权管理规则，为粤港澳大湾区加强区域科技创新合作[①]。张喆（2023）对粤港澳大湾区高质量协同发展路径进行了研究，并提出促进粤港澳大湾区高质量协同发展要进一步优化产业布局，打造高水平对外开放枢纽，完善协同发展机制，持续推动高水平对外开放，全面提升大湾区协同创新能力。[②]

三是中西部地区融入粤港澳大湾区建设研究。与粤港澳大湾区紧邻的中西部地区，也是粤港澳大湾区的腹地，纷纷抢抓粤港澳大湾区国家重大战略的历史性机遇，积极对接融入粤港澳大湾区以谋求自身发展与振兴。如与粤港澳大湾区紧邻的湖南、广西、江西赣州三个有代表性的中西部地区均主动借力粤港澳大湾区建设，积极融入粤港澳大湾区，为拓展中西部地区发展空间并实现自身的发展目标开展一系列探索与实践。彭继增等（2020）认为赣州具备承接大湾区产业的地理位置优势，并且产业布局与大湾区形成互补之势[③]。唐安杰（2021）给出了培育融入工程、搭建宣传平台、描绘作战地图、筹集融入资金、打造招商队伍、出台一揽子政策等融入策略，[④]为郴州乃至中部地区打造成为融入粤港澳大湾区开放合作先行区探索路径。陈华平等（2022）探讨了跨区域协同治理视阈下赣州“三南”融入粤港澳大湾区发展“飞地经济”的路径[⑤]。朱丽萌等（2023）提出中西部地区与粤

① 李青、何珽鋆、韩永辉：《以机制联通推动粤港澳大湾区科创合作——兼论对建设全国统一大市场的启示》，《治理现代化研究》2022 年第 6 期。

② 张喆：《粤港澳大湾区高质量协同发展路径研究》，《理论学刊》2023 年第 5 期。

③ 彭继增、王幼娟、李爽：《赣州对接融入粤港澳大湾区的可行性研究——基于承接产业转移的视角》，《金融与经济》2020 年第 5 期。

④ 唐安杰：《郴州融入粤港澳大湾区路径及策略》，《湘南学院学报》2021 年第 6 期。

⑤ 陈华平、张廷丹：《跨区域协同治理视阈下赣州“三南”融入粤港澳大湾区发展“飞地经济”的路径探讨》，《商业经济》2022 年第 11 期。

港澳大湾区要聚焦关键领域和合作重点方向，深度参与粤港澳大湾区产业分工与协作；推动体制机制并轨，构建互联互通的格局等建议[①]。李白（2023）对广西全面对接粤港澳大湾区的发展策略进行了研究[②]。赵瑞娟等（2023）从政府对接、质量对接、营销对接、交通对接四个方面提出了广西特色农产品精准对接粤港澳大湾区的具体措施[③]。马芳芳等（2023）基于贵州与粤港澳大湾区的产业互补性分析，提出贵州推进与粤港澳大湾区产业合作应以珠三角为重点方向，以工业为重点领域，瞄准化工及新材料、大数据、加工贸易、健康医药、新型建材五大重点产业精准对接[④]。张靖（2023）研究了赣南苏区建设承接粤港澳大湾区电子信息产业转移创新区的路径[⑤]。陈华平等（2023）基于协同治理理论，提出赣州市应从制度协同以及多元主体的协同运作机制等方面着手，探索内陆与粤港澳大湾区双向开放先行区建设的优化路径[⑥]。

三、简要评述

综观国内外研究，学者对优势特色农业产业发展、区域经济协同发展和数字经济赋能农业产业发展都进行了不同角度和层面的研究，

---

① 朱丽萌、付婉盈、周豪：《中西部地区融入粤港澳大湾区谋发展的探索与实践》，《中国井冈山干部学院学报》2023 年第 5 期。

② 李白：《广西全面对接粤港澳大湾区发展研究》，《中国市场》2023 年第 18 期。

③ 赵瑞娟、梁栋：《推动广西特色农产品更好精准对接粤港澳大湾区研究》，《市场论坛》2023 年第 5 期。

④ 马芳芳、祖钰博、文搏：《贵州与粤港澳大湾区产业合作研究》，《贵州商学院学报》2023 年第 1 期。

⑤ 张靖：《赣南苏区建设承接粤港澳大湾区电子信息产业转移创新区的路径探究》，《投资与创业》2023 年第 8 期。

⑥ 陈华平、钟乐童：《区域协同视角下赣州打造内陆与粤港澳大湾区双向开放先行区的优化路径探究》，《商业经济》2023 年第 5 期。

为本书提供了丰富的素材。由于各国之间的农业资源禀赋差异较大，农业产业的区域协调发展特征也不尽相同。本书以永州优势特色农产品为例研究中西部地区经济社会发展融入粤港澳大湾区建设研究，既能丰富优势特色农业产业发展理论的内涵，又能为区域农业产业布局的优化和产业结构的调整提供现实的指导。

总的来说，在乡村振兴大背景下和在粤港澳大湾区建设战略的历史性机遇下，学者从多个角度对不同地区融入粤港澳大湾区建设和农业产业互融展开了研究。相关研究侧重于同一行政区域内的城乡一二三产业融合发展，跨区域经济互融的研究多聚焦于区域经济一体化发展，相对忽视跨区域之间的产业互补问题；现有的融入粤港澳大湾区发展研究，与特色农业产业结合得相对较少；目前有关特色农业产业发展的研究，针对某一县域的产业发展的新闻报道类偏多，就土地、人才、技术、信息、金融、流通、营销每一方面的研究较多，系统性理论分析和实践梳理研究相对较少；针对微观区域的实证研究成果相对较少，从宏观角度来对接粤港澳大湾区优势特色农业、聚焦区域经济互融的研究需要进一步深入。

第三节　研究思路与研究方法

一、研究思路

本书遵循“理论框架—现状分析—经验借鉴—战略选择—政策建议”的思路展开研究。本书从永州对接粤港澳大湾区优势特色农业产业发展的现实基础入手，深刻把握永州精准对接粤港澳大湾区优势特色农业产业发展主要成效和存在的问题，深度分析国内其他城市对接粤港澳大湾区优势特色农业产业发展的典型成功案例，提出永州精准对接粤港澳大湾区优势特色农业产业发展的战略重点，重点给出永州精准对接粤港澳大湾区优势特色农业产业发展的优化路径和实践对策。基本的思路和总体框架如图 1–1 所示。

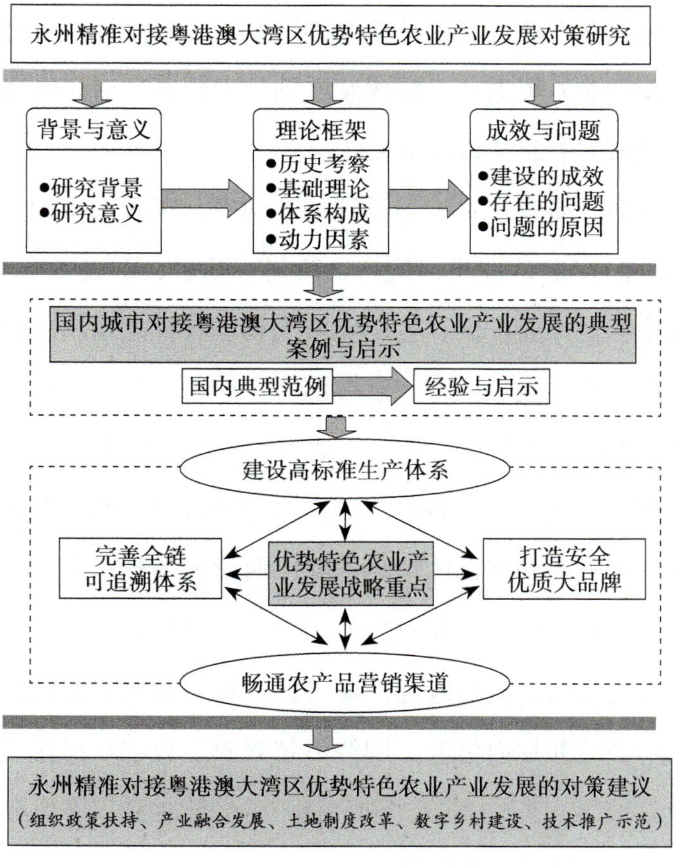

图 1–1　研究技术路线

二、研究方法

本书采用理论分析与实践考察相结合、案例分析与比较分析相结合、定性分析与定量分析相结合、宏观分析与中微观分析相结合等多种研究方法，深度研究永州精准对接粤港澳大湾区优势特色农业产业发展的相关内容。

1. 文献研究法：在研读大量国内外优质期刊、报纸和优秀论文等研究成果的基础上，了解目前国内优势特色农业产业发展的历程、国内城市对接粤港澳大湾区优势特色农业产业发展的典型成功案例，熟悉优势特色农业产业发展的理论基础，厘清永州对接粤港澳大湾区优势特色农业产业发展的体系构成及其动力因素等，对研究资料进行归纳总结，找到本书的逻辑起点和理论支撑。

2. 典型调查研究法：本书设计相关问卷，深入永州各县区及农业农村管理部门，走访郴州、贺州、赣州、龙岩、寿光、文山等市县，对当地优势特色产业发展、生产要素流动、农村土地制度改革、农业信息化建设等方面进行调查，掌握湘粤、桂粤、赣粤、闽粤、云粤融入粤港澳大湾区建设情况，听取当地相关管理者的建议。

3. 案例分析法：本书将收集国内城市对接粤港澳大湾区优势特色农业产业发展的成功案例的信息，如广西贺州的推进东融模式，江西赣州的发展飞地经济，福建龙岩的加强对口合作，山东寿光的倡导标准先行，云南文山的打造绿色产业等，分析各地区发展优势特色农业产业的成功经验并加以借鉴。围绕科技兴农、数字乡村建设、智慧物流、品牌打造等主题，选取“湘江源”“永州之野”等品牌进行案例分析，归纳可借鉴的经验与启示。

4. 实证分析方法：通过选取典型城市和依据调查及收集的大量统计数据进行图表分析、统计建模分析。利用农业现代化、城乡融合、区域产业融合、产业兴旺指标模型等分析永州精准对接粤港澳大湾区发展现状及其可能性，为研究提供数据及实证支持。

5. 比较研究法：分析比较永州市各县域、永州市与其他成功省市在精准对接粤港澳大湾区优势特色农业产业发展的发展模式、产品质量标准、产业链追溯平台、线上推广精准引流、电子商务进村入户方面的异同，比较存在差距和原因，进行归纳、总结，从中提炼出永州市精准对接粤港澳大湾区优势特色农业产业发展的改进路径和策略。

第四节 研究内容与可能的创新点

一、研究内容

第一章：绪论。主要阐述了选题的背景和研究的现实意义，评述了国内外研究现状，提出了本书的基本研究方法、内容和创新点。

第二章：永州精准对接粤港澳大湾区优势特色农业产业发展理论框架。系统考察了优势特色农业产业发展的历史，分析了优势特色农业产业发展的基础理论，阐释了永州精准对接粤港澳大湾区优势特色农业产业发展的体系构成，揭示了永州精准对接粤港澳大湾区优势特色农业产业发展的动力因素。

第三章：永州精准对接粤港澳大湾区优势特色农业产业发展的成效与问题。分析了永州精准对接粤港澳大湾区优势特色农业产业发展的成效和存在的问题，并深入分析了其中的主要原因。

第四章：国内城市对接粤港澳大湾区优势特色农业产业发展的典型案例与启示。主要分析广西贺州、江西赣州、福建龙岩、山东寿光、云南文山等国内城市对接粤港澳大湾区优势特色农业产业发展的典型案例，归纳国内外城市通过产品质量标准、全产业链追溯平台、线上推广精准引流、电子商务进村入户等手段为优势特色农业产业发展提品质、保安全、创品牌、拓销路带来的启示。

第五章：永州精准对接粤港澳大湾区优势特色农业产业发展的战略重点。主要包括：强化科技助产增效，建设高标准生产体系；打造智慧农业样板，完善全链可追溯体系；构建全媒体传播矩阵，打造安全优质大品牌；实施数商兴农工程，健全农产品营销体系。

第六章：永州精准对接粤港澳大湾区优势特色农业产业发展的对策建议。着重从切实加强组织领导、构建现代农业体系、加快数字乡村建设、深化土地制度改革、推广农业先进技术等层面，提出永州精准对接粤港澳大湾区优势特色农业产业发展的具体对策建议。

二、可能的创新点

第一，突出横向比较，聚焦区域产业政策创新。当前国内湘粤、桂粤、赣粤、闽粤、云粤区域互融不断推进，贺州、赣州、龙岩、寿光、文山等地积极谋划发展对接粤港澳大湾区优势特色农业产业，形成了一定的发展模式和创新机制，通过对这些个案典型分析，逐渐上升到规律抽象层面，具有重要的创新性。跨省域产业对接融入需要政策支持保障，湘粤区域乡村产业包括土地、技术、信息等资源禀赋的融合互补，构建乡村现代产业融合发展、区域协同创新体系，相关研究为内陆省份融入国际都市圈发展提供新思路。

第二，突出特色产业，优化城乡融合发展格局。尝试以优势特色农业产业发展作为城乡融合发展的重要切入点，找准乡村产业振兴与粤港澳大湾区建设的内在关联，探讨技术标准、质量追溯、品牌打造、数字营销等战略发展核心问题，并从体制机制保障、产业融合发展、土地制度改革、数字乡村建设、农业技术推广等方面提出永州精准对接粤港澳大湾区优势特色农业产业发展的具体举措，这在已有的成果中比较少见，将在相关研究上取得新的突破。

第三，突出数字技术，科技赋能产业提质增效。以“数字乡村”“智慧农业”“数商兴农”作为引领，开展数字乡村赋能乡村产业振兴研究，推动数字经济与农业产业深度同行，深化产业组织和经济结构层面的数字化创新发展，用信息力量助力永州精准对接粤港澳大湾区优势特色农业产业发展，促进乡村产业振兴和产业提质增效，为乡村产业振兴注入新的活力，相关研究正处于起步阶段，具有较强的前瞻性和创新性。

第四，突出方法的多样性，丰富课题研究成果。本书采用学科交叉研究法，运用经济学、管理学、法学、理学等多学科理论方法系统研究永州精准对接粤港澳大湾区优势特色农业产业发展相关问题，还采用典型调查、案例分析、比较研究及实证研究等方法，实地典型调查郴州、贺州、赣州、龙岩、寿光等地精准对接粤港澳大湾区优势特色农业产业发展实践，分析比较各城市精准对接成功的关键因素，找出永州市精准对接存在的问题及原因，并从微观、中观和宏观三个方面给出永州市精准对接粤港澳大湾区优势特色农业产业发展的推进路径与策略，丰富了课题研究成果。

第二章　永州精准对接粤港澳大湾区优势特色农业产业发展理论框架

自改革开放以来，特别是党的十八大以来，各级党委、政府长期高度重视农业农村工作，将优势特色农业产业发展视为推进乡村振兴和农业现代化的重要抓手。从历史演进的视角看，由传统农业向现代农业转变的过程中，我国优势特色农业产业发展经历着一个动态调整和变化的过程，其内在遵循着解决短缺—四季常新—注重质量—标准化生产—生鲜便捷的逻辑路径。优势特色农业产业发展有其深厚的理论基础，它是由土地、技术、品牌、营销等要素复合而成的复杂体系，并通过政府推动、市场撬动、利益驱动和大户带动赢得广阔的市场发展空间。

第一节　优势特色农业产业发展的历史考察

自改革开放以来，我国优势特色农业产业发展持续演进和发展，综合来看，大致经历了四个特征比较鲜明的阶段。

一、以粮为纲、多种经营阶段（1978—1992 年）

改革开放初期，为解决粮食总量不足这一主要问题，我国坚持

“以粮为纲、全面发展”的方针。[①]1978年党的十一届三中全会后，我国实行家庭联产承包责任制，农民种粮积极性得到空前提高，有力地促进了农业生产的发展。从1979年开始，政府全面改革农产品的统派购制度，逐步减少农副产品的统派购种类。随着我国从计划经济向市场经济转变，粮食生产从“以粮为纲”向“高产、优质、高效”方向转变。随着粮食大幅增加，1981年党中央提出“决不放松粮食生产、积极发展多种经营”的方针。1982年，党中央在改革开放以来第一个关于“三农”工作的中央一号文件《全国农村工作会议纪要》中指出，“当前发展多种经营和商品生产，已成为广大群众的迫切要求，我们的工作必须紧紧跟上”[②]。

1990年的粮食总产量由1978年的3.04亿吨增长到4.46亿吨，增长率高达46.7%。这时期粮食增产的原因可以归类为两个：一是农村土地产权改革，家庭联产承包责任制的推行，解放和发展了农村生产力，农业和农村经济实现了第一个飞跃。二是现代农业技术的引入，使农业经营效率大为提高，以解决粮食总量问题为目标的“以粮为纲”开始不适应农业的发展。

伴随20世纪80年代开始的农业生产效率的提高，农村剩余劳动力也开始从土地中转移出来，向农林牧副渔多种经营领域发展，向生产的广度和深度进军，出现了一批种植业、养殖业、加工业等方面的专业户，这在很大程度上促进了农村的商品生产和分工。比如：90年代初期，浙江省已有“一村一品”的专业村、“一乡一业”的专业乡，农村经济开始朝着专业化、商品化、规模化的方向发展。农业产

① 陈建华：《改革开放40年农业政策演变及启示》，《中国合作经济》2019年第1期。
② 《全国农村工作会议纪要》，1982年1月1日。

业化正是农村生产力发展的必然产物。在农村改革深入和农村商品经济不断发展的情况下，各省的农业产业、特色农业也逐渐形成和发展起来。

二、调整结构、优化布局阶段（1993—2011 年）

20 世纪 90 年代，农业和农村经济在由温饱型向效益型、由计划经济向社会主义市场经济、由传统农业向现代农业转变的过程中，新的矛盾和问题出现，主要表现为：千家万户的小生产与千变万化的大市场如何衔接的问题、农业生产与居民农产品需求日渐不符、农产品生产和产品销售脱节的问题。1993 年《中共中央关于建立社会主义市场经济体制的决定》进而强调，“要适应市场对农产品消费需求的变化，优化品种结构，使农业朝着‘高产、优质、高效’的方向发展”。由于农业综合生产能力显著提高，主要农产品由长期短缺转向总量平衡、丰年有余[①]。1998 年，党的十五届三中全会对农业发展形势作出了“主要农产品由长期短缺到总量基本平衡、丰年有余，基本解决了全国人民的吃饭问题”的判断，提出进行农业结构战略性调整。

进入 21 世纪，为巩固农业发展成果、增强我国农业竞争力，我国陆续推出各项农业农村改革措施。比如，加快培育、支持农民专业合作组织、农业产业化龙头企业、新型职业农民等新型农业经营主体发展，以进一步提高农业农村现代化发展水平。同时，发展特色农业、培育具有竞争力的农产品，正是我国在改革和发展农业过程中做出的重要规划。

---

① 湖南省统计局：《农业和农村经济发展迈上新台阶》，http://tjj.hunan.gov.cn/jrdl/201507/t20150717_3827434.html，2015 年 7 月 17 日。

2002 年 12 月 26 日，原农业部下发的《关于加快西部地区特色农业发展的意见》，将特色农业定义为具有独特的资源条件、明显的区域特征、特殊的产品品质和特定的消费市场的农业产业①。2003 年 1 月 29 日，农业部发布了《优势农产品区域布局规划（2003—2007 年）》②，指出要充分发挥农业比较优势，应选择地域性强、品质优和市场前景好的特色农产品，重点培育一批优势农产品，优化大宗农产品区域布局。此阶段中央一号文件同样非常重视特色农业发展。2004 年中央一号文件提出，“要加快实施优势农产品区域布局规划，充分发挥各地的比较优势，继续调整农业区域布局”③。2005 年中央一号文件明确提出要发挥区域比较优势，建设农产品产业带，发展特色农业，并对特色品种保护与开发、特色农业标准化示范基地建设、特色农产品品牌整合等方面提出了要求，要求各地和有关部门要专门制订规划，明确相关政策④。

2007 年，原农业部发布的《特色农产品区域布局规划》，具体规划了 10 大类 114 种特色农产品，系统指导各地特色农业发展，引导特色农产品向最适宜区集中，促进农业区域专业分工，深化农业结构战略性调整，加快形成科学合理的农业生产布局⑤。规划中提出特色农

① 农业部：《关于加快西部地区特色农业发展的意见》，http://www.mofcom.gov.cn/aarticle/b/f/200302/20030200067979.html，2002 年 12 月 26 日。

② 中华人民共和国农业农村部：《农业部发布优势农产品区域布局规划（2003—2007 年）》，https://www.moa.gov.cn/xw/zwdt/200302/t20030212_54232.htm，2003 年 2 月 12 日。

③ 国务院办公厅：《关于落实中共中央　国务院关于促进农民增加收入若干政策意见有关政策措施的通知》，https://www.gov.cn/gongbao/content/2004/content_62695.htm?ivk_sa=1024320u，2004 年 2 月 20 日。

④ 中共中央、国务院：《关于进一步加强农村工作提高农业综合生产能力若干政策的意见》，https://www.gov.cn/test/2006-02/22/content_207406.htm，2004 年 12 月 31 日。

⑤ 中华人民共和国农业农村部：《特色农产品区域布局规划（2006—2015）》，http://fgw.qinghai.gov.cn/zfxxgk/jjzn/wjgcs/stwmjsc/gzxx/200708/t20070810_53527.html，2007 年 8 月 10 日。

业发展中应遵循资源依托原则、市场导向原则、产业开发原则、科技支撑原则及环境友好原则即强调特色农产品生产应集中布局在最适宜区内，产品要突出品质特色、功能特色、季节特色，满足市场需求的多样化、优质化、动态化要求。同时，要注重通过延伸产业链和产业化经营，建立完整的特色农产品产业链，以科技进步来保障特色农产品特有的品质。

在此规划布局下，此阶段现代农业产业体系构建有新发展，特色农业产业发展取得较为明显的成效。依托现代农业产业技术体系，加大现代设施技术在生产中的应用，提高了生产的集约化水平，农产品产量和质量得到了提升。通过特色农产品基地建设的带动，在优势主产区一批龙头企业快速成长，极大地带动了当地特色农产品加工和市场拓展，推动了特色农业快速发展。同时，围绕特色农产品开发，形式多样的农民合作组织或协会纷纷建立，如云南的红葡萄酒、花卉，山东的水果、蔬菜等形成了“基地农户 + 合作社（协会）+ 龙头企业”的基本组织格局[①]。

三、有效供给、产业扶贫阶段（2012—2017 年）

2012 年，党的十八大报告首次明确提出：“坚持走中国特色新型工业化、信息化、城镇化、农业现代化道路”[②]，其中“四化同步”发展中，农业现代化是基础。然而中国发展最大的不同步，是农业现代

① 新华社：《特色农产品区域布局规划（2013—2020 年）》，https://www.gov.cn/xinwen/2014-02/26/content_2622776.htm，2014 年 2 月 26 日。

② 胡锦涛：《坚定不移沿着中国特色社会主义道路前进，为全面建成小康社会而奋斗——在中国共产党第十八次全国代表大会上的报告》，人民出版社 2012 年版，第 16 页。

化滞后于城镇化、工业化和信息化。报告中提出的“加快发展现代农业，增强农业综合生产能力，确保国家粮食安全和重要农产品有效供给”，为我国发展现代农业指明了前进的新方向。

2014年，中共中央、国务院在《关于全面深化农村改革加快推进农业现代化的若干意见》中提出“以我为主、立足国内、确保产能、适度进口、科技支撑的国家粮食安全战略”①。强调不仅要重视粮食数量，更要注重品质和质量安全；在保障当期供给的前提下，要更加注重农业的可持续发展。“十二五”期间，我国出现了粮食产量、库存和进口三量齐增。

2015年，我国粮食生产取得了“十二连增”，但粮食自给率跌破90%，突破了《国家粮食安全中长期规划纲要（2008—2020年）》的粮食自给率稳定在95%以上的红线。此外，传统的农产品供给结构无法满足市场消费需求的变化，有效供给无法适应需求变化，出现了农产品结构性过剩和短缺并存的现象。2015年的中央经济工作会议中，党中央首次提出“要着力加强农业供给侧结构性改革，提高农业供给体系质量和效率”②。在随后召开的中央农村工作会议中，再次强调要落实新发展理念，加快农业现代化，着力加强农业供给侧结构性改革，使农产品供给数量充足，品种和质量契合消费者需要，真正形成结构合理、保障有力、更有效率、更有效益、更可持续的农产品有效供给。③

① 中共中央 国务院：《关于全面深化农村改革加快推进农业现代化的若干意见》，https://www.gov.cn/gongbao/content/2014/content_2574736.htm?ivk_sa=1024320u，2014年1月19日。

② 新华社：《中央经济工作会议举行 习近平李克强作重要讲话》，https://www.gov.cn/xinwen/2015-12/21/content_5026332.htm，2015年12月21日。

③ 新华网：《中央农村工作会议在京召开》，http://www.xinhuanet.com//politics/2015-12/25/c_1117584302.htm，2015年12月25日。

“十三五”期间第一个中央一号文件《中共中央 国务院关于落实发展新理念加快农业现代化实现全面小康目标的若干意见》为破解“三农”新难题提出了新理念，突出抓好调结构、提品质、促融合、去库存、降成本、补短板六个方面以推进农业供给侧改革。经过多年发展，我国农业产业取得了一定的发展，但是仍面临着农村产业高质量发展不充分、农业精深加工不足、核心竞争力不强、产业链条短等问题。以农业供给侧结构性改革为主线，实现农业可持续发展，全面提高农产品质量安全水平；在保证粮食供给安全的前提下，努力增加特色优势农产品出口，适度进口国内紧缺农产品。

与此同时，我国实施扶贫攻坚工程，为农民共享现代化成果作出合理的制度安排、形成有效机制。20 世纪 90 年代以后的开发式扶贫，主要致力于开发当地资源，改善生产条件及环境，发展商品经济，增强贫困户自我积累、自我发展的能力。该模式将种植业、养殖业及当地农副产品为原料的加工业，作为扶贫开发的重点。进入 21 世纪后，扶贫开发从以解决温饱为主要任务的阶段转向巩固温饱成果、加快脱贫致富的新阶段。

党的十八大以来，中央提出精准扶贫和精准脱贫的新观点，将脱贫攻坚摆在了治国理政的重要高度，扶贫开发进入了新阶段。2013 年 11 月，习近平首次提出了“精准扶贫”思想。中共十八届五中全会把扶贫攻坚改成了脱贫攻坚，并明确了 2020 年我国现行标准下农村贫困人口实现脱贫、贫困县全部摘帽的目标。

2016 年，国务院发布的《“十三五”脱贫攻坚规划》中提到“产业发展脱贫”的概念，指出坚持市场导向进行农业生产，发挥龙头企业、合作社等经营主体的辐射示范效应，建成带动能力强的特色农业产业，提升农民的专业技能，稳定增加农民的就业机会及经营性收入。[①]即将现代农业发展要求与扶贫对象自身特点相结合，走精准产业扶贫新路子。如因地制宜，创新开发特色产业。此外，以供给侧结构性改革为契机创新发展现代农业。贫困地区生产供给有机蔬菜、有机小麦、有机奶源等特色农业产业，满足中高收入人群对有机农业的有效需求，同时注重引领技术和资源逐渐进入中高端农业，改变其有效供给不足的局面。

从救济式扶贫到开发式扶贫，再到精准扶贫和精准脱贫，我国完成了从扶贫攻坚到脱贫攻坚的历史性跨越。2012—2017 年，农民生活水平明显提高；精准扶贫和精准脱贫取得决定性进展，贫困地区农民收入增长速度高于全国平均水平，6000 多万贫困人口稳定脱贫，贫困发生率从 10.2% 降至不到 4%。粮食产量节节攀升，全国粮食总产量连续 5 年保持在 12000 亿斤以上。

四、乡村振兴、智慧农业阶段（2017 年至今）

习近平总书记在党的十九大报告中提出乡村振兴战略，2017 年 12 月召开的中央农村工作会议提出走中国特色社会主义乡村振兴道路，2018 年的中央一号文件《中共中央　国务院关于实施乡村振兴战略的意见》进一步强调，按照“产业兴旺、生态宜居、乡风文明、治理有效、生活富裕，让农业成为有奔头的产业，让农民成为有吸引力的职业，让农村成为安居乐业的美丽家园”[②]的总体方针，为实施乡村

① 国务院：《关于印发“十三五”脱贫攻坚规划的通知》（国发〔2016〕64 号），https://www.gov.cn/zhengce/content/2016-12/02/content_5142197.htm，2016 年 12 月 2 日。

② 中共中央　国务院：《关于实施乡村振兴战略的意见》，https://www.gov.cn/gongbao/content/2018/content_5266232.htm，2018 年 1 月 2 日。

振兴、加快农业现代化指引了方向。

产业兴旺作为乡村振兴的重点，是实现乡村振兴的基石，能够为乡村经济建设提供充分的物质保障。为了实现满足人民日益增长的美好生活需要的目标，可以通过发展特色农业产业提升生活质量，提高劳动效率，增强产业竞争力。发展特色农业产业不仅能更好地满足广大农民消费结构升级的需求，且能改变过去单纯的农业发展模式，规避农村经济结构单一化、农业副业化和农村萧条衰败的问题。基于此，2018年，中共中央、国务院制定的《乡村振兴战略规划（2018—2022年）》提出：优化农业生产力布局，立足东北、华北、长江中下游、华南等地的农业资源禀赋，发展各地的特色农业。加快农业转型升级，壮大特色优势产业[①]。

在2019年的全国两会上，习近平总书记进一步丰富了乡村振兴的内涵，强调在现代化强国过程中，迫切需要通过乡村振兴来推动农业升级、农村进步、农民发展。2020年10月，党的十九届五中全会再次强调要优先发展农业农村，加快农业农村现代化，走中国特色社会主义乡村振兴道路。2021年2月，中央一号文件《关于全面推进乡村振兴加快农业农村现代化的意见》中阐明，农业农村现代化规划启动实施，实现巩固拓展脱贫攻坚成果同乡村振兴有效衔接，继续推进脱贫地区乡村振兴，实施脱贫地区特色种养业提升行动。并首次正式提出农业农村现代化要发展智慧农业，建立农业农村大数据体系，推动新一代信息技术与农业生产经营深度融合。[②]

2021年3月，《中华人民共和国国民经济和社会发展第十四个五

① 中共中央 国务院：《乡村振兴战略规划（2018—2022年）》。
② 中共中央 国务院：《关于全面推进乡村振兴加快农业农村现代化的意见》。

年规划和2035年远景目标纲要》发布，提出要走中国特色社会主义乡村振兴道路，全面实施乡村振兴战略，深化农业供给侧结构性改革，强化质量导向，推动乡村产业振兴。增强农业综合生产能力，强化农业科技支撑，建设智慧农业。优化农业生产布局，建设优势农产品产业带和特色农产品优势区。[①]同时，提出“营造良好的数字生态”，而其中数字化应用的场景中，包括智慧农业，即通过推广大田作物精准播种、精准施肥施药、精准收获，推动设施园艺，禽畜水产养殖智能化应用。

为贯彻落实该规划的实施，2021年11月，国务院编制了《“十四五”推进农业农村现代化规划》，提出到2035年，乡村全面振兴取得决定性进展，农业农村现代化基本实现的主要目标，并且详尽地指明了：农业生产地域特色鲜明，不同地区资源禀赋差异大，需要因地因时制宜发展特色优势产业，加强特色农产品优势区建设。建设特色农产品标准化生产、加工和仓储物流基地，培育特色粮经作物、园艺产品、畜产品、水产品、林特产品产业带。同时，强化科技支撑，聚焦生物育种、智慧农业、农业绿色投入品等关键领域，加快研发与创新一批关键核心技术及产品。

2022年3月，国务院在《中共中央　国务院关于做好2022年全面推进乡村振兴重点工作的意见》多次强调推进智慧农业发展，促进信息技术与农机农艺融合应用。同年8月，农业农村部在《农业现代化示范区数字化建设指南》中提出了发展目标，力争用3—5年，示

---

① 新华社：《中华人民共和国国民经济和社会发展第十四个五年规划和2035年远景目标纲要》，https://www.gov.cn/xinwen/2021-03/13/content_5592681.htm?eqid=e5fdcd4200030841000000036475b4ab，2021年3月13日。

范区数字化发展取得显著成效，建成一批智慧农业先行样板。

纵观过去十余年中央一号文件关于“智慧农业”的指示：2012年提出“加快推进精准农业技术”，2016年提出“推进现代农业，应用物联网、大数据等现代信息技术”以及“大力发展智慧气象”，2018年提出实施“智慧农业林业水利工程”，直至2021年明确“发展智慧农业”。2022年起，北京、天津、广西、黑龙江、吉林、湖南、浙江、安徽等多个省份和地区开展智慧农业示范区建设，积极探索农业行业转型发展的新路径。政府一直有力地推动智慧农业的发展，智慧农业也有效地助力了特色产业的发展。如安徽省黄山市歙县加快数字化在产品溯源、虫害预测分析、精准施肥等智慧农业新模式的推广运用，通过“5G+”数字乡村智慧农业云平台等物联网应用，全面推进茶叶、菊花等特色产业生产过程数字化升级，促进当地农业发展提质增效。江苏淮安市金湖县利用物联网、大数据、人工智能等信息技术，实现特色农产品“产、供、销、管”各环节数据集成化、可视化，提高基地生产环境感知、监测预警、精准作业、提供数字化分析服务，助力县域特色农产品荧实的丰产丰收。

第二节 优势特色农业产业发展的基础理论

优势特色农业产业发展，既需要注重有竞争力的品质，又需要打造有影响力的品牌；既需要一定的比较优势，又需要相对的鲜明特色。特别是在农业数字化转型背景下，各地发展优势特色农业产业，需要科学认识优势特色产业发展的客观规律，这是以相关的理论依据为基础的。

一、产业集聚理论

产业集聚理论认为，相似或相关的产业在一个地区集中发展，可以获得集群效应和规模经济，从而提高资源利用效率和竞争力。在优势特色农业发展中，产业集聚理论具有重要的指导作用。首先，在优势特色农业发展中，通过产业集聚可以实现资源的集中配置和优化利用。同一地区聚集了相似或相关的农业产业，可以共享农田、水源、气候等自然资源，并形成供应链和价值链的完整闭环。例如，在某个地区发展特色水果种植产业时，农民可以共同采购种苗、农资和设备，并共同投放市场，从而降低生产成本、提高效益。其次，产业集聚可以促进技术创新和知识转移。当相似或相关的农业产业在一个地区集聚发展时，相关企业、研究机构以及农民之间的合作与交流更加便利。不同主体之间的技术创新、经验分享和知识转移会更加频繁和密切，推动产业内部的技术水平提升。此外，产业集聚还能够形成完善的配套服务体系。在一个农业产业集聚区域，会逐渐形成农业科研机构、农机服务中心、物流配送中心等配套服务设施，为农业生产和加工提供全方位支持。这些配套服务的建立和发展，能够进一步提高农业产业的效率和品质，促进农产品的流通和销售。最后，产业集聚还具有品牌效应和市场影响力。当某个地区形成了优势特色农业产业集群，积累了丰富的经验和口碑，就可以打造独特的品牌形象，并提升市场竞争力。

综上所述，产业集聚理论对于优势特色农业发展具有重要的启示作用。通过产业集聚，可以实现资源优化配置、促进技术创新、形成配套服务体系和提升市场竞争力，从而推动优势特色农业产业的可持续发展。为引导本地农业企业加快融入大湾区，永州市帮助企业转型升级，培育扶持，果秀集团公司、自然韵黑茶、永粮米业、绿锶缘农业等农业龙头企业不断发展壮大，产业集聚效益逐步显现。

二、比较优势理论

比较优势理论是经济学中的一个重要理论，它认为不同地区或国家在生产某种商品时，由于资源禀赋和生产要素的差异，会存在相对优势和劣势，从而导致特定产品的生产成本差异。在优势特色农业发展中，比较优势理论可以为农业产业的选择和发展提供指导。首先，比较优势理论强调资源禀赋的差异。不同地区的自然条件、气候、土壤等资源存在差异，使某些地区在特定农产品的生产上具有相对优势。例如，江苏省的温带湿润气候和肥沃的农田，适宜大豆的种植；云南省的高海拔和丰富的水资源，适宜咖啡的种植。通过充分利用不同地区的资源禀赋优势，可以实现农产品的区域化种植和产业集聚。其次，比较优势理论强调生产要素的差异。不同地区的劳动力、土地、资本等生产要素的供给和价格也存在差异，从而影响着农产品的生产成本。通过比较各地生产要素的相对价格和供给情况，可以确定哪些地区适宜发展特定的农业产业。例如，湖南省的劳动力成本相对较低，适合发展劳动密集型的蔬菜种植；海南省的土地资源丰富，适合发展热带水果种植。因此，根据各地的生产要素差异，可以选择合适的农业产业进行发展。最后，比较优势理论还强调市场需求和国际竞争。随着全球化的深入发展，农产品的市场竞争越来越激烈。通过比较各地农产品的质量、品牌和价格竞争力，可以确定哪些农业产业具有相对的竞争优势。例如，中国的普洱茶、泰国的榴莲等农产品，在国际市场上享有较高的声誉和竞争力。因此，通过挖掘和发展具有国际竞争力的农业产业，可以实现农产品的出口和国际市场拓展。

综上所述，比较优势理论对于优势特色农业的发展具有重要的指导作用。通过充分利用不同地区的资源禀赋和生产要素差异，选择合适的农业产业进行发展，并关注市场需求和国际竞争力，可以实现优势特色农业产业的发展和农村经济的繁荣。永州发展“菜篮子”具有独特的“小气候”，生产的大米、生猪、蔬菜、柑橘等特色农产品品优质良，在粤港澳大湾区市场十分抢手。永州地处湘桂粤交界，与广东一衣带水、人缘相亲、商缘相连，永州“菜篮子”走向粤港澳大湾区是“近水楼台”，比较优势得天独厚，并依据当地特色培育了江华苦茶、瑶山雪梨、道州脐橙、双牌虎瓜姜、江永香姜、回峰蜜柑、新田陶岭辣椒、东安鸡、舜皇山土猪、九嶷山兔等100多个名特优新产品，在粤港澳大湾区农产品市场中占得一席之地。

三、区位经济理论

区位经济理论是指不同地区在经济活动中由于地理位置和交通条件等因素的差异，会产生不同的发展优势。在优势特色农业发展中，可以利用区位经济理论进行阐释和指导：一是地理位置和交通条件。地理位置和交通条件是决定农业产品流通和市场开拓能力的重要因素。有利的地理位置和便捷的交通条件能够帮助农产品更快速、更低成本地进入市场，提高产品的竞争力。例如，靠近港口的沿海地区，可以通过海运迅速将农产品出口到国际市场；交通便利的交通枢纽地区，可以更顺畅地将农产品运输到各个消费市场。因此，在选择优势特色农业产业时，应考虑地理位置和交通条件对产品流通的影响，并充分利用其优势。二是市场接近性。选择与市场接近的优势特色农业产业有助于减少运输成本、降低物流风险，并更好地满足市场需求。例如，选择在城市附近种植蔬菜和水果，可以更及时地将新鲜产品送达市场，满足消费者对新鲜食品的需求；选择在旅游热点地区发展有机农产品，可以更好地吸引游客购买。因此，在优势特色农业产业的选择中，应考虑市场接近性，并针对不同市场需求开展差异化经营。三是区域合作与协同发展：针对不同地区的优势特色农业产业，可以通过区域合作与协同发展，实现资源的互补和优势的互补。例如，南方地区的水果产业与北方地区的蔬菜产业可以进行优势互补，形成农产品供应的稳定性和多样性。同时，通过区域合作还可以共同开展品牌推广、市场开拓和技术创新等领域的合作，提高整体竞争力。因此，在优势特色农业产业的选择和发展中，应积极推动区域间的合作与协同发展。

结合区位经济理论可以更加全面地考虑地理位置、交通条件、市场接近性以及区域合作等因素，为优势特色农业的发展提供指导。在选择农业产业和制定发展策略时，应充分利用各地的区位优势，实现资源的最佳配置和市场的最大开拓，促进农业产业的持续发展和农村经济的繁荣。如永州市冷水滩区牛角坝镇石溪坪村的永益蔬菜基地是首批粤港澳大湾区“菜篮子”基地，其选址便充分体现了区位优势理论，基地处于两山之间的洼地，地下有暗河，无旱也无涝；距冷水滩区城区和最近的高速公路口，分别只有 18 公里、5.4 公里。这里采摘的新鲜蔬菜，7—8 个小时内就可以端上粤港澳市民餐桌。

四、创新发展理论

创新驱动理论强调通过科技创新和知识创新来推动经济发展。一是技术创新。技术创新是优势特色农业发展的重要驱动力之一。通过引进和研发先进的农业生产技术，可以提高农产品的质量、产量和营养价值，提高农业生产的效率和竞争力。例如，应用智能农业技术、大数据分析和物联网技术，可以实现精准农业管理、智能灌溉和精准施肥，提高资源利用效率和减少环境污染；利用基因编辑和遗传改良技术，培育适应性强、产量高、品质优的新品种，满足市场需求。因此，在优势特色农业发展中，应加强技术创新，提高农业生产的科技含量和附加值。二是农业供应链创新。农业供应链创新是优势特色农业发展的关键。通过优化供应链的各个环节，可以提高产品的质量和安全性，降低物流成本，增加农产品的附加值。例如，建立农产品溯源系统，追踪产品的生产过程和质量信息，增加消费者对产品的信任度；发展农产品电商平台，直接将生产者与消费者连接起来，减少中间环节，提高产品的竞争力。因此，在优势特色农业发展中，应注重供应链的整合和创新，提高产品的市场竞争力。三是产业结构升级。通过产业结构的升级和转型，可以实现农业产业的优化和升级。例如，从传统农业向绿色有机农业、生态农业或高附加值的农产品加工业转型，可以提高农业的环境可持续性和经济效益；发展农业旅游、休闲农业等农业服务业，可以增加农业的附加值和就业机会。因此，在优势特色农业发展中，应推动产业结构的升级和转型，实现农业的可持续发展和农村经济的繁荣。四是创新体系建设。建立良好的创新体系是推动优势特色农业发展的重要保障。例如，建立农业科技创新平台，促进科研机构、大学和企业之间的合作与交流，加强科技成果的转化和应用；加强人才培养和引进，提高农业领域的专业技术人员和创新人才的数量和质量。因此，在优势特色农业发展中，应加强创新体系建设，为农业的科技创新和知识创新提供支撑。

由此可见，创新驱动理论可以更加全面地考虑技术创新、农业供应链创新、产业结构升级和创新体系建设等因素，为优势特色农业的发展提供指导。在选择农业产业和制定发展策略时，应注重技术创新、供应链创新和产业结构升级，同时建立健全创新体系，促进优势特色农业的可持续发展和农村经济的繁荣。如位于湖南省永州市冷水滩区的湖南果秀食品有限公司，集研发、基地、工厂、物流、销售、服务于一体，与湖南农业大学、湖南农科院等多所科研机构紧密合作，技术力量雄厚，致力于生产绿色健康的高质量食品。公司获得了美国FPA、英国BSI、欧盟GAP等认证，该公司的果蔬罐头、杏鲍菇等产品出口到美国、欧洲等地，受到世界欢迎，在粤港澳大湾区也颇具竞争力。

五、产业竞争理论

产业竞争理论认为，市场经济中产业之间的竞争是推动社会经济发展和创新的重要力量。一是产业链整合。优势特色农业发展应注重产业链的整合和升级，实现农产品的高附加值和差异化发展。通过整合产业链上下游企业，提高生产效率和降低成本；同时，优化产业结构，促进特色农产品的发展，建立“公司+基地+农户”的新型农业经营模式，实现规模化、标准化和品牌化发展。因此，在优势特色农业发展中，应注重产业链的整合和升级，实现产业竞争优势。二是市场拓展。优势特色农业发展应注重市场拓展，增加农产品的销售渠道和市场份额。通过加强市场调研和品牌宣传，开拓国内市场和国际市场，提高农产品的知名度和美誉度；同时，加强农产品质量控制和安全监管，增加消费者信任和购买意愿，提高市场竞争力。因此，在优势特色农业发展中，应注重市场拓展，实现产业竞争的优势。三是成本控制。优势特色农业发展应注重成本控制，提高农产品的生产效益和经济效益。通过采用节水灌溉、低碳农业和智能化管理等技术，减少生产成本；同时，加强生产过程中的标准化和流程化，提高生产效率和管理效率，降低生产成本。因此，在优势特色农业发展中，应注重成本控制，实现产业竞争的优势。

综上所述，产业竞争理论可应用于优势特色农业发展中，通过产业链整合、技术创新、市场拓展和成本控制等方面的优化，以实现农业产业的可持续发展和差异化竞争。在农业产业发展策略和政策制定时，应注重市场需求和消费者需求，提高农产品的附加值和市场竞争力，为优势特色农业发展提供有力的支持。

六、可持续发展理论

可持续发展理论强调在满足当前需求的同时，不损害未来世代的需求。一是强调环境保护。优势特色农业发展应注重环境保护，减少农业活动对生态环境的不良影响。通过采用绿色农业、有机农业和生态农业的技术和管理模式，减少化学农药、化肥的使用，降低农业污染和土壤耕地的退化风险。此外，采用节水灌溉、合理轮作和综合利用农业废弃物等措施，实现资源的高效利用和循环利用。因此，在优势特色农业发展中，应强调环境保护，实现农业生产与环境可持续性的协调。二是注重社会公平。优势特色农业发展应注重社会公平，保障农民的权益和农村地区的可持续发展。通过推进农村土地制度改革，明确土地承包权和流转权，保障农民土地的稳定性和可持续利用；加强农民的职业培训和技能提升，提高他们的收入水平和生活质量；发展农村金融体系，提供贷款和保险等金融支持，增强农民的抗风险能力。因此，在优势特色农业发展中，应关注社会公平，实现农民的全面发展和农村地区的可持续繁荣。三是产生经济效益。优势特色农业发展应注重经济效益，提高农业产业的竞争力和农民的收入水平。通过推进农业现代化，提高农产品的质量和附加值，开拓市场需求，增加农产品的销售收入。此外，优化农业供应链，降低物流成本和中间环节，提高农产品的市场竞争力。同时，通过农业产业结构调整和创新创业的支持，引导农民发展农业服务业、农产品加工业等高附加值产业，提高农民的经济收入。因此，在优势特色农业发展中，应追求经济效益，实现农业产业的可持续发展和农民的增收。四是保护生态系统。优势特色农业发展应注重生态系统的保护和修复。通过保护农田生态系统、湿地生态系统和森林生态系统等自然生态系统，维护生物多样性和生态平衡；同时，通过农田生态工程和生态补偿机制，促进土地水土保持、生态恢复和环境修复。因此，在优势特色农业发展中，应加强生态系统保护，实现农业生产与生态系统的协调发展。

在农业发展策略和政策制定时，应注重环境保护、社会公平、经济效益和生态系统保护的平衡，促进优势特色农业的可持续发展和农村地区的繁荣。永州市有 65.33% 的森林覆盖率，有 95% 以上的国家一、二类地表水资源，是全国“天然富硒农产品之乡”，发展生态农业得天独厚。永州市新田县莲花乡新屋场村新田东升秀峰富硒农业开发有限公司将田地抛荒 3 年才种菜。除草、翻田，再除草、再翻田，直到田里的残留农药没有了，才种上有机蔬菜，将“无污染”打造成最大的优势。同时，公司实行每月 1500 元的保底工资制，除本地有

620 名相对固定的务工队伍，另外还有来自贵州、云南的技术工 300 多人。2017 年 12 月，香港特别行政区政府、超市从业者、消费者来这里取样 200 多个，包括水、土和农产品，拿到香港检测，结果全部合格，因此香港方面给的订单越来越多，实现了真正的可持续发展。

第三节　永州精准对接粤港澳大湾区优势特色农业产业发展的体系构成

优势特色农业产业涵盖生产、加工、流通、销售等各个环节，它一头连着农户和加工企业，一头连着市场和消费者，受着诸多因素的影响。一个完备的优势特色产业发展系统是由具体的结构、要素和功能复合而成的统一体。这一复杂体系的高效运行离不开土地这一基本要素的保障、技术这一核心要素的赋能，同时也离不开品牌这一关键要素的驱动、流通这一前提要素的支撑。

一、土地要素

（一）按土地所有制分类

土地按照所有制可以划分为国有农业用地、集体农业用地、私人承包型家庭农场、宅基地等类型。不同所有制的农业用地在发展优势特色农业方面具有各自独特的优势，需要根据当地条件和市场需求对其进行合理的资源配置和利用，从而能够充分发挥各自的优势，促进农业生产的可持续发展和农民收入的增加。

1. 国有农业用地

国有农业用地在农业发展中占据着重要的地位，优势特色农业产业进行规模化的种植和养殖往往需要大量的土地资源。首先，国有农业用地通常拥有较为完善的基础设施和配套设施，如灌溉系统、道路、电力等，这为农业发展提供了良好的条件。其次，国有农业用地土地资源土地面积大，可以集中利用，便于进行大规模的农业生产和集约化经营，提高土地利用率。再次，国有农业用地在政策支持和管理体系方面也具有一定的优势。政府对国有农业用地提供了更多的资金和技术支持，从而有助于提高农业生产效率和农产品质量。最后，公有土地的使用权和经营权相对稳定，这为优势特色农业产业的长期发展提供了保障。此外，国有农业用地也具有较好的土地利用规划和环境保护意识，能够更好地保护土地资源，实现可持续发展的目标。

例如，湖南省国营回龙圩农场探索构建农场搭台、平台牵头、多元服务组织参与的社会化服务格局，强化社会化服务能力，给了农户信心，促进了柑橘产业提质升级、种植户增产增收，形成了可学习、能复制、易推广的“平台 +N”（平台 + 专业合作社 + 销售企业 + 金融机构）服务新模式。针对柑橘产业链安全、标准化生产、产业链延伸三大关键环节 16 个主要问题，回龙圩制订综合解决方案，形成“菜单式”社会化服务项目。把绿色发展作为产业链安全的主攻方向，将无病毒苗木、网式大棚、土壤改良、测土配方、增施有机肥 5 个安全类服务项目作为“必选菜单”，阻隔黄龙病传播，全面促进柑橘绿色安全生产。向农户提供数字果园、技术培训、科学修剪、分级采果、分选包装 5 个标准化生产类服务项目。聚焦柑橘全产业链高质量发展，扎实推进水资源保障、金融服务、农资服务、仓储物流、产品销售、品牌推介 6 个产业链延伸服务项目建设，实现全范围的服务资源整合、供需有效对接[①]。

2. 集体农业用地

集体农业用地是农村发展的重要资源，这些土地资源通常以家庭农场的形式进行经营，具有明显的规模优势，对于提高土地利用效率、提高农民收入和促进农村经济发展具有重要作用。首先，集体所有的土地制度可以实现土地资源的共享，让农民能够平等地使用土地资源，从而提高土地的利用效率。其次，集体农业用地可以促进农业产业链的整合，通过将土地资源集中起来，农民可以与其他农业生产者合作，形成完整的产业链条，这有助于降低生产成本，提高农产品的附加值，从而增加农民的收入。最后，集体农业用地适合进行精细化的农业生产和家庭农场的发展。由于集体农业用地的土地所有权归属于农民集体，因此农民在利用这些土地进行农业生产时具有更大的自主权和灵活性，这有助于提高农民的生产积极性和创造性，促进农业生产的发展。

2021年年底，永州市的集体农业用地总面积为335545.88公顷（5033188.20亩），主要分布在零陵、冷水滩、祁阳、东安、道县、宁远和江华等地区，占全市耕地的79.19%。在集体农业用地中，水田面积最大，为4115828.55亩（274388.57公顷），占比81.77%；旱地面积为917359.65亩（61157.31公顷），占比18.23%。此外，还有74481.15亩（4965.41公顷）现状耕地位于城镇村庄范围内尚未建设的土地中。永州市的集体农业用地主要种植水稻、玉米、蔬菜、水果

① 今日永州：《创新“平台+N”服务模式推动柑橘产业现代化——回龙圩农场农垦社会化服务侧记》，https://baijiahao.baidu.com/s?id=1772441499311525853&wfr=spider&for=pc，2023年7月26日。

等农作物。近年来，永州市的集体农业用地流转速度加快。通过土地流转，一些农民将土地出租给企业、专业合作社等经营主体，以获得更多的收益。同时，这些经营主体也通过集中连片开发、规模化经营等方式提高了农业生产效益和竞争力。同时，为了提高土地利用效益，一些地区还积极发展特色农业、生态农业等新兴产业。

3. 私人承包型家庭农场

私人承包型家庭农场既是农业用地的重要形式之一，也是发展优势特色农业的重要力量。首先，私人承包型家庭农场具有更高的灵活性。私人承包型家庭农场允许个人或家庭拥有和经营自己的土地，承包者可以根据市场需求和自身条件，自主选择农作物、养殖品种和生产方式，灵活调整农业生产结构，以满足市场需求。其次，私人承包型家庭农场可以激发承包者的投资积极性。因承包者可以从农业生产中获得直接的经济利益，他们更愿意投入资金、技术和劳动力来提高农业生产效率和质量，进而可以促进农业技术的创新和应用，推动农业产业升级。再次，私人承包型家庭农场可以提高农产品的市场竞争力。承包者通常会关注土壤质量、水源保护、病虫害防治等方面的问题，采取科学、精细的管理措施来提高农产品的产量和质量。这种精细管理可以降低生产成本，提高农产品的市场竞争力。最后，私人承包型家庭农场能提高农产品品质。承包者更加注重农产品的品质和安全，他们会采用环保的农业生产方式，避免使用过多的化肥和农药，以确保农产品的绿色、安全和高品质。这种品质保证可以增强消费者对农产品的信任度，提高农产品的市场占有率。

永州市零陵区作为农业大区，近年来按照“山上油茶柑橘、山下粮食蔬菜、林间多种经营、水中优质水产、江岸观光采摘”的发展理念，不断优化产业布局，推进农业产业园发展。全区现有“万”字号农业产业园基地 9 个，千亩以上农业产业园基地 51 个；规模以上农业企业产业园 34 家（省级 5 家），市级以上农业产业化龙头企业 27 家，现代农业产业园 41 个（其中省级示范园 9 个、市级示范园 10 个），粤港澳大湾区“菜篮子”生产认定基地 14 个；休闲农业产业园主体 115 家[①]。

4. 宅基地

宅基地是农村村民用于建造住宅及其附属设施的集体建设用地，而那些空地或闲置房屋可以作为农业生产场所，用于种植、养殖、加工等农业活动，发展特色农业。值得一提的是，全国许多地区在推进农村土地承包经营权确权登记颁证工作的过程中，积极推进农村土地承包经营权确权登记颁证工作，并实施了第二轮土地承包到期后再延长 30 年的国家级试点。这些措施为农民在宅基地上发展农业提供了更加稳定和可靠的土地资源。

永州空闲的宅基地面积较大，可以用于发展以下特色产业：一是种植柑橘、柚子等水果，发展水果加工产业，提高附加值；二是种植茶叶、中药材，可以提供优质的茶叶产品以及桔梗、黄精、芍药等中药材，满足市场需求；三是栽培蘑菇、香菇、木耳等各种食用菌，提供优质的食用菌产品；四是发展观光果园、观光蔬菜园、农家乐等观光农业，通过提供休闲旅游服务，吸引游客前来消费，增加农民收入。

（二）按土地利用类型分类

土地按利用类型来分，主要包括水田、旱地、林地等。永州拥

① 永州市政府：《零陵区关于推进农业优势特色产业发展的实施意见》，http://www.cnll.gov.cn/cnll/zwdtt/202206/e5c6e7fc4f72474188c6bfc9daa0602e.shtml，2022 年 6 月 13 日。

有广阔的土地资源，能够为特色农业的发展提供丰富的土地资源。在发展特色农业的过程中，需要因地制宜，充分发挥不同土地资源的优势，选择适合当地气候、土壤和市场需求的主导产业和特色品种，推动农业现代化和农村经济发展。

永州农业用地分布较为集中，主要分布在零陵、冷水滩、祁阳、东安、道县、宁远和江华等地区。根据永州市国土资源局公布的数据，目前该市的土地总面积为 17487.07 平方千米。其中，耕地面积为 5033188.20 亩，占总面积的 21.36%；园地面积为 1305266.33 亩，占总面积的 5.56%；林地面积为 9918391.33 亩，占总面积的 41.87%；牧草地面积为 1972824.93 亩，占总面积的 8.44%；其他农用地面积为 2797239.38 亩，占总面积的 11.40%。

1. 耕地

在永州的耕地中，水田和旱地是主要的土地利用类型。永州的水田资源丰富，主要分布在江华、蓝山等山区和丘陵地带。这些地区气候湿润，水源充足，非常适合水稻的生长。近年来，永州市以“田、土、水、路、林、电、技、管”综合配套为重点建设高标准农田，突出粮食生产主业，围绕粤港澳大湾区“菜篮子工程”，利用“湘江源”“永州之野”等公用品牌促进产业融合，并与人居环境、生态环保、乡村振兴相结合，推动良田、良法、良机、良业融合，取得了“治地、节水、增粮、富民”的良好效果，使全市高标准农田建设呈现出一幅“田成方、路相通、渠相连、旱能灌、涝能排”的现代农业新画卷。[①]。

① 今日永州：《创新“平台 +N”服务模式推动柑橘产业现代化——回龙圩农场农垦社会化服务侧记》，https://baijiahao.baidu.com/s?id=1772441499311525853&wfr=spider&for=pc，2023 年 7 月 26 日。

永州的旱地资源较为丰富，主要分布在零陵、冷水滩等丘陵地带。这些地区的土壤肥沃，灌溉条件较好，适合种植各种旱作物。可以利用这些土地资源发展特色杂粮、油料、棉花等产业，提高农产品的附加值和市场竞争力。在永州市东安县，当地充分挖掘旱地潜力，推进玉米、大豆带状复合种植新技术，发展旱地粮油生产，并通过政策鼓励、技术服务、要素保障，引导种粮大户和农机合作社等承租荒山旱地，发展春播旱粮。目前，东安县已完成玉米、大豆套种 1.1 万亩。

2. 林地

作为湘江源头的永州，是全省四大重点林区之一、国家战略储备林重点基地、湘江和南岭山脉重要生态屏障。永州的林地资源丰富，森林覆盖率较高。现有林地 2317.8 万亩，森林蓄积量 7031.48 万立方米，森林覆盖率 65.53%。国有林场总量达到 30 个，其经营面积居全省第一。这些林地可以为林业生产和生态建设提供良好的基础，也可以结合林下经济和生态旅游等模式，发展林下种植、养殖等特色产业，提高林地的综合效益。以油茶发展为例，林地资源为种植永州特色的油茶提供了优势条件。截至 2023 年，永州市油茶总面积达到 350 万亩，产茶油 7.8 万吨，油茶总产值近 100 亿元，拥有各类油茶加工企业 280 家。其中湖南新金浩茶油股份有限公司是永州市油茶产业的龙头企业，以每年 1.5 万吨的茶油产销量居全国第一，是目前全国规模最大的油茶加工企业。

3. 果园

永州市的果园资源也十分丰富。永州市的果园适合发展特色农业，其果园面积较大，为发展特色农业提供了充足的土地资源。目前，全市果园面积达到1686845.70亩（112456.38公顷），其中，果园812818.35亩（54187.89公顷），占比48.19%；茶园22319.85亩（1487.99公顷），占比1.32%；其他园地851707.50亩（56780.50公顷），占比50.49%。园地主要分布在祁阳、东安、道县、江永、宁远和江华等地区，占全市果园的65.99%。果园内水果品种丰富，包括柑橘、梨、葡萄、草莓等。这些水果品种经过精心地种植和加工，可以成为具有地方特色的农产品。2021年，永州市的水果产量达到173.36万吨，其中，瓜果类水果（西瓜、甜瓜、草莓）的产量为83.62万吨，占总水果产量的48.2%。柑橘类水果（柑、橘、橙、柚）的产量为72.12万吨，占总水果产量的41.6%。近年来，永州市的特色农业产值不断增加，已经成为当地重要的农业产业之一。永州市的特色农产品不仅在国内市场受到欢迎，还积极拓展国际市场，实现出口创汇。

二、技术要素

发展优势特色农业产业，离不开技术的支持。当前，除了大棚种植技术、设施栽培技术、水肥一体化施肥技术等常规现代化农业技术外，先进的农业生物技术、农业信息技术、农业机械技术、农产品加工技术等，可以为优势特色农业产业发展注入强劲动力。

（一）农业生物技术

农业生物技术在优势特色产业发展中的应用涵盖了从品种改良、农产品加工到废弃物处理和资源化利用等多个方面。这些应用不仅有助于提高农业生产效率和产品质量，还有助于实现农业的可持续发展和生态环境保护。第一，在品种改良和培育方面，通过基因工程技术可以提高水稻的产量、抗逆性（如耐旱、耐寒、抗病虫害等）、营养价值或其他特定性状，培育出更具优势的生物品种，可能具有生长迅速、对环境适应能力强等特点。第二，在病虫害防治方面，运用现代生物技术，对水稻和果蔬种植环境中存在的病虫害进行防治，减少对化学农药的依赖和使用，降低相关农产品的有害物质含量，显著提升稻米、蔬菜和水果的品质，大力打造有机绿色的现代种植业。第三，在农产品加工方面，可以利用生物技术培育优质中药材新品种，提高中药材的产量和质量；同时，应用生物技术对中药材进行提取和加工，开发新型中药制剂和保健品。针对地理标志性农产品，可利用酶工程技术可以改善永州特色果蔬产品（如柑橘、香柚）食品的口感、风味和营养价值；发酵工程技术可以用于生产各种食品添加剂、调味品或功能性食品。第四，在农业废弃物处理方面，利用微生物发酵技术可以将农田秸秆、生猪养殖和农产品加工形成的废弃物转化为生物肥料和生物质能源（如生物气、生物油等），实现优势特色农业生产环节废弃物的“变废为宝”，实现优势特色农业的绿色和可持续发展。

（二）农业信息技术

农业信息技术在优势特色产业发展中的应用涵盖了精准农业、农业大数据、智能农机装备、电子商务和农产品销售和决策支持等多个方面。这些应用有助于提高农业生产效率和质量，优化资源配置和市场竞争力，推动优势特色产业的可持续发展。第一，在农业全产业链掌控方面，通过收集、整合和分析农业生产、市场、气候等多方面的数据，可以帮助农业企业和政府部门更好地了解市场需求和趋势，优化生产计划和资源配置。农业大数据还可以用于农产品溯源、品质控制和食品安全管理等方面。第二，在精准农业种植方面，利用物联网传感器、无人机、卫星遥感等技术，实现对农作物生长环境的实时监测和数据采集。通过对这些数据进行分析和处理，可以为农业生产提供更准确的决策支持，实现精准播种、施肥、灌溉和病虫害防治，提高产量和质量。通过安装卫星导航和自动驾驶系统，可以实现农机的自动导航和作业；通过物联网技术，可以实现农机的远程监控和维护。第三，在电子商务和农产品销售方面，利用互联网和电子商务平台，可以将农产品直接销售给消费者或其他企业，拓宽销售渠道，提高农产品的附加值。通过构建农产品溯源系统，还可以保障农产品的质量和安全。通过分析历史数据和预测模型，可以为农业生产者提供种植结构、品种选择、市场分析等方面的建议。

（三）农业机械技术

农业机械技术在优势特色产业发展中的应用涵盖了自动化播种和移栽、智能化灌溉和施肥、无人机植保、联合收割和加工、设施农业装备等多个方面。这些应用有助于提高农业生产效率和质量，降低生产成本，推动优势特色产业的可持续发展。第一，在自动化播种、灌溉和施肥方面，通过使用自动化播种机和移栽机，可以根据作物类型和种植密度进行精确播种和移栽，提高种植效率和作物成活率。利用智能化的灌溉和施肥系统，可以根据作物的需水需肥规律进行定时定量的灌溉和施肥，避免浪费，提高水肥利用效率。第二，在无人机植保方面，无人机可以用于作物的病虫害防治，通过搭载不同的传感器和喷洒设备，可以实现对作物的精确喷药，提高防治效果，降低农药使用量。在联合收割和加工方面，联合收割机可以实现作物的自动化收割、脱粒、清选等作业，提高收割效率和作业质量。同时，还可以将收获的作物直接进行初加工，如烘干、分级等，提高农产品的附加值。第三，在标准化农产品加工设施方面，建设现代化生猪屠宰加工厂，打造绿色低碳的生猪产业为市场输送高质量的标准化猪肉产品。研制自动化柑橘采摘和筛选分级装备，通过水果分级实现向市场输送高质量的标准化农产品，以此为依托大力推动永州优势特色农产品的线上销售渠道，实现农产品销售的效益最大化。

（四）农产品加工技术

农产品加工技术有利于发展优势特色农业。借助农产品的深加工，增加优势特色农产品的附加值，提高农业经济效益，才能实现农业的升级和可持续发展。在优势特色产业发展中，食品加工技术的应用涵盖了保质保鲜、精深加工、新型食品制造以及食品安全检测等多个方面。这些应用有助于提高农产品的附加值和市场竞争力，满足消费者对食品安全和健康的需求。第一，在保质和保鲜技术方面，通过食品加工技术，可以延长农产品的保质期和保鲜期。例如，采用高温或低温处理、干燥、包装、冷藏等手段，可以抑制微生物的生长和繁殖，保持食品的营养价值和口感。第二，在农产品深加工技术方面，结合市场需求，运用现代化高科技的食品制造技术，将猪肉、大米、果蔬等永州优势特色农产品加工成市场潜力巨大的休闲食品，以此来提高农产品销售的附加值。第三，在食品安全检测方面，食品加工技术还可用于食品安全检测。例如，利用生物传感器技术可以快速检测食品中的有害物质（如农药残留、重金属等）；通过分子生物学技术可以检测食品中的病原微生物等。

三、品牌要素

农产品品牌建设是农业发展的重要驱动力，能提高农产品质量和附加值、增强市场竞争力，促进农业产业升级。根据品牌知名度的辐射区域不同，可以将品牌区分为国际品牌、国内品牌、区域公益品牌。

（一）国际品牌

国际品牌是指在国际市场上知名度较高，产品辐射全球的品牌。通过打造农产品国际品牌，推动当地政府和企业加强合作，推进标准化生产和质量监管，能够提高产品品质和安全性；通过持久的品牌宣传和市场营销活动，可以提高农产品品牌的知名度和美誉度；通过加强与国际市场的对接，能够开拓出更多的出口渠道和合作伙伴。

近年来，永州市全力推进全市开放平台建设，打造湘南地区规模最大的农产品交易中心——首衡国际农产品交易中心，助推永州农产品“走出去”；“江永香柚”“道州红瓜子”等在国际市场上具有一定的影响力和知名度，熙可罐头、杏鲍菇出口美国、日本、欧盟等国际市场，祁阳茶油远销欧洲、北美、东南亚等地区。永州优质农产品近年来逐步打开海外市场，走俏东盟多国，以食用菌、鲜蔬和瓜果出口增长最为明显。此外，柑橘、香芋、南瓜等果蔬出口量增幅较大。

（二）国内品牌

国内品牌是指国内知名度较高、产品在全国范围销售的品牌。通过发展农业国内品牌，有利于推广先进农业科学技术，提高农业发展的科技含量；有利于引导土地、资金、技术、劳动力等生产要素向品牌产品优化配置，推进农业结构调整；有利于促进现代农业建设，实现由数量型、粗放型增长向质量型、效益型增长的转变。

近年来，永州市聚力做好土特产文章，做强特色农产品，打响农业品牌，创建中国名牌产品 2 个、中国驰名商标 6 件、湖南省著名商标57件、湖南名牌产品15个、认证“二品一标”产品236个，江永香柚、新田大豆获湖南省十大农业品牌，果秀获湖南省十大企业品牌。拥有江永香柚、江永香姜、瑶山雪梨、江华苦茶、九嶷山兔、迴峰蜜柑、东安鸡、道州脐橙、百叠岭有机茶、三味辣椒、新田大豆等100余个名优特农产品。成功创建蔬菜企业品牌75个，蔬菜产品品牌205个。新田“陶岭三味辣椒”、祁阳“槟榔芋”获国家地理标志产品；“江永香芋”“江永香姜”“双牌虎爪姜”获得国家地理标志证明商标；江永香姜和江永香芋获国家生态原产地产品保护和农产品地理标志。

（三）区域公益品牌

区域公益品牌是指在一个较小的区域之内生产销售的品牌。区域公益品牌的打造对于提高农产品的产量和质量、提升农业公用品牌影响力、推动农产品的出口、促进农产业的高质量发展具有重要意义。

永州市委、市政府为破解农产品品牌“小散杂弱”“叫好不叫卖”难题，将农业公用品牌建设列入重要工作日程，多次就公用品牌策划、定位和商标注册等进行研究部署、征集意见、协调推进。全市围绕打造湘南精细特色农副产品供应基地和粤港澳大湾区“菜篮子”供应基地目标，提出以粮食、生猪、蔬菜、柑橘、油茶、茶叶、中药材优势产业为支撑，以“生态、绿色、安全”为品牌定位，以“湘江源头、绿色味道”为品牌口号，全力塑造“永州之野”农业公用品牌整体形象。该品牌涵盖了永州市的多个特色农产品，如江永五香、道县脐橙、道州灰鹅、九嶷山兔、九嶷素米、瑶山雪梨、江华苦茶、百叠岭茶、陶岭辣椒、新田大豆、回龙圩柑橘、双牌虎爪姜、东安鸡、舜皇山土猪、祁阳茶油等100多个名特优农产品。

四、流通要素

流通指的是产品经过生产、加工、包装、储存、运输和配送等环节最终送到消费者手中的过程。农产品的流通数量特别大、品种特别多，而且面临包装难、运输难、仓储难的问题，便利快捷的运输，合理的流通网点分布，物流信息化、组织化、专业化、规模化、标准化程度对于节约流通费用、降低损耗、提高流通交易效率至关重要。现代物流的要素构成，主要包括流体、流量、流程、流向、流速和流效。永州精准对接粤港澳大湾区市场需求，深入落实通道运营、平台建设，推动永州优势特色产业高质量发展。

（一）主要的流体与流量

流体简单地讲就是物流中的物。永州对接粤港澳大湾区市场需求优势特色农产品品种多，一大批农产品深受粤港澳市场欢迎。如冷水滩的黑美人西瓜、杏鲍菇，零陵的柑橘、黑茶，祁阳的黄花菜、胡萝卜、槟榔芋、黑茶、白茶、席草，东安的紫皮大蒜、双孢菇、藠头、紫云生姜、芥菜、红薯，双牌的虎爪姜、猕猴桃、百香果、柑橘、杨梅、野生茶，道县的把截萝卜、菜心、菜苔、辣椒、红茄、脐橙、滑皮橘，江永的香姜、香芋、密本南瓜、食用菌、芥菜、香柚、夏橙、沃柑、杨梅，江华的香型莴笋、姬菇、紫长茄、雪梨、苦茶，宁远的食用菌（黑木耳）、淮山、葛根、野山椒、莲子、百合、马蹄、柰李、柑橘，新田的三味辣椒、大豆、菜心、菜苔、红皮萝卜、食用菌、奈李，蓝山的香芋、大白苦瓜、黄花梨、葡萄，金洞的竹笋、高山野生茶，回龙圩的特早熟蜜橘、密本南瓜等。①

① 永州市人民政府办公室：《永州市对接粤港澳大湾区“菜篮子”工程建设实施方案》（永政办函〔2019〕37号），2019年7月10日。

流量是指通过载体的流体在一定流向上的数量表现。永州对接粤港澳大湾区市场需求优势特色农产品数量大，具有相当的规模效应。近年来，永州市坚持把蔬菜产业作为优势特色产业来打造，持续深入实施对接粤港澳大湾区“菜篮子”工程和蔬菜出口“百亿工程”；构建南六县特色外销型蔬菜、丘陵山区高海拔反季节外销蔬菜的布局，全市有 7 个全国蔬菜产业重点县、4 个供粤港澳蔬菜产业集群项目实施县、2 个省级优质蔬菜供应基地（示范片）县，蔬菜播种面积 308.4 万亩、产量 613.9 万吨，居全省首位，出口 54.6 万吨、货值 85.4 亿元，分别占全省的 94.9% 和 96.7%。

（二）基本的流向与流程

流向指的是流体从起点到终点的流动方向。湖南连通两广、西进云贵、对接东盟的重要门户，是环粤港澳大湾区重要城市、西部陆海新通道枢纽城市，坐拥东盟、泛珠三角、中部、泛北部湾“四大经济圈”黄金叠加地，二广、泉南、厦蓉、道贺四条高速穿境而过，衡柳高铁、洛湛铁路交会贯通。永州优势特色农产品经二广高速流向广州（广州江南果菜批发市场占比 80% 以上）、东莞和深圳果菜批发市场。另外，永州出口的农产品 80% 从广西通过边境贸易进入马来西亚、泰国、新加坡、印度尼西亚等东南亚传统市场，或经深圳盐田港销往美国、日本以及阿联酋、沙特阿拉伯等国家。

流程包括订单收集、仓储管理、运输组织、信息传递以及售后服务等。订单收集涵盖与客户沟通、订单细节和要求确认等，是整个流程的起点。仓储管理涉及货物入库、分拣、存储和出库等，离不开合理地规划仓储空间和设计货物流动路径。运输组织需要合理安排运输车辆、路线和司机，以保证货物按时准确地送达目的地，同时不能忽略运输成本和客户的具体要求。信息传递对于现代物流来说至关重要，订单跟踪、库存管理、运输追踪和客户反馈等必须借助于一定的信息系统实现。售后服务是解决实际问题、满足客户投诉和提供相关服务的环节。近年来，永州市充分利用各种现代化技术，让不同环节的各种信息实现互联互通，以确保农产品能够及时销售出去，防止产销失衡。基于对接粤港澳大湾区市场流通的需要，永州市正在筹备建立集农产品生产需求信息发布、市场交易、中介服务、法律政策咨询于一体的农产品电子商务信息发布交易平台，逐步实现农产品交易的网络化、信息化，提高产品生产、流通的时效性。

（三）整体的流速和流效

流速即单位时间流体转移的空间距离。一般来说，先进信息技术的引入、合理规划的仓储和运输网络、高效的供应合作机制、先进的车辆和设备有利于提高整体的物流速度。2020 年，永州市率先建立供港蔬菜检验检疫监管合作试点，新鲜采摘的蔬菜从永州装车后，无须在深圳重新装卸，最多可节省 8 小时运输时间，成为全国除广东以外唯一通过陆路为香港直供蔬菜的试点城市。湖南农副产品集中验放场（道县）被列为首批粤港澳大湾区“菜篮子”供应中心六个配送中心之一。永州海关常态化开设蔬菜出口“绿色通道”，保障蔬菜快速出口。同时，借力国家级水果蔬菜外贸转型升级基地这一金字招牌，引进湖南农副产品集中验放场暨粤港澳大湾区“菜篮子”产品永州配送中心、首衡城国际农产品交易中心、世界食品港暨全球食品保鲜加工中心等一批集散基地，建成蔬菜企业预冷过渡仓容量 22 万立方米，永州蔬菜直供粤港澳大湾区“朝发夕至”。

流效即物流的效率与效益。农产品往往含水量高，易腐烂变质，其价值贵在“新鲜”，故而要求较高运输效率和流通保鲜条件。多年来，由于物流技术落后，相较发达国家5%的果蔬损失率，我国水果蔬菜等农副产品在采摘、运输、储存等物流环节上的损失率在25%—30%。针对这个问题，永州市加强冷链物流建设，构建冷库、冷链运输车辆等设施，保证农产品在运输过程中的新鲜度和品质的稳定性；并加强仓储设施建设，提供适当的储存环境，降低农产品的损耗率、尽量避免质量问题。目前，永州市进出货物在运输方式上公路、铁路、水路、民航运输约分别占93%、3%、1%、0.0003%，以公路运输为主，而全国的对应数据分别为75%、9.2%、15.2%、0.01%，成本低廉的水路运输显著低于全国平均水平，铁路货运占比低于周边城市（其中衡阳为9%，郴州为5%）。导致永州市物流成本高于全省、全国水平。以2022年第一季度为例，永州市社会物流总成本与GDP的比率为17.4%，分别高出全国（14.6%）2.8个百分点、全省（14.5%）2.9个百分点。到大湾区各港口的进出口货物通过公路运输，运输成本约需1元/千克。另外，据调研统计，永州市农产深加工产业目前产值91.024亿元以上，外贸型出口企业7家，大都是企业自购冷链车，成本较高，如东升农场，年物流费4000万元；江华日日兴公司，年物流成本达到3051万元；永州市漓源饲料有限公司年物流费达3000万元；永州湘大骆驼饲料有限公司，年物流费在979万元，占其销售额比例的20%以上。

第四节　永州精准对接粤港澳大湾区优势特色农业产业发展的动力因素

优势特色产业发展需要整合政府、生产者、经营者、消费者以及配送中心、物流中心、监管机构、金融机构等各方面的力量，多元主体的合作参与和紧密对接必然有其背后的内在或外在动力因素。从表现形式上，其动力因素可以分为以下四种类型。

一、政府推动

面对国家推进粤港澳大湾区建设重大机遇和大湾区广阔消费市场，永州市积极响应广州市建设粤港澳大湾区“菜篮子”工程号召，精心谋划，主动对接，率先融入，全面挺进粤港澳大湾区市场。

一是组专班。永州市成立了对接粤港澳大湾区优势特色农产品建设工作领导小组，由市委书记任顾问，市长任组长，分管农业的副书记任常务副组长，分管农业的副市长、分管商务的副市长任副组长，市农业农村局等单位主要负责人为成员，并在市农业农村局设立办公室，由市农业农村局主要负责人兼任办公室主任，负责永州粤港澳大湾区优势特色农产品建设的统筹协调、工作调度、督查考核等工作。各县区、管理区、经开区要相应地成立领导班子和工作班子。按照对接大湾区的标准和备案基地的要求，坚持全市一盘棋，按照“一个特色产业、一个布局规划、一个科研平台、一个龙头企业（或行业协会）、一个项目扶持政策、一个考核办法”来对接推进，县区按照“一个特色产业、一套领导班子 、一个技术团队、一个工作专班”来具体落实，统筹抓好基地建设的土地流转、科技服务、基础设施配套、办点示范、督促考核等工作。[①]

二是重规划。在《永州市农业产业发展规划（2016—2020）》的

① 永州市人民政府办公室：《永州市对接粤港澳大湾区“菜篮子”工程建设实施方案》（永政办函〔2019〕37号），2019年7月10日。

基础上，永州市人民政府于 2019 年 7 月 10 日出台了《永州市对接粤港澳大湾区“菜篮子”工程建设实施方案》，对全市产业发展规划进行了优化调整，明确三年的建设目标。2021 年，制订出台《永州市“十四五”农业农村现代化规划》，提出要“紧抓粤港澳大湾区‘菜篮子’工程机遇，构建粤港澳大湾区‘菜篮子’现代农业产业体系、生产体系、加工体系、经营体系”“重点发展以南六县外销蔬菜为主的粤港澳蔬菜供应基地”。[①] 2022 年以来，永州市立足自身生态优势、资源禀赋、区位优势，围绕“两基地一中心”建设，坚持“向南向海向外”发展战略，进一步推进产业基地建设。

三是建基地。对标大湾区农产品质量标准，建立健全永州市农业生产标准体系。通过引进、培育、壮大一批与农业关联度大、带动力强的产业龙头企业和合作社，以及组建行业协会，对接粤港澳大湾区市场需求，在抓好生猪和粮食产业的基础上，重点围绕柑橘、蔬菜、茶叶、油茶 4 个主导产业，实行统一开发、统一建设和统一管理，建设供粤港澳大湾区“菜篮子”高标准优质农产品生产示范基地。以生产示范基地为基础，通过示范带动、辐射发展，形成一批专业生产村、专业生产乡镇，打造产业集群。[②]

四是强龙头。举办对接粤港澳大湾区“菜篮子”培训班，建立完善有效的对接工作机制，培育扶持果秀集团公司、自然韵黑茶、永粮米业、绿锶缘农业等 21 家农业龙头企业不断发展壮大。组织相关企

① 永州市人民政府：《永州市“十四五”农业农村现代化规划》，http://www.yzcity.gov.cn/cnyz/ghjh/201806/e78327d32b1e407d83d7a5335bd1540c.shtml，2021 年 12 月 27 日。

② 永州市人民政府办公室：《永州市对接粤港澳大湾区“菜篮子”工程建设实施方案》（永政办函〔2019〕37 号），2019 年 7 月 10 日。

业到粤港澳大湾区举办特色农产品推介活动，抢占市场份额。加大农业招商力度，引进广东温氏集团、中交集团、中农批等30余家世界500强、全国500强、上市公司和央企等实力雄厚的龙头企业。

五是抓支持。近年来永州市加大财政投入，积极招商引资，主动服务优势特色农业产业发展，推动全市蔬菜生产从小、散，向规范化、规模化发展。设立蔬菜产业发展基金，用于蔬菜基地建设、“五新”技术推广、精品蔬菜品牌创建。优先给予涉及粤港澳大湾区基地高标准农田建设项目倾斜；各县区对柑橘、茶叶、蔬菜、油茶四大主导产业及“一县一特”产业示范基地建设，实行项目管理，项目建设以奖励形式予以扶持。积极争取广州市的支持，将符合要求的备案基地享受广州市同等的补助政策；另外，通过鼓励支持基地绿色发展、扶持奖励企业/行业协会办基地、给予出口企业一定的运费补贴，扶持优势特色农业产业发展。

二、市场撬动

粤港澳大湾区作为中国经济发展的重要引擎之一，2022年该区域现有8619万人口，经济总量超13万亿元人民币，仅广东居民人均可支配收入超过4.5万元，大规模的人口和较高的可支配收入形成了一个庞大的消费市场。粤港澳地区对农产品需求量大，而第一产业占比低，不足两个百分点，本地农产品的生产能力有限，这使粤港澳大湾区对外地农产品有着极大的需求。粤港澳大湾区庞大的农产品市场和对农产品高品质的要求，为永州特色农业产业提供了广阔的市场空间。

一是粮食需求。广东作为全国人口第一大省和最大的粮食主销区，

近年来年均粮食缺口高达3800万吨以上。2022年，广东省全年稻谷总产量约1108.6万吨，

粮食产量仅为消费量的1/4，粮食缺口高达4000余万吨。2000—2020年粤港澳大湾区粮食总产量由498万吨下降至304万吨，降幅达39%（其中稻谷产量由2000年的491万吨下降至2020年的265万吨，降幅为46%）。而2015—2020年粤港澳大湾区口粮消费从812.7万吨增加至1003.1万吨，增幅为23%，年均增长率约5%。从不同品种粮食消费来看，2015—2020年大湾区稻谷、薯类、豆类消费总量分别占口粮消费总量的90%以上、1%左右、6%—7%，且均呈现增加的趋势。不难看出，这意味着大湾区粮食市场非常庞大。如果从粮食供给质量来看，目前大湾区乃至全国整体稻米市场品牌化、绿色化、高端化、特色化的产品依然严重短缺。[①]

二是肉类需求。受饮食习惯影响，粤港澳大湾区人均猪肉消费量常年高于我国平均人均消费量，是我国主要的肉类消费地区。2020年粤港澳大湾区肉类产品总产量109万吨，主要集中在肇庆、江门、惠州等地，分别占比34.4%、25.9%和13.8%。而从消费来看，2020年粤港澳大湾区肉类总消费量为305万吨，肉类消费主要集中在广州、深圳、东莞等地，分别占比21.7%、20.4%和12.1%。在不考虑本地调出的情况，粤港澳大湾区内至少有196.6万吨的肉类消费需求需要从其他地区调入，占到区域总消费量的64%。

三是蔬菜需求。大湾区蔬菜产区主要位于珠三角地区9市，2020年播种面积52.17万hm^2，产量1392.68万吨，分别比2010年增加

① 张磊、周灿芳、方伟：《粤港澳大湾区粮食产业现状、矛盾透视及高质量发展实现路径》，《广东农业科学》2023年第1期。

0.06%、12.49%。蔬菜产出大县增城、高要、博罗、白云、惠东主要位于大湾区东北、中北和西北部。

2022年广东省蔬菜第一季度产量1030万吨，占比26%；第二季度产量913万吨，占比23%；第三季度产量944万吨，占比24%；第四季度产量约1105万吨，占比27%。[①]

2023年上半年广东省蔬菜总产量1983.7万吨，同比增长2.1%。规模基地蔬菜产出以瓜类、茄果类、白菜类和绿叶蔬菜为主，产量占比分别为23%、22%、20%和16%。[②]广州江南果菜批发市场来自湖南、山东、云南、宁夏等地的多样化蔬菜持续供应，每日蔬菜供应量可以达到8000—10000吨。截至2023年年底，广州市与各合作地市共认定2544个“菜篮子”生产基地，遍及广东、湖南、山东、江西、云南、甘肃、广西、宁夏等国内优质农产品集散地，促进“菜篮子”农产品的高效流转。粤港澳大湾区“菜篮子”平台在全国布局建设17个配送中心和分中心，湖南永州配送分中心2022年供往粤港澳大湾区配送流通总量达8.2万余吨。

四是水果需求。粤港澳大湾区属于高收入区，居民可支配收入高，对水果的产量和品质要求都较高。2022年全省园林水果种植面积预计为1596万亩，水果产量约为1881万吨，其中菠萝、荔枝、龙眼、柚子、柑橘、香蕉产量分别为129.8万吨、146万吨、96万吨、114.0万吨、417.9万吨、488万吨。由于粤港澳大湾区农业用地有限，水果产

① 广东省农业农村厅：《2022年年度广东省蔬菜产销形势分析》，https://dara.gd.gov.cn/gkmlpt/content/4/4085/post_4085154.html#3045，2023年1月30日。

② 广东省农业农村厅：《2023年上半年广东省蔬菜产销形势分析》，https://dara.gd.gov.cn/gkmlpt/content/4/4229/post_4229227.html#3045，2023年8月8日。

量无法满足当地需求，缺口较大，再加之居民对水果多样性的需求，粤港澳大湾区对苹果、梨子、葡萄、红提、枣、西瓜等外地水果的需求同样极大。广州江南果菜批发市场，来自外省的水果日交易量约4500吨。

三、利益驱动

在市场撬动的背后，利益驱动是推动永州精准对接粤港澳大湾区优势特色农业产业发展的核心动力。通过与大湾区精准对接，公司、农户、批发商、运输企业等均可以获得多方面利益。

冷水滩区永益农业开发有限公司，是一家集蔬菜种植、加工及销售于一体的现代化农业企业。2019年前该公司主要种植豇豆、番茄、黄瓜、辣椒等20多个品种，年产量达3000多吨，每年供给港澳市场新鲜蔬菜超过300吨。该公司在没有对接粤港澳大湾区之前，基地产出的蔬菜只能在港澳市场散卖，行情不稳定，有时候蔬菜滞销就会亏损，一年收入在20万—30万元。自2019年对接粤港澳大湾区"菜篮子"后，蔬菜的出口量平稳大增，每年可增收10万—15万元。

再以湖南蔬益园食品有限公司为例，该公司是一家集优质特色蔬菜种植、加工、销售及品牌运营于一体的农业产业化国家重点龙头企业。公司于2006年5月18日成立，位于国家级出口食品农产品示范区湖南省永州市江永县。2023年该公司主导产品国际细分市场占有率3.7 %，全国细分市场占有率15%，出口额230.4万元，年销售收入28739.29万元。企业主营产品为腌豆角、萝卜、莴笋、竹笋、莲藕、香姜、速冻香芋等，主营产品年产量19280吨。2020年公司完成销售收入25092.96万元，利润总额1902.34万元，净利润1426.31万元；2021年完成销售收入26985.25万元，利润总额1879.38万元，净利润1597.47万元。在以湖南、湖北、江西、广东、广西为主销区的市场中占有率超过30%。

近年来，永州立足自身生态优势、资源禀赋、区位优势，围绕“两基地一中心”建设，坚持“向南向海向外”发展战略，大力实施蔬菜出口“百亿工程”，着力“打品牌、立标准、干检测”，全方位对接大湾区“菜篮子”，并带动全市近40万脱贫群众增收，2023年全市脱贫人口人均纯收入18112元，增长14.1%，其中生产经营性净收入占比7.1%。江华源源兴公司出口蔬菜年销售额2.55亿美元，新田东升农场蔬菜销往香港年销售额5亿元，江永广发蔬菜供粤港澳大湾区农产品年销售额8000万美元，东安霞栖双孢菇占据香港半壁江山。

四、大户带动

优势特色农业产业发展的过程中，大户带动是一个不可忽视的动力因素。大户是指在农业领域具有一定规模和实力的企业或个人。他们通常拥有较为丰富的资源和较强的市场竞争力，纷纷采取“龙头企业＋基地”“龙头企业＋基地＋农户”“龙头企业＋专业合作组织（或种养大户）＋农户”或“股份制合作”等发展模式，打造出一个个响当当的品牌，能够为特色农业产业的发展提供有力的支持。“龙头企业＋基地”型：企业通过承包、租赁、流转等方式获得土地使用权进行种养，农户通过出租土（林）地和在基地务工取得收入，实现企业和农户的双赢；“龙头企业＋基地＋农户”型：企业通过建立小面积的示范基地，带动农民种养，免费向农户提供优质种苗、技术培训，与农户签订收购协议；“龙头企业＋合作经济组织＋农户”型：企业通过与专业合作社、协会、种养大户等合作，将农户紧密联结起来。农户专业化种养，企业则加工和销售相应产品，合作经济组织作为中介，为农户与企业提供产前与产中的某些服务；“股份合作型”：农民以林地或劳力入股，实行按劳分配、按股分红的方式。

以湖南瑶珍粮油有限公司为例，该公司成立于2009年，是一家专注生态稻米从田间到餐桌的全产业链、全数字化的省级农业优势特色千亿元产业标杆龙头企业。公司注册资金2000万元，下辖3个子公司，4个合作社，公司2021年总资产1.76亿元，净资产1.19亿元。14年来，创始人蒋珍凤在“两心理念”（“良心”“初心”）的指引下，立志产“良米”做“良人”，带领大山深处的百姓共同发展，围绕“专精特新”创新管理模式，专注绿色有机稻米从田间到餐桌来激活供应链，通过实施“全生命周期生态赋能+5C运营共赢合作模式”（“龙头企业+基地+合作社+家庭农场+农户”共赢合作），形成集优质水稻种植、加工、贸易、产品研发、品牌运营于一体，数字化、全产业链的农业产业化标杆龙头企业。

目前，永州市农业大户数量庞大，这些大户是全市农业发展的中流砥柱，支撑了全市主要农产品的生产，特别是外销部分，全市现有全国生猪调出大县10个、全国产粮大县5个、全国蔬菜产业发展重点县7个、湖南省产粮大县2个、省级柑橘优势区域建设县8个；创建省级现代农业产业园、省级优质农副产品供应示范基地和省级农业特色产业园71个、万亩以上基地34个，有国家级生猪调控基地103个、省级生猪调控基地171个，粤港澳大湾区“菜篮子”生产基地236个。

第三章 永州精准对接粤港澳大湾区优势特色农业产业发展的成效与问题

党的二十大报告强调，“深入实施区域协调发展战略、区域重大战略、主体功能区战略、新型城镇化战略，优化重大生产力布局，构建优势互补、高质量发展的区域经济布局和国土空间体系”。[①]永州认真研究本市在区域经济发展版图新格局中面临的机遇与挑战，以更高政治站位、更大格局视野、更实举措行动谋划布局，加速融入粤港澳大湾区，深化拓展与大湾区的全面合作。特别是为了做好优势特色农产品这一“土特产”文章，坚持标准对接、产业对接、科技对接、产销对接等，精准对接粤港澳大湾区市场需求，为永州经济发展融入粤港澳大湾区注入活力。本章分析了永州精准对接粤港澳大湾区优势特色农业产业发展的基础、成效，梳理了优势特色农业产业发展在生产、品质、品牌、营销等方面面临的困境，同时系统剖析了永州精准对接粤港澳大湾区优势特色农业产业发展存在问题的主要原因。

① 习近平：《高举中国特色社会主义伟大旗帜 为全面建设社会主义现代化国家而团结奋斗——在中国共产党第二十次全国代表大会上的报告》，人民出版社2022年版。

第一节　永州精准对接粤港澳大湾区优势特色农业产业发展的基础

永州要崛起，强农兴工是关键，尤须跳出地域思维，向外借势借力。永州与广东毗邻，与大湾区地缘互依、交通互联、人缘相亲、商缘相连，与珠三角、港澳之间可以互补优势，精准对接融入粤港澳大湾区具有得天独厚的优势。

一、地缘互依

永州古称零陵郡，因舜帝南巡崩于宁远九嶷山而得名。又因潇水与湘江在永州城区汇合，所以永州自古雅称“潇湘”。永州从古至今便是华中、华东地区通往广东、广西、海南及西南地区的交通要塞，也是湖南对外开放的重要门户，素有“南山通衢”之称。“距水陆之冲，当楚粤之要，遥控百蛮，横连五岭，梅庚绵亘于其前，衡岳镇临于其后”，镇东北可入中原腹地，控制西南扼广西边陲之咽喉，据东南握广东海滨之通道，故为历代兵家必争之地。湖南和广东两省地缘相邻，中间连着的是南岭山脉。潇湘一带与南岭一脉，自古以来山水相连、地缘相近、文脉相亲，南岭民族走廊相同的地缘关系和文化渊源为区域内交流交往提供了便利。

永州市是湖南唯一与两广接壤的地区，是环粤港澳大湾区重要城市、西部陆海新通道枢纽城市，坐拥东盟、泛珠三角、中部、泛北部湾“四大经济圈”黄金叠加地。永州市区（零冷城区）到广东广州仅500多公里，南六县距广州仅400多公里，是“沿海的内地，内地的前沿”。这种地理相邻的特点，使永州与广东一衣带水、人缘相亲、商缘相连，彼此在经济发展、文化交流等方面有着密切的联系。

二、交通互联

永州连接粤港澳地区的交通设施齐全、种类丰富，有公路运输、铁路运输、水路运输和航空运输。公路运输方面，永州市境内有多个高速公路和国道与粤港澳地区相连，如二广高速、厦蓉高速、322 国道等。通过这些公路，可以将永州的农产品快速地运送到粤港澳地区。铁路运输方面，永州市境内有湘桂铁路、洛湛铁路和焦柳铁路等铁路干线，这些铁路与粤港澳地区的铁路网相连，可以提供便捷的铁路运输服务。广铁集团在湖南布局建设的 1000 万吨设计运量的第二大铁路货场的永州北站争取广铁运费下浮 53% 政策支持，顺利挂牌省内第四个内陆港“盐田国际内陆港——永州”，常态化开通永州—盐田等 3 个方向铁海联运专列。水路运输方面，永州市靠近湘江和珠江两大水系，可以通过水路运输将农产品运送到粤港澳地区。特别是对于一些大量需要运输的农产品，水路运输成本较低，也更加环保。航空运输方面，永州零陵机场已开通广州、深圳航线。

永州市交通基础设施的改善为农业产业的发展提供了有力的支撑。这不仅为永州特色农业产业提供了便捷的运输通道，同时也降低了物流成本，提高了产品竞争力。交通基础设施的改善为永州农业产业提供了更多的市场机会和合作空间。交通基础设施的改善，特别是高速公路和铁路的开通，缩短了永州与粤港澳大湾区的距离，为永州农业产业向粤港澳大湾区输出提供了便利条件。精准对接粤港澳大湾区市场，将为永州特色农业产业的发展带来重要机遇和广阔空间。

三、产业互补

产业兴则永州兴、产业强则永州强。加快建设融入粤港澳大湾区引领区作为发展的重头戏，永州市全面推行以“大湾区所需 + 永州所长”“永州所需 + 大湾区所长”模式，全方位、全领域加强与大湾区对接合作。2018 年 10 月，广州市委、市政府提出打造粤港澳大湾区“菜篮子”工程构想。永州发展“菜篮子”具有独特的“小气候”，大米、生猪、蔬菜、柑橘等农产品特色鲜明。面对国家推进粤港澳大湾区建设重大机遇和大湾区广阔消费市场，永州市积极响应广州市建设粤港澳大湾区“菜篮子”工程，精心谋划，主动对接，率先融入，作出把永州打造成为粤港澳大湾区的“菜篮子、果园子、乡愁园”部署，全面融入粤港澳大湾区市场。永州产出的优质大米、生猪、蔬菜、茶叶、茶油、柑橘等产品成了粤港澳大湾区市场抢手的“香饽饽”，生猪在香港市场叫好叫卖。

现阶段粤港澳大湾区正面临着发展的空间有限、劳动力成本高、土地使用价格逐年上升和环境污染压力大等问题，需要对产业进行全面升级，原有的大量劳动密集型产业和制造业会逐渐向内地转移。永州加快推进承接产业转移示范区建设，推动制造业高质量发展，加快发展农产品精深加工、矿产品加工、轻纺箱包制鞋 3 大传统优势产业，发展先进装备制造、新一代电子信息技术、生物医药 3 大战略性新兴产业。做大做强商贸物流、文化生态旅游、商务服务、现代金融、信息技术、居家服务康养服务 6 大服务业，推动生活性服务业向高品质和多样化升级。近年来，永州主动融入粤港澳大湾区，大力推进“农产品走出去，资本引进来、游客迎进来”，加快形成开放新格局。2023 年，完成进出口 410 亿元，全市出口蔬菜 100 余亿元，占全省 96% 以上，供港蔬菜货值占全国的50%以上。接待大湾区游客580万人次，同比增长14%。

四、科技互兴

针对与粤港澳大湾区在合作过程中科技交流合作渠道不宽、科技孵化平台不完善等问题，特别是创新开放平台搭建不足、高层次科技创新人才引进与培育困难等难题，永州市积极采取措施，全方位引智引才，推动与大湾区形成了“研发在大湾，生产在永州”的“科创飞地”模式。

具体来说，一是与华南师范大学、华南农业大学、华南理工大学等共建研发平台，建立联合研发机构、技术转移机构，大力建设科创飞地，在大湾区建立科创飞地平台4家，联合孵化中心2家，围绕永州产业发展的瓶颈开展技术攻关。二是选派优秀年轻干部组建5支引商引才引客小分队，奔赴湾区一线，常驻大湾区承接产业转移，推进永州与大湾区协同创新，建立“孵化在大湾区、产业化在永州、研发在大湾区、生产在永州”的跨区域联动发展模式。三是遵照“不求所有，但为所用”的柔性引进方式，突出永州产业链布局的发展需求和精准对接大湾区人才创新成果的转化需求，引进高水平团队来永州开展科研指导。在大湾区举办招商引资暨招才引智推介会、乡村振兴招商推介会等，靶向引进一批高精尖缺人才。

截至2022年2月中旬，永州市共创建农业类国家级星创天地5家、省级科创平台23家，省级创新创业示范基地4家、创业孵化平台9家，省、市级农业产业园176个；深入实施“基层人才创业支持计划”“乡贤人才回归工程”，累计回引7500余名经济能人返乡创业。①

---

① 永州市：《为乡村振兴注入人才活水》，《湖南日报》2022年2月15日第3版。

五、人文互融

近年来，永州利用红色、古色、绿色、彩色、亮色“五色文化”资源，建设文化生态旅游名城，促进跨区域人文交流，让永州成为人人向往的诗和远方。永州是革命老区，红色文化资源富集，这里孕育了李达、陶铸、李启汉、蒋先云、江华、何宝珍等众多革命英才，是传承红色文化基因的胜地；永州是国家历史文化名城，古色底蕴丰厚，舜文化、柳文化、理学文化、女书文化、瑶文化千姿百态，现存历史文化古迹2700多处，是古色文化研究重地；永州是国家森林城市，打造出以九嶷山、舜皇山、阳明山等22个“国字号”森林公园为代表的生态“绿色”胜地；永州民俗文化厚重，以江华瑶族盘王节、勾蓝瑶生态博物馆群、东安老师傅技艺馆为代表的民族民俗，成就了永州“彩色”文化保护展示洼地；永州是国家公共文化服务体系示范区，构筑起以市文化艺术中心、图书馆文化馆总分馆、24小时自助图书馆为代表的现代“亮色”文化展示高地。

面向粤港澳大湾区旅游市场，永州开展重点突出、策略精准、手段创新的宣传推介活动，运用主流媒体、新兴媒体、创意策划和大数据，不断完善宣传推广体系。积极参加大湾区旅游节会活动，加强面向大湾区的文旅宣传推介、文旅产品展销、文旅招商签约。近年来，舜帝陵、云冰山、零陵古城、阳明山等景区，正成为粤港澳大湾区的旅游目的地、生态后花园和康养休闲区。

粤港澳三地同根同源，有着共同的文化根基，正协同建设世界级旅游目的地。2023年，为实现“引客入粤”“引客入湾区”，粤港澳三地建立联合宣传推广机制，进一步擦亮湾区文化和旅游IP。2023年粤港澳大湾区非物质文化遗产交流大会、2023年广东文化和旅游夏季推介会、2023年粤港澳大湾区公共文化和旅游产品采购会，以及广东（国际）旅游产业博览会、香港国际旅游展等大型展会、澳门国际旅游产业博览会等一系列高规格会议，极大地强化了广大公众对人文湾区、休闲湾区以及粤港澳大湾区世界级旅游目的地的认识，良好地展示了大湾区文旅资源和形象。当前，粤港澳大湾区成为假期热门旅游目的地，大湾区城市景点旅游对永州人的吸引力不断增强。

六、生活互惠

广东作为华南唯一的经济发达地区，因其具有大量就业机会和广阔的发展前景，吸引了510余万湖南人来此就业创业。湖南人在深圳市超过400万人（其中约有30万永州人在深圳），东安鸡、永州血鸭、剁椒鱼头等湖南菜也成为深圳市最受欢迎的餐饮特色之一。

作为最紧密的邻居，湖南与粤港澳地缘相接、人缘相亲、商缘相通、经济相融，目前有超过5000家的广东企业和30多万粤籍人士在湘投资创业，广东的广式月饼、荔枝、龙眼、菠萝以及白切鸡、脆皮烧鹅、红烧乳鸽等“土特产”越来越多地成为湖南人的新宠。

第二节　永州精准对接粤港澳大湾区优势特色农业产业发展的成效

近年来，湖南省委、省政府贯彻落实“三高四新”战略定位和使命任务，深入推进现代农业综合改革，构建“四带八片五十六基地”特色产业发展布局，打造粤港澳蔬菜供应区等四大功能区。永州地处湘南，充分发挥永州农产品资源禀赋、地理区位及农业产业发展优势，率先在对接粤港澳大湾区优势特色农业产业发展上取得新突破及显著成效。2023年，永州进出口总值为436.3亿元，同比增长5.2%，增幅居全省第二位。在县域经济集群出口的特色商品中，农产品出口134.6亿元，增长39.8%。

一、农业产业化经营取得新进展

一是新型经营主体发展势头较好。截至2023年，永州市共有家庭农场29224个，其中省级示范家庭农场172个。家庭农场主要以种养业为主，种养业占比超过70%，整体经营规模偏小，超过50%的家庭农场年经营收入低于10万元。农民合作社9689个，社员34.82万人，带动农户30.81万人，其中国际级合作社53个，省级合作社124个，从产业类型看，依然是以种植类为主，种植类合作社达5479家。总体来看，永州市新型农业经营主体发展势头较好。

二是农林加工龙头企业做大做强。截至2022年，永州市现有农产品加工企业6565家，其中规模以上农产品加工企业415家；全市农业产业化龙头企业317家，其中国家级3家，省级66家，市级248家。金浩茶油、瑶珍粮油、蔬益园食品三家企业产值均超过10亿元。2022年，全市农林牧渔业总产值达851.73亿元，增幅3.9%，排全省第四。

三是现代农业生产基地蓬勃发展。全市现有全国生猪调出大县10个、全国产粮大县5个、全国蔬菜产业发展重点县7个、湖南省产粮大县2个、省级柑橘优势区域建设县8个；培育了700万亩粮食、300万亩蔬菜、300万亩油茶、100万亩柑橘、800万头生猪、600万羽蛋鸡6个“百万级”品牌[①]；创建省级现代农业产业园、省级优质农副产品供应示范基地和省级农业特色产业园71个、万亩以上基地34个，有国家级生猪调控基地103个、省级生猪调控基地171个，粤港澳大湾区“菜篮子”生产基地213个。

四是特色农业品牌建设成效明显。创建了“湘江源”“永州之野”市级农业区域公用品牌，创建中国名牌产品2个、中国驰名商标6件、湖南省著名商标57件、湖南名牌产品15个、认证“二品一标”产品232个。根据浙江大学CARD中国农业品牌研究中心发布的2022年中国果品、茶叶区域公用品牌价值评估结果显示，永州市仅“江华苦茶”入围，排名121，品牌价值3.44亿元。以“果秀”“金浩茶油”“瑶珍大米”“江华苦茶”“义华花生”“道州灰鹅”“千家峒”“东安鸡”“九嶷山兔”“新田大豆”代表的品牌远销国内外。

二、特色优势产业发展势头强劲

（一）蔬菜产业创汇引领全省

近年来，永州发挥生态、区域优势，实施对接粤港澳大湾区“菜篮子”工程和蔬菜出口“百亿工程”，对标大湾区农副产品质量标准，建设优质农产品生产示范基地，大力培育农业龙头企业，把蔬菜产业作为促进脱贫群众增收的特色主导产业，形成蔬菜产业规模化、区域化、专业化生产。

1. 蔬菜产销质量稳步提升

从量的方面来看，截至2023年年底，永州创建粤港澳大湾区“菜

① 陈爱林：《政府工作报告——在永州市第六届人民代表大会第三次会议上》，2023年12月25日。

篮子”生产认定基地（蔬菜类）139 个，数量居全国第一。全市有 7 个全国蔬菜产业重点县、4 个供粤港澳蔬菜产业集群项目实施县、2 个省级优质蔬菜供应基地（示范片）县，蔬菜播种面积 308.4 万亩、产量 613.9 万吨。同时，据海关统计，2023 年永州市对香港出口蔬菜 53.7 万吨，同比增长 26.4%；货值 101.8 亿元，同比增长 44.7%，占同期湖南省供港蔬菜货值的 94.1%，占比超过全国供港蔬菜的一半，货值和总量分别居全国地级市第 1 位、第 3 位。蔬菜、油茶特色优势更加明显，道县、新田、江永、江华纳入国家湘南“供粤港澳”蔬菜优势特色产业集群项目实施优势县。蔬菜产业已成为当地农产品主要产区农民收入的重要来源，供港货值创历史新高。

从质的方面来看，永州对标大湾区农产品质量标准，制定和完善粮食、瓜菜、果品、畜禽等 15 项行业生产技术操作规程，构建农产品质量安全追溯体系，实行产前、产中、产后全过程质量监测管理模式，对绿色有机农产品实行赋码溯源，强化农产品源头管理，保证产品质量。针对农产品质量安全、病虫害绿色防控、测土配方施肥、水肥一体化等重点对农民开展职业培训。[①] 为打造健康菜，对农药残留、产后处理、产品加工等环节制定严格的检测标准，加大出口蔬菜质量检测力度，推进 CMA 和 CATL 双认证，新增检测参数 162 项，做到“逢出必检”，开展供粤港澳蔬菜基地专项监测，近两年供港蔬菜基地农产品检测合格率 97.38%，所有县区都是省级出口食品农产品质量安全示范区。

---

① 永州市人民政府：关于印发《永州市对接粤港澳大湾区“菜篮子”工程建设实施方案》的通知，http://www.yzcity.gov.cn//cnyz/zfbgswj/201907/84cb547fb3eb4f018f64835923f48211.shtml，2019 年 7 月 12 日。

2. 蔬菜基地集约经营管理

永州市作为湖南省的农业大市，土壤肥沃、气候温和，具有种植蔬菜得天独厚的优势，是湖南省唯一的国家级水果蔬菜外贸转型升级基地，是长江以南首个、全国第四个国家级出口食品农产品质量安全示范市，是全国除广东以外唯一通过陆路为香港直供蔬菜的试点城市。截至2023年7月23日发布的第十一批粤港澳大湾区菜篮子认定基地初审合格名单来看，永州市粤港澳大湾区菜篮子生产基地和加工企业已累计达231家，稳居全省第一位。

按照因地制宜、突出特色、打造产业区域化、规模化的基本原则，永州市根据产业产品规划，利用区域气候的优势，整合现有分散土地，打造集中连片、面积1000亩以上符合绿色有机农产品生产要求的“湘江源”蔬菜示范基地，推进土地集中流转，流转率达到58.63%，并对土地进行集约经营管理，耕地流转面积高达288.3万亩。通过挖掘地方特色农产品，培育特色品牌，促进规模生产，切实提高了种植效益。以“湘江源”“永州之野”蔬菜公用品牌为支撑，对外销蔬菜品种的生产进行规划，重点打造本地特色蔬菜基地、四季鲜销蔬菜基地、高海拔反季节蔬菜基地，实施粤港澳大湾区“菜篮子”蔬菜类认定基地提质改造93个，在示范基地内全面推广增产增效的实用绿色栽培技术①。永州市江永县已建成30万亩供粤港澳大湾区蔬菜基地，通过加强生产设施建设，提升机械化生产水平，实现了种植基地网格化、种植品种小区化、灌水供肥一体化、病虫草害防治绿色智

① 永州市发展和改革委员会：《“菜篮子”充实群众“钱袋子”——永州做大做强做优特色蔬菜产业综述》，http://fgw.yzcity.gov.cn//fgw/0202/202210/36ececcf930c45e5927e4b7206f14734.shtml, 2022年10月25日。

能化，高标准四季轮作种植蔬菜，配套建设了工厂化育苗及设施蔬菜种植基地，产量占全省粤港澳大湾区“菜篮子”供应总量的40%以上，2023年全年实现了年出口创汇近13.48亿元。

3. 龙头企业促进增效增收

永州市根据乡村特色产业发展的总体布局，加大培育龙头企业，以点带面地将蔬菜基地和品牌建设结合起来，发展家庭农场、专业合作组织等新型经营主体，形成利益共享的高效益产业链，为当地提供就业岗位，促进农业增效、农民增收、农村发展，助推乡村振兴。永州市江永县以龙头企业为牵引，精心打造订单收购蔬菜平台。江永县广发农业发展有限公司通过集员工培训、农资配送、蔬菜新品种引进和推广、智能化管理、清洗加工、分拣包装、检验检测、冷链储运等于一体的综合服务中心，为全县3000多户蔬菜种植户提供了“机械生产、订单收购、就地分拣包装、冷链贮运、直供香港销售或就地加工”产销对接的粤港澳菜篮子工程的高效益蔬菜产业链，并构建了完整配送供应链，每天销售优质新鲜蔬菜100吨左右，年出口蔬菜销售总额10亿元以上，联结农户3260余人，辐射带动蔬菜面积超2万亩以上。永州市新田县东升农场是湖南省农业产业化龙头企业，自然环境优越，利用富硒资源的优势，建立高标准蔬菜种植基地，占地面积达6500多亩，90%的富硒有机蔬菜直供粤港澳大湾区，2022年出口蔬菜6.8亿元。

（二）生猪养殖创汇全省第一

基于毗邻广东的地理优势，永州一直以来都是广东沿海地区传统的生猪供应基地，永州活猪在香港地区也有着良好的市场认可度。近年来，永州市狠抓生猪出口，努力打造成为粤港澳大湾区“肉篮子”

工程猪肉供应基地，养殖创汇全省第一。

1. 政府高位推

“民以食为天，猪粮安天下。”猪肉是我国居民主要的肉食来源，我国猪肉产销数量稳居世界首位。而湖南作为全国生猪养殖和调出大省，生猪出栏量、生猪存栏量均位居全国前三。生猪产业作为湖南省的传统优势产业，近年来为了促进生猪产业转型升级，湖南省先后出台了《关于促进生猪生产保障市场供应的政策措施》《优质湘猪产业发展规划（2019—2023 年）》等文件，出台了一系列措施促进生猪产业的健康发展，稳定生猪生产市场供应。为了打造优质湘猪品牌，推进优质湘猪工程的全面建设，湖南省规定了各市州的最低生猪出栏任务，并将其纳入“菜篮子”市长负责制考核以及省政府督查考核内容。而永州市作为湘南地区农业大市，供港蔬菜、粮食和生猪产量稳居全省第一，为保障全省粮食安全和重要农产品供给作出了突出贡献。生猪作为其两大支柱产业之一，截至 2022 年，全市养殖规模化率 80%，高于全省平均水平 15 个百分点；全年出栏生猪 793.32 万头，增长 1.8%；存栏生猪 550.82 万头，能繁母猪 46.36 万头，外销生猪 108.4 万头，各项指标领跑全省。①

2. 生猪品种优

永州市山峦起伏，林茂草丰，地理生态环境优良，土壤、气候适合种植高品质的农产品，且地广人稀，土地承载能力高，适合大规模生态养殖。舜皇山土猪是永州的特色土猪品种，因原产永州舜皇山而得名，至今已经有 2000 多年的养殖历史，1971 年被全国畜禽育种工

① 湖南省农业农村厅：《永州：“智能化、绿色化、融合化”推动生猪产业转型升级》，https://agri.hunan.gov.cn/ztzl/fzzwfk/202306/t20230606_29369055.html，2023 年 6 月 6 日。

作会评为地方优良品种。舜皇山土猪养殖讲究较多，以熟食喂养，喂养期较长一般为一年到一年半，而且每天都要进行放养，物资储藏丰富，营养价值较高，肥瘦相宜，风味十足，香味浓郁，烹煮后肉汤澄清透明，香味独特，素有“一家煮肉四邻香”的美誉。现在冷水滩、零陵、东安、双牌、祁阳等地都有养殖，仅湖南恒惠食品有限公司在永州就已建有高标准的舜皇山土猪原种场3个，舜皇山土猪生产基地300多个，发动2000多户养殖农户从事舜皇山土猪养殖，年出栏生猪20万头以上[①]。

3. 龙头企业强

永州市政府历来高度重视生猪生产行业的发展，市委书记、市长等主要领导多次就生猪生产任务召开专题研究会，实施了招商引资、龙头带动、产业融合等一系列措施，从项目审批、土地供应、环保评审、项目建设等方面为企业建立绿色通道，帮助企业破解了生猪生产企业发展面临的土地环保等瓶颈问题。2011年养殖行业的龙头企业温氏集团率先入驻永州发展养猪业务，2012年温氏集团在永州成立了永州温氏畜牧有限公司，2014年与永州市政府签订“战略合作框架协议”，在永州养殖项目逐渐成长壮大，2015年建成投产黄田铺种猪场后，又建立了富家桥种猪场、邮亭圩种猪场；2019年开始建设江永和冷水滩屠宰项目，配套建设大型饲料厂、食品深加工项目等，到2022年底温氏集团在永州总体投资超60亿元，全面实现500万头肉猪上市设计规模[②]。正邦集团、湖南新五丰等龙头企业也纷纷响应政府号

① 李晶、陈平衡：《五“心”“五统一”开创永州肉类品牌化先河》，《永州发布》2020年1月4日。

② 永州发布：《590万头，湖南第一！一大波永州二师兄正在路上》，http://www.0746news.com/reping/3672.html，2019年12月5日。

召、扎根永州，积极配合永州市对接粤港澳大湾区“菜篮子”建设工作，推动永州市生猪产业链一体化建设。2023年，湖南温氏产值突破50亿元。

4. 出口占比高

2019年永州市专门出台了《永州市对接粤港澳大湾区优质生猪供应基地建设实施方案》来保障粤港澳地区的生猪供应。即使在新冠疫情对经济运行造成较大影响的时候，永州市也保持着对港的生猪供应。2020年1—2月，永州对港出口生猪1320头，是疫情期间湖南供港活猪的唯一货源地。①2021年，销往粤港澳大湾区生猪130余万头，其中出口港澳2万余头，均占全省2/3。全市现有4个出口注册猪场，生猪在香港市场卖价一直位居第一位、第二位。零陵天顺公司年对港出口生猪4万—5万头，全港95%的烤猪由天顺提供。成功创建农业农村部畜禽标准化示范场1个、省级生猪屠宰标准化示范场4个、省级畜禽标准化示范场6个，永州新湘农格瑞农业有限公司被农业农村部认定为农业农村信息化示范基地，为全省唯一一家②。

三、农业创汇平台建设引领全省

永州作为湘南对接大湾区的主要城市，遵照粤港澳大湾区“菜篮子”质量安全标准，全力推进全市开放平台建设，实现企业资质、产品信息、检测记录等信息全覆盖，助推永州农产品“走出去”。③

① 黄柳英：《永州市1月以来出口供港活猪1728头》，《湖南日报》2022年2月8日第5版.

② 瞿理铜：《乡村振兴蓝皮书：湖南乡村振兴报告》，社会科学文献出版社2022年版。

③ 湖南乡村振兴报告：《永州市2022年乡村振兴研究报告》，https://new.qq.com/rain/a/20220907A03M3D00，2022年9月7日。

（一）平台建设全覆盖

永州市南6县北5县中，10个县区获批国家级出口食品农产品质量安全示范区，全市11个县区实现省级出口食品农产品质量安全示范区全覆盖；2017年，永州成为长江以南首个国家级出口食品农产品质量安全示范市，出口产品为果蔬、果蔬罐头、茶叶、活大猪；2017年，长沙海关驻永州办事处江华工作站开关运行，2018年，在江华建成启动了全市第一个进口保税仓和出口监管仓；原国家质检总局富硒食品检测区域性中心实验室基本竣工并安装部分设备；园区外贸服务中心协助全市68家企业实现外贸业务破零；积极发挥永州海关、出入境检验检疫办事处的功能，不断优化对农产品对外贸易和物流发展环境，降低出口企业运营成本。

（二）平台建设活流通

为优化农产品的流通体系，永州市进一步完善了农产品流通基础设施，加快农村道路建设，让农村区域内形成不同的模块，居民区、生产场所和市场划分鲜明。2021年，启动的衡永高速“七纵九横”，串联二广、京港澳等多条高速，形成以衡阳、永州、郴州三地为中心的大湘南高速立体交通格局，对增进湘南示范区经济一体化、对接粤港澳整体竞争力都有重要意义；2022年12月，桂新高速公路正式开工，该项目对于增强永州作为面向粤港澳大湾区的区位优势具有重要作用。广铁集团在湖南布局建设的1000万吨设计运量的第二大铁路货场的永州北站争取广铁运费下浮53%的政策支持，争取省商务厅300万元西部陆海新通道物流补贴，顺利挂牌省内第四个内陆港“盐田国际内陆港——永州”，常态化开通永州—盐田、北部湾、湛江港3个方向铁海联运专列，开行专列291趟，补贴海铁联运专列10趟，实现货运吞吐量75万吨，完成海关“两仓一所”可研报告和向海关申报。组建供应链公司，大力开展供应链贸易，实现内贸业务营业额3000万元，积极参加中非经贸论坛活动，布局建设海外仓，中非跨境电商平台已于2023年6月29日正式上线，完成中非经贸项目签约7个。上市公司怡亚通供应链贸易、德国卓伯根跨境贸易、四达数字经贸产业园具备签约条件。

（三）平台建设畅物流

一是加强出口平台建设。推动湖南农副产品集中验放场通关平台“先内后外”发展，逐步形成内贸集散批发大市场，推动发展高端果蔬深加工配送业务，逐步形成“内外贸一体化”的果蔬供应销售出口平台。2020年上线的永州供销市集App是一款非常正规可靠的农产品销售平台，致力于打造全新的先进的运营管理和网络销售平台，现已建成集“交易、服务、监管”于一体的农副产品网络销售平台，实现永州本地优质农特产品在线展示、网上交易、物流跟踪、在线支付、产品追溯的一站式聚合。二是拓展口岸平台业务。针对《海关总署关于规范转关运输业务的公告》（2017年第48号），尝试拓展永州公路口岸通关品种，开通保税和非保税货物存储、配送业务等一系列服务，鼓励湖南农副产品集中验放场在条件成熟的时机申报进口肉类、水果指定口岸查验功能和开展跨境贸易（跨境电商），引导海关工作人员入驻办公，促进其进入良性运营阶段。2017年，湖南农副产品集中验放场（叠加公路口岸）正式封关试运行，2018年7月10日首次开通香港直通车，搭载经湖南农副产品集中验放场口岸联检单位查验的供香港蔬菜运往香港。三是完善平台设施设备。多渠道争取建设资金，配置与广州粤港澳大湾区“菜篮子”供应中心相适应的检验、检测等仪器设备。四是加强冷链物流建设。在冷链、仓储、产后初加工等方面继续加力，鼓励、引进粤港澳乃至全国各地企业、连锁店、电子商务等经营主体来永州市发展冷链、仓储、产后初加工企业，提升冷链物流能力。引导全市农产品企业推行“同线同标同质”模式，增品种、提品质、创品牌，扩大内外销产品“同线同标同质”实施范围。2022年“十四五”时期，国家骨干冷链物流基地布局建设中，永州冷链物流建设列入国家重大布局，作为二广大通道承载城市。

四、现代农业科技水平整体提升

2014年以来，中央一号文件9次写入科技特派员制度，强调突出科技特派员“深入基层、服务群众”的作用。永州市委组织部、市科技局、市财政局联合制发《永州市科技特派员管理办法（试行）》，进一步加强和规范市派科技特派员管理服务工作，该举措增强了市县区推进科技特派员工作实效。科技特派员为建设现代化新永州提供了有力的科技支撑和坚强的智力保障，在激发农业科技创新活力、助力乡村振兴方面成效显著。

（一）科技服务团队实现全覆盖

1.“一县一团”技术服务全覆盖

围绕县域农业现代化需求，充分发挥科技专家技术领衔优势及政府行政支持作用，以县域为单位，由县级党委整合各级科技特派员资源，跨学科、跨部门建立由市（特区、区）党委副书记担任行政团长、从科技特派员中选任技术团长的“双团长”负责制，统筹将科技人才资源引入农业农村，推动科技特派员从“单兵作战”向“组团帮扶”转变，实现科技力量下沉，科技特派员扎根基层。2023年，积极开展永州市“服务产业发展　助力乡村振兴”科技专家服务团潇湘行活动，举办科技副县（市区）长、科技专家服务团团长、科技特派员座谈会，纵深推进科技人才下乡活动，新选派42名市派科技特派员奔赴县市区为基层开展科技服务，有效发挥科技特派员示范引领作用。创新开展人才联村帮扶活动，选派乡村振兴人才服务小分队124支，1107名专业人才组团开展志愿服务活动500余次，为乡村和群众办实事、解难事1000余件。①

2.“一业一队”技术服务全覆盖

湖南省委、省政府办公厅印发了《湖南省深化科技特派员制度助推乡村振兴的实施意见》，进一步完善了科技特派员选派、管理、激励等机制，为推进科技特派员“一对一”技术服务全覆盖、激发农业科技创新活力明确了方向。科技特派团根据各成员专业领域，以产业领域划分类别，建立若干个工作队，将相同专业领域科技人才汇聚，以人才团队为支撑、以产业为依托、以项目为抓手，集中力量攻克产业发展技术瓶颈问题，着力解决科技特派员力量分散的问题。获立项省科技特派员服务乡村振兴项目9项，宁远、祁阳两地的科技专家服务团被省科技厅评为优秀科技专家服务团，省级创新型县（市区）江华瑶族自治县通过省科技厅组织的中期评估②。

3.“一镇一员”技术服务全覆盖

以乡镇主导产业为依据，建立科技特派员驻点服务、科技特派

① 红星云：《永州市：坚持事业为本 激活人才引擎》，http://www.hxw.gov.cn/content/2023/11/20/14396217.html，2023年11月20日。

② 俞慧友、朱星辉：《百名科技专家聚湖南永州 生产一线助力乡村振兴》，《科技日报》2022年11月2日第7版。

团成员包乡联村机制，明确至少1名科技特派员联系1个乡镇，根据乡镇、企业、合作社需求，开展技术指导、培训、农业致富能手帮带等，推动乡镇农业产业科技创新支撑能力不断增强、促进乡镇科技人员能力素质不断增强。2022年共服务了685个行政村、143家企业，开展技术服务26820人次，现场服务群众1.34万人次，推广新技术348项，辐射带动增收农民15.56万人[①]。

（二）高质量打造农业创新平台

永州市持续加大科技创新投入，高质量打造南方红壤作物与生态研究中心、湖南省农科院永州分院、湖南省水稻/油菜/旱粮产业技术体系湘南试验站、湖南省水果产业技术体系永州试验站等农业创新平台，用科技赋能农业产业发展。[②]永州市政府与省林科院合作共建木本油料资源利用国家重点实验室永州分支机构。湖南和广生物科技有限公司同中国科学院、湖南农业大学、湖南科技学院等院所合作成立“植物功能成分”国家工程技术研究分中心，并挂牌成立了永州市首家国家级博士后科研工作站。

永州科技要素大市场2020年正式投入运行，为永州市科技成果转移转化搭建了良好平台。全市拥有各类科技创新平台和创新创业服务机构131家，省级高新技术产业开发区由2012年的“零”发展到4家，永州市农科园创建成国家农业科技园区。[③]

① 俞慧友、朱星辉：《百名科技专家聚湖南永州 生产一线助力乡村振兴》，《科技日报》2022年11月2日第7版。

② 谭虹、王明：《永州市农业科学研究所：对接岳麓山实验室 打造永州科创高地》，https://c.m.163.com/news/a/HV547MFL0514EV7Q.html，2023年3月6日。

③ 蒋亚斌、蒋云鹏、唐均仕：《以梦为马踏歌行——永州市科技创新推动高质量发展综述》，《永州日报》2022年9月22日第1版。

（三）加大科技研发和赋能力度

加快高产、优质栽培技术集成创新步伐，重点推广果蔬茶（油茶）有机肥替代、水肥一体化、病虫害统防统治、绿色防控等安全优质、省工节本、增产增效的实用绿色栽培技术。农业生产设施装备及科技水平不断提高，水稻耕种收综合机械化率提升至 80.33%。对畜禽屠宰实行全程追溯管理，全面落实承诺达标合格证制度。全市 1243 个规模生产经营主体纳入国家追溯平台、1138 个品牌农产品纳入“身份证”平台管理，127 个“永州之野”区域公用品牌、21 个“湘江源”蔬菜品牌企业以及 213 个粤港澳大湾区生产基地产品全部实现赋码标识、扫码溯源。[①]

第三节　永州精准对接粤港澳大湾区优势特色农业产业发展存在的问题

近年来，永州市坚持发展优势特色产业，持续深入实施对接粤港澳大湾区“菜篮子”工程，取得了实实在在的成效。但从现代农业发展的具体要求和永州农产品占领粤港澳大湾区的市场份额来说，永州精准对接粤港澳大湾区优势特色农业产业发展存在较大困境，突出地表现为对接规则不统一、产品品质不够优、品牌培育力度小、比较效益相对低、物流成本比较高，也从侧面反映永州优势特色农业产业还有着较大的发展空间。

---

① 永州市农业农村局：《农产品质量安全追溯动真格 护航“舌尖安全”》，http://www.yzcity.gov.cn/nyw/0202/202202/372eb1d31a6c4d8faf5b07d76481f318.shtml，2022 年 2 月 18 日。

一、对接规则不统一

为对标大湾区农产品质量标准，需要健全永州市农产品生产标准体系，完善农产品生产环境与生产过程、设施设备、管理服务与产后处理等方面的质量安全标准，形成与大湾区农产品对接的质量标准体系。永州对接粤港澳大湾区优势特色农业产业发展中存在对接规则不统一问题，尤其是永州市如何在特定区域环境下实现生产、加工、流通、销售规则的无缝对接，是需要重点分析和解决的问题。

（一）基础标准不统一

基础标准是指基于数据规范的通用标准，基础标准的建设是不同地区企业和业务平台相对接的基础，也是完善监管体系的前提。2023年1月，广东省农业标准化协会正式发布实施10项粤港澳大湾区“菜篮子”团体标准。该团体标准包括8项产品类标准和2项基础类标准，涵盖了8大类产品，技术内容同时满足国家标准、行业标准、香港标准、澳门标准等有关规定，实现了粤港澳三地质量安全标准的互联互通。据不完全统计，该系列标准的应用共溯源登记约5100个农产品，1927个生产基地，涉及24个省、124个地级市。[①]但客观地讲，永州市农产品质量与安全监管体系不完善，农产品基础标准统一建设滞后，严格按照大湾地区优势特色农业产品供应的质量标准组织生产、供应与相应服务不够到位；对农兽药等产品的管理监督以及推进生产基地的自律检测行为和规程有待加强；“产地和销售地”“市场和基地”“加工生产”等的对接互认与规范化亟须推进。

① 广州市农业农村局（乡村振兴局）：《喜报！——10项粤港澳大湾区“菜篮子”团体标准正式发布》，http://nyncj.gz.gov.cn/gkmlpt/content/8/8762/post_8762049.html#414，2023年1月16日。

（二）技术标准不统一

技术标准是指与优势特色农业发展相关的生产、加工等技术标准建设。自 2019 年以来，永州市已在大湾地区先后注册了 236 个农产品生产企业备案的基地，旨在加强出口企业生产质量标准管理，积极开发供应示范基地的绿色有机产品，开展农产品认证等管理，同时亦为提高产品质量标准，实施标准化的农业生产。对标大湾区农产品质量标准，永州市农业生产标准体系还需进一步健全。部分基地建设覆盖农产品产地环境、生产过程、设施装备等各个环节质量安全技术规程执行不够到位，对接供粤港澳大湾区农产品质量标准体系落地落实不够。供应示范基地申报绿色食品、有机产品、地理标志登记农产品认证支持力度偏少，相关工作推进相对缓慢。

（三）管理标准不统一

管理标准是指以实行统一开发、统一建设和统一管理为重点的农业标准生产管理，实施产前、产中、产后各环节标准化管理。对标粤港澳大湾区优势特色农业管理标准，当前永州市粤港澳大湾区优势特色农业产品质量安全溯源管理平台建设正在起步阶段，产前农业投入品监管、产中农业标准化生产、产后农产品抽检和追溯的农副产品从“农田”到“餐桌”的全过程质量控制滞后；生产、供应和物流等基地建立完整的全过程质量与安全监管体系还需加强。永州市部分农产品还“无标可依”，需要进一步制定完善行业生产技术操作规程；以水肥一体化、测土配方施肥、病虫害绿色防控、农产品质量安全等主题的新型职业农民培训不足；广大农户标准化生产和标准化示范基地建设所需要的标准化技术的指导、培训不足，典型示范、辐射带动效应不够明显。

（四）服务标准不统一

服务标准是指通过品质监控为重心的服务标准建设。目前，永州还没有建立对接粤港澳大湾区的集生产需求于一体的信息发布、市场交易、中介服务与法律政策咨询等的农副产品电子商务信息平台，生产基地育苗、品牌、冷链、销售等方面农副产品生产与交易的网络化、自动化和信息化水平不够先进，还难以实现企业资质、产品信息、检测记录等信息的全覆盖，在一定程度上影响和制约了农副产品生产和流通的及时性与高效性。永州公路口岸通关品种有限，保税和非保税货物存储、配送业务等一系列服务有待开通，进口肉类、水果指定口岸查验功能和开展跨境贸易（跨境电商）需要进一步拓展；与广州粤港澳大湾区优势特色农业产业供应中心相适应的检验、检测等仪器设备不足；冷链、仓储、产后初加工企业偏少，冷藏库及冷藏运输车难以满足需要，冷链物流能力亟待提升。

二、产品品质不够优

永州市虽然有一定的农业基础，但还不是农业强市，提升和优化对接粤港澳大湾区农业产业产品品质，依然有较大空间。

（一）农产品生产基地多而散，产品品质无法统一把控

纵观全国，蔬菜瓜果种植业取得显著发展成效的，都是大规模、大基地种植。因为大规模、大基地种植可以挂牌合作基地，由专门的科研机构或者高校组织指导种植，与优质公司进行协同合作，获得高品质种子、肥料等原材料以及植保等技术指导，从而形成高质量、较低成本的规模效应。要实现蔬菜瓜果的大规模、大基地种植，实现规模效应，种植户或者企业需要租赁到一定规模的土地，而且必须土地

连片。但现实情况是，农村村民土地流转意愿不强，宁愿自己粗放种植、生产经营，甚至将土地抛荒，也不愿意将土地流转出去。在永州市范围内，农产品小规模种植，农产品生产基地多而散现象非常常见，种植基地常见的是一些几亩、几十亩、百余亩的小基地，中等几百亩的不多，大型几千亩的极少。因为规模小，农产品品质无法统一把控，难以形成高质量、低成本的规模效应。努力建设供粤港澳大湾区优势特色农产品，生产示范基地是亟待解决的问题。

（二）新型职业农民培训滞后，产品品质难以科学把控

发展地方特色农产品，培育绿色、有机农产品，开发稀有质优农产品，加强水肥一体化、病虫害绿色防控、测土配方施肥、农产品质量安全等是前提，而这一切的成功实施都离不开对新型职业农民的培训。目前，从永州市农业农村实际发展情况来看，农村青年劳动力大量外出务工，务农劳动力和人才流失严重，现存农村劳动力接受教育水平较低，职业农民培训认可度和支持度不足，培育对象遴选粗放，师资队伍不强，体系不完善，资金投入不足、分散，监管评价体系不完善等问题，农民大多按经验种植、养殖、生产经营农产品，缺乏系统性、规范化的农业指导和培训，种植、养殖思路难以转变，技术落后，对信息技术的掌控和使用能力较差，使农产品品质难以科学把控。

（三）农业数字化发展较缓慢，产品品质不易精准把控

农业生产和经营涉及水坝、喷灌系统、农业机器、大棚、育种育秧棚、冷库、仓库等设施设备的建设，需要引进资金、技术、设备检测等，因此，种养殖业往往具有投入大、投资回报周期长的特点。2023年中央一号文件提出要“推进智慧农业发展，促进信息技术与农

机农艺融合应用”。AI数智种植、养殖，智慧农业是未来农业发展的趋势所在，推动农业生产经营和管理数字化、智能化发展是实现农业现代化的必经之路。永州市农业生产经营和管理数字化、智能化发展缓慢，农产品品质不易精准把控。因此，优化粤港澳大湾区优势特色农产品品质，需要构建智能化、数字化农业生产经营和管理体系，推进智慧农业发展，从智慧种业、智慧农田、智慧种植、智慧畜牧、智慧渔业、智能农机和智慧农垦七个方面进行全面突破。

三、品牌培育力度小

永州市长期建设和对接粤港澳大湾区优势特色农业产业，除了统一的规划和优良的产品品质，拥有一个统一、健全且具有一定品牌影响力的农产品区域公用品牌，也是工程建设必不可少的一环。近年来永州市政府正积极推动区域农产品基地建设、产品加工和品牌培育，但永州农产品想要立足粤港澳，让永州蔬果飘香大湾区，品牌培育力度还远远不够。

（一）区域性公用品牌建设乏力

农产品品牌化是农业市场化和现代化的体现，只有使用统一的区域性公用品牌开展宣传和推广，才能在保障产品品质的前提下产出“永字号”农产品口碑和品牌价值。永州现有的区域性公用品牌有两个“湘江源”“永州之野”。

首先，在品牌设计方面形象不突出。品牌名称“永州之野”出自柳宗元的捕蛇者说“永州之野产异蛇”，并不是好的品牌联想；品牌logo前后两版都存在设计平庸、印象感差等问题（见图3–1）；品牌包装设计雷同缺乏特色等，诸多现象都指向了品牌形象不突出，与其他地区农产品品牌差异化不明显的问题。

图 3-1 “永州之野”新旧 logo 对比

其次，品牌内核与文化构建不清。“永州之野”品牌内核从之前的“山水之野、文化之野、物产之野、品质之野、味道之野”转变成现在的“湘江源头，绿色味道”，从“野”字内核转为“绿色”内核，缺乏稳定性，重点亦不突出，“永州之野”变成了“永州之绿”，又将原本的“柳文化”的品牌文化底蕴消失殆尽，显然“文不对题”。

最后，统一的公用品牌建设乏力。如今“永州之野”大品牌下有着果秀、江永五香、九嶷山兔、瑶山雪梨、新田大豆、道县脐橙等数百个子品牌及名特优农产品，部分如“果秀”罐头品牌本身知名度远远盖过了母品牌“永州之野”，而更多子品牌只是挂了个“永州之野”的名称，甚至自家产品有一部分冠名“永州之野”，也有一部分做别的品牌，即类似贴牌生产的生产销售模式，既不利于品牌建设，也不利于品牌规划和进一步发展。

（二）农产品品牌宣传力度较小

永州市驰名的农产品品类品牌有很多，如东安鸡则有“国宴东安鸡”“蒋永记”“龙凤狮”“舜味东安”等大大小小几十个品牌，在宣传上极为不利。而永州市创立自己的农产品区域性公用品牌“永州之野”后，却没有针对“永州之野”品牌展开合理宣传。对内，永州市内普通市民和消费者对“永州之野”农产品品牌不甚了解。提及“永州之野”，除柳宗元外，更多的人想到的是位于零陵区的以周家大院和全省最美乡村公路为主的“永州之野”精品乡村旅游线路。

永州市这几年宣传工作的成果有目共睹，比如说请来国际超模刘雯拍摄了零陵区城市宣传片并在央视等大平台播出，对于农产品的宣传也借着“互联网＋农业”以及乡村振兴的东风，多次利用新媒体，通过淘宝、抖音直播等平台组织人员宣传和销售永州地区的农产品。一方面直播带货往往集中在农业展销会或者消费帮扶活动中；另一方面宣传辐射面也窄、影响力有限。

（三）农产品品牌推广难度较大

做好农产品区域公用品牌的建设和宣传之后，重点是对其进行品牌推广。而“永州之野”品牌推广前路难行，有着以下几点问题有待解决。

一是“永州之野”品牌推广主体责任人不明确。作为全省第一个全品类市级农产品公用品牌，该品牌由永州之野生态农业有限公司于2018年注册，法人代表是郑文远，该法人名下相关企业达14家，其中有投资风险的企业达8家。“永州之野”品牌还属于企业所有、政府监管的情况，在当下作为区域公用品牌的公信力和约束力且有待质疑，其公司注册资金1000万元的规模，作为品牌推广方远远不够。政府出面牵头做推广则容易导致责权不明。

二是永州农产品相对缺乏优秀品质的特色产品作保障。一个成功的品牌至少要有一个拳头产品作为抓手来展开宣传，该产品承载着该品牌的基础实力和口碑。永州农产品无论是果蔬、禽畜、粮油、药材还是茶叶，具有自身鲜明特色的不多，大豆、柑橘、辣椒等没有相当明显的特色，而九嶷山兔等产品有特色却缺乏广泛的市场根基，都无法作为代表产品进行重点推广。

三是永州农产品缺少稳定的推广渠道。虽然“互联网＋农业”开展得如火如荼，但互联网没有边界，特别是新媒体平台对于所有地区的农产品推广都是一视同仁。传统媒体推广平台往往直接和利益挂钩，价高者得，推广起来成本巨大；线上销售渠道如美团优选、多多买菜、淘菜菜等多以社群团购的形式开展，平台品牌凌驾于农产品品牌之上；线下销售渠道在广东省市场占用率最高的几个零售商华润万家、沃尔玛、永辉、永旺等都有长期合作的固定农产品提供商，想要打入粤港澳农产品“朋友圈”任重而道远。

四、比较效益相对低

永州市的地理位置和资源有限，受到周边地区经济、文化、教育等诸多因素的影响，农业呈现资源配置不合理、市场竞争力不足问题，农业生产力需要进一步提升。永州农产品的比较效益相对较低，发展潜力相对充足但不平衡，农业比较效益问题主要体现在以下几个方面。

（一）综合生产成本偏高

在农产品生产投入增量中，直接生产成本上升是推动农业生产总成本上升的主要因素。种子、化肥、农药、农膜、机械作业、排灌、土地租金、劳动力等成本，占总成本的80%以上。[①] 近年来，农业领域产

① 宋菲菲、宋亚平：《中国农业比较效益为什么差？——对当下四种流行说法的匡正》，《江汉论坛》2020年第3期。

前、产中、产后各环节中要素资源的使用价格也不断地水涨船高、迅速攀升。课题组在调研过程中得知，从2000年推行土地第二轮延包到2023年，粮价由每50公斤70.17元涨至200元，粮价涨了近3倍，种子和农药涨了12倍，化肥涨了6倍，机械耕种与收割费用涨了8倍。

永州正在打造特色乡村产业，重点打造蔬菜、生猪、油茶、柑橘和中药材等特色优势产业，需要大量劳动力，但永州市劳动力成本较高。例如，永州正在争取创建国家油茶产业发展示范项目基地，推动低产油茶林改造。但油茶产业是劳动密集型产业，每个阶段的人工综合成本超过50%。永州市急需组织实施农村建设行动，降低劳动力生产综合成本，实现农业产业整体提升[①]。

（二）生产原料供应不足

永州现代化农业基础设施的建设还比较薄弱，尤其是道路交通、农田水利、供水供电等必要农业基础设施的区域发展还不够均衡，地区化差异明显，一些地区采用传统农业种植养殖方式，存在靠天吃饭的情况，农林加工企业生产原料难以保障。全市低产低效油茶林近137万亩，占油茶林总面积一半以上，亩均油产量普遍较低，平均5—10公斤/亩。国家级龙头企业湖南新金浩有限公司，每年从本县采购的原材料仅占总采购量的0.5%。湖南都成国际食品有限公司无核柑橘本地原料不足5%，天龙米业、好放心米业、恒华米业等大米加工企业大都面临从外省购置原料的问题。

（三）产品附加值比较低

目前，永州市415家规模以上农产品加工企业中产值5亿—10

---

① 永州市人民政府：《2022年永州市政府工作报告》，http://www.yzcity.gov.cn/cnyz/zfgzbg/202201/a00773c9f7dc4e60a4da769669108273.shtml，2022年1月14日。

亿元的企业有19家，产值1亿—5亿元的企业有200家，产值2000万—1亿元的企业有193家，规模以上企业、头部大企业稀缺。高效益、新品种、新技术、新模式为主要内容的“一高三新”产业较少。大多数农林产品加工企业以粗加工为主，产品科技含量不高，市场竞争力不强，有产品无品牌、有品牌无规模、有规模无龙头的问题仍十分突出。企业科技创新意识不强和积极性不够，全市除部分省级以上重点农业龙头企业建有专门研发机构外，多数企业没有专门的研发机构和专业研发人员。永州现有的优势产业没有融入产业化链条，例如永州市没有国家级的非洲猪瘟无疫社区，从点到点直接将生猪转移到大湾区。有的农产品缺乏附加值，市场竞争力较弱，品牌推广不力。永州产量较高的大米、脐橙、葡萄柚、生姜等农产品，属于低附加值产品。湖南果秀食品有限公司、东安霞栖农业科技发展有限公司生产的双孢菇、秀珍菇只能进行粗加工后就直接运输到各地进行出售。蓝山县鑫旺竹业有限公司主要生产竹筷、菜板、竹条、竹炭等产品，产品附加值低。

五、物流服务能力弱

（一）农产品物流体系相对薄弱

永州物流基础设施滞后，无智慧物流园，快递单价1吨/公里达0.43元，较衡阳1吨/公里0.33元高出23.3%；货物结构中回货多，出货少，发往长沙、广东的分别占38%、31%；货物运输以公路为主，占比93%；物流现代化、专业化水平比较低，企业效益普遍不高。目前，全市现有328家物流企业，但全市2022年营业额过1000万元的只有21家，过2000万元的只有10家，且大多数物流企业以运输物流为主，或者只提供部分物流功能，针对现代化企业物流需求的几乎没有。物流产业规模不大、要素不足、层次不高、支撑不强，物流功能还局限于简单位移。各县区虽已启动各自物流园区建设，但物流公司数量多，规模小，没有一家规模以上的物流企业，且全市冷链企业 17 家，冷藏车数量仅 29 辆，二者数量均为全省最低。全市蔬菜、水果难以较好地解决产地分选、分级、清洗、预冷、冷藏运输等问题，直接以初级产品形式进入市场，市场调控能力差，产出效益普遍不高。好友多食品有限公司与雄雉食品有限公司，是生产东安鸡、永州血鸭等预制菜的两大龙头企业，在物流上非常依赖于第三方物流公司。其中前者没有自主冷库，无法对预制菜进行保鲜储存，产品在包装完毕后，需长时间等待拥有冷链技术的物流公司代理运输到各大商超，产品在等待的过程中经常会出现变质、变味，给企业带来不小的经济损失。

（二）物流服务资源供需不匹配

目前，永州市零陵区、双牌县、江永县虽有铁路经过，但均无铁路货场。而新田、蓝山、宁远三县目前未通铁路，特别是新田既没有铁路，也没有高速公路。这给南六县现有企业物流运输带来极大障碍。永州市铁路物流现有资源没有得到充分利用和挖掘，导致铁路物流货运优势资源利用率低下，成本优势也无法得到发挥，加之受地理条件限制大多数企业倾向于选择公路物流运输，成本相对较低的铁路和水路运输较少。据统计，永州现有生产型外贸企业 194 家，国内段运输采用公路的企业有 191 家，占比为 98.45%，而采用铁路运输的只有 2 家，占比为 1.03%，空运 1 家，占比为 0.52%。同时，由于进出永州货物量以及商品结构不匹配，单程运输情况较多，导致车辆空置率高。尤其是南六县，受基础设施等条件限制以及客户需求，除部分企业由客户公司负责物流运输外，基本上是以自营公路物流运输为主，自购物流运输车辆组建车队，只有极个别企业采用铁路和水路运输，大型企业自建物流无法与其他企业货物拼箱出港，导致运输成本居高不下。

（三）益农信息社服务能力参差不齐

益农信息社是农业农村部信息进村入户工程的重点项目，它主要通过开展农业公益服务、便民服务、电子商务服务、培训体验服务，提高农民的现代信息技术应用水平，为各区县普通农户以及新型农业经营主体提供便捷、经济、高效的生活信息服务。[①] 永州市从 2019 年项目建设启动以来（除少数特殊情况外），已基本实现各行政村村级益农信息社全覆盖，益农信息社县级运营中心全覆盖。但是在建设初期，为了完成 2020 年全覆盖目标，益农信息社经营主体相对比较多元化，有村委会、农业龙头企业、农民专业合作社、家庭农场、普通农户、电商从业人员、个体经营户和小超市商店人员等，虽然都是经过一定的培训后上岗，但受经营主体服务意识、专业技能掌握情况以及问题解决能力、工作时间等多方面因素影响，各村镇区县益农信息社服务能力参差不齐，尤其是一些简易型益农信息社，有些做得好的成为典型代表，而有些则是流于形式，进而导致农副产品物流信息需求无法得到满足，物流服务能力欠佳。

（四）综合性信息服务平台建设滞后

目前，永州对接粤港澳大湾区优势特色农业产业发展的信息平台主要由位于广东省的中蓝集团负责。它是粤港澳地区唯一一家综合性

① 农业部办公厅：《关于印发〈信息进村入户试点工作指南〉的通知》，http://www.moa.gov.cn/ztzl/xxjcrhgzjzdt/xxjcrhgzbs/201408/t20140827_4025394.htm，2014 年 6 月 26 日 .

农副产品信息平台，其功能范围主要从农副产品种子基因选择、种植养殖、生产加工、物流配送、营销服务以及产品溯源等全周期全产业链服务。而永州作为粤港澳优势特色农业产业重要生产基地和物流配送中心已有部分企业加入该平台进行运营。但是，永州本土现有农副产品信息发布主要依托农产品信息网（http://www.nongnet.com）、永州百姓网（https://yongzhou.baixing.com）、58同城本地服务等第三方平台，且主要以农产品供需信息发布为主，缺乏自有的农副产品综合性信息服务平台，不能提供匹配农副产品供需的物流信息、品控以及售后服务等功能，无法实现专业化、一体化供应链服务功能，导致物流服务能力欠佳。

（五）农村物流共配体系尚未建成

根据2022年5月25日湖南省政府办公厅印发《关于加快农村寄递物流体系建设的实施意见》（湘政办发〔2022〕25号），湖南将优化县域共配设施建设，以市县分拨中心为主体形态，推动农村寄递物流网络一体规划，实现集中分拨、统仓共配，促进寄递物流下沉乡村；支持制定县域共配技术规范、数据交换和集包转运标准，鼓励邮政、供销、快递企业建立县域寄递物流联合体，并计划该年基本实现快递进村全覆盖。[①]目前永州地区虽已加入服务于大湾区优势特色农业产业的流通服务平台，也有像中农批（永州）冷链物流有限公司这种主要面向粤港澳大湾区优势特色农业产业，融智慧冷链云仓、农副产品一站式集中展示交易中心、柑橘（脐橙）产地分拣加工中心、电子商

① 湖南省人民政府网：《关于加快农村寄递物流体系建设的实施意见》，http://hn.spb.gov.cn/hunsyzglj/c100057/c100060/202206/ff3c8526eccc42528c840e43a7e3a180.shtml，2022年5月25日。

务双创中心、城市共同配送物流中心、综合服务中心、粤港澳大湾区农副产品配送中心指挥信息平台功能为一体的综合型、区域性、全品类、一站式农副产品采购交易平台。但是，这些物流公司主要服务于大湾区优势特色农业生产基地，无法满足非生产基地农户电商物流服务需求。同时经走访了解，目前永州市农村寄递物流共配体系建设落后于市场需求，大多数快递物流公司都是各自独立运营，在小批量快递寄递业务下，各自投资成本高、物流效率低，物流成本较高，导致快递价格较高，服务时间不够合理，物流服务能力不足。

第四节　永州精准对接粤港澳大湾区优势特色农业产业发展问题的成因分析

尽管永州市在对接粤港澳大湾区优势特色农业产业发展上走在了湖南省的前列，但依然存在一些困难和问题，其原因主要归结为以下几个方面。

一、品牌体系未建立

（一）品牌建设意识不强

在融入粤港澳大湾区优势特色农业产业发展初期，永州市各企业处于摸索阶段，政府或行业协会等具有主导作用，缺乏对品牌建设的整体规划和引导，导致整个行业普遍缺乏品牌建设意识。目前无论是种植还是加工，永州市都缺乏有规模、有效益、带动能力强的龙头企业和较高影响力的产业联盟。行业和企业间相互挤压、冲突，无法突出产品的优势，农产品市场整体呈现品牌小而多、分散杂乱的情况。

（二）品牌建设合力不足

“湘江源”“永州之野”分别作为省级和市级的农业公用品牌发布虽已4年多时间，但至今无专门运营机构、无专项资金、无专业运营管理人才，推广使用非常有限。“湘江源”是永州、郴州、衡阳三地都在抢的一个富有争议的公用品牌，品牌差异化也不明显，推广难度大。“永州之野”则是全省第一个全品类市级农产品公用品牌，发展4年仍处于孵化阶段，缺乏合理的品牌建设。目前，两大品牌授权使用企业上百家，但实际使用的还不到30家，用之不多，知之有限。不难理解，如果不能更好地统一、建设和规划好公用品牌，就无法形成品牌优势，也没办法形成统一严格的品牌标准，品质参差不齐、口碑好坏不一，无法形成品牌合力和品牌效应，持续性发展难度极大。

（三）品牌价值挖掘不够

目前，永州是“有产品无精品”“有品牌无名牌”“品牌小效应小”，品牌竞争力弱，品牌价值难以凸显，与省内外一些名牌农产品相比，品牌价值挖掘有差距。品牌宣传方面，“永州之野”的多样化、规模化和标准化不够突出，“永字号”出品的绿色、新鲜、高端等高品质的价值体现不足。在具体宣传内容和方式上存在简单粗暴、整齐划一现象，也没能很有针对性地根据细分市场展开全面而细致的品牌宣传。调研了解到，“赣南脐橙”品牌价值678.34亿元，四川“东坡泡菜”品牌价值113.85亿元，湖南“安化黑茶”品牌价值32.9亿元，贵州修文县“修文猕猴桃”品牌价值23.35亿元。要想真正对接到粤港澳大湾区优势特色农产品中去，必须从品牌入手，既要满足优势特色农产品多样化的需求，也要满足“大湾区”消费者对高品质的要求。

（四）品牌营销体系薄弱

永州作为历史文化名城，具有历史渊源悠久、区域特色突出、民俗文化繁荣等特征，这将形成永州农业产品品牌营销和推广的重要比较优势，然而“永州之野”品牌农产品在融入广州市打造粤港澳大湾区“菜篮子”工程体系中，很少开展“永州之野”农业公用品牌推介活动，整体缺乏统一规划、建设、营销和推广体系。首先是政府层面，较少组团带队参与过广东省现代农业博览会和广州世界农业博览会，“永州之野”的展厅也没有出现在农博会的现场；其次在企业层面，目前广东省排名靠前的几大连锁生鲜超市，永州农产品长期稳定的上架率不高；最后在消费者层面，消费者能接触到的直观的永州农副产品品牌就更少了。

（五）品牌激励政策缺乏

农业是富民强市的产业，需要财政倾斜支持。而永州市农业品牌打造基本没有实际性的财政投入，广告宣传不深入、品牌使用无标准、无奖励。大部分县市区无省、市级公用品牌激励扶持政策，存在各自打造县域公用品牌和“大企业不屑用、小企业无力用”现象。整体产业发展呈现出企业综合实力不强、品牌缺乏核心竞争力、品牌集群效应弱、标准化程度不高、资源优势挖掘不够等特点。

二、基地建设较滞后

（一）高标准备案规模基地较少

一方面，蔬菜基地基础设施配套不到位。当前全市236家粤港澳“菜篮子”蔬菜生产认定基地普遍存在规模小，水、电、路、渠等基础设施不配套，不利于机械化生产现象。滴喷灌、温室大棚、冷链仓储等设施设备滞后，可视化追溯系统、绿色种植模式未全覆盖等问题。2022 年永州市实施粤港澳大湾区“菜篮子”认定基地（蔬菜类）提质改造完成 98 个，完成投资 2.32 亿元、滴喷灌 4.76 万亩、绿色防控 4.57 万亩、水肥一体化 4.09 万亩、冷库建设 8.58 万立方米。但与粤港澳大湾区“菜篮子”的标准还有一定差距。另一方面，基地检测能力不对标。全市 12 个检测机构，目前仅永州市、道县、东安、零陵、蓝山、祁阳、宁远 7 个检测中心通过双认证。全市蔬菜认定基地中安装视频监控系统占比较小，难以实现全程可视质量追溯。永州配送中心没通过资质认证，不具备产品检测能力，产品检测主要委托第三方检测机构，取样代表性和检测时效性难以把控，农产品质量安全监管存在隐患。

（二）新型经营主体整体实力弱

新型农业经营主体指的是生产规模大、管理理念和设备先进、生产效率较高的农业经营主体。相较于传统的家庭经营模式，新型农业经营主体更具有规模化、集约化、专业化等优势。在传统农业经营模式中，通常是以家庭作为经营单位，耕作土地面积通常较小，机械化程度往往较弱，家庭农业生产通常无法实现规模效应，最终造成农业成本高，收益低的结果。随着工业化与现代化的发展，大量农村劳动人口迁移到城市，只剩下老人和孩子被动留居农村，人口的迁出和流失进一步阻碍了农业生产效率的提高，使整个农业生产陷入恶性循环，如果任由其发展必将影响农业可持续发展。总体来看，永州市新型农业经营主体发展势头较好，但依然存在流转规模不大、发展水平不高、资金短缺和人才支撑不足等问题。永州地处山地丘陵地带，不同土地的肥力、水利条件等自然禀赋不同，农户对土地流转的观念等问题，使大规模集中连片土地流转存在困难；目前全市社员34.82万人，占全市农业人口总数不足10%，该比重相较于东部沿海省份相差较大。在资金方面，尽管国家出台相关的农业扶持政策，依然存在僧多粥少的情况，农业前期投资大，经营风险也较高，使农业经营整体上依然存在较大资金缺口。在人才支撑方面，永州市目前农技推广人员年轻化程度低，50岁以上的人员占比较高，整个农技队伍呈现出“青黄不接”的态势，难以满足当下新型农业经营主体的发展要求；此外，新型农业经营主体缺乏高素质带头人，真正兼顾技术和管理的复合型人才更是缺乏，销售人才的缺乏使农产品常陷入滞销的困境。综上所述，永州市新型农业经营主体的发展依然处在初级阶段，在发展过程中面临一些新问题和新挑战。

（三）外地蔬菜贴牌质量风险大

虽然永州市在融入粤港澳大湾区优势特色产业发展方面建立了一些通道和窗口，但在当前永州农产品数量不够、质量不优的情况下，蔬菜组货出现了内外倒挂的“收全国”现象，本地产品占小头，外地产品占大头。课题调研组于2023年5—8月对江华日日兴生物、江永广发农业、新田东升农场三家蔬菜销售龙头企业出口货物的跟踪调研了解到，这三家企业出口总货值占全市蔬菜出口货值的97%以上，但永州本地蔬菜占比不到30%，有时甚至不足20%。每家企业都从全国不同的省份几十个基地进货，线路长、品种多、成本高、监管困难。外地蔬菜贴永州品牌引发的质量风险很不利于永州蔬菜品牌的运营和发展。

（四）基地人才配套政策难到位

当前农技推广工作条件相对较差、待遇偏低，农村工作岗位的非专业化现象较为普遍。永州农业人才存在“引不进”“留不住”“下不去”“不适用”的情况。特别是农村经纪、产品规划、网络营销、品牌运营等现代农业服务方面人才更是稀缺。人才的缺失会影响农业生产技术的运用和转化，从而使基地农产品逐渐失去竞争力。2022 年永州市乡村振兴报告提出，永州市农村人才流失严重。一方面，升学流失。农家子弟考入大学后很少再回到农村。另一方面，劳务输出导致人才流失。当前大力推进农村城镇化进程，促使永州市大量农村剩余劳动力和一部分高素质人才向城镇转移。这种人才供求失衡的现状将长期影响基地的长远发展。另外，永州市在引进高校、科研机构、农业科技推广机构科技人员等短期交流人才上也进展缓慢，重点在于对粤港澳大湾区“菜篮子”生产基地的申报、建设和认证进行定期培训，2022 年 6 月开展的湖南“农广助农”工程永州市蔬菜产业领军人才培训班，对蔬菜品种的种植技术、生产技术、加工技术、市场前景、销售技巧等方面进行系统培训，但诸如这种的短期培训产生的效应也只停留在理论层面，而引进相关专家和人才进入永州市供粤港澳大湾区优势特色产业基地开展农业科技创新研究、合作与农业生产技术和优质品种培育的实践指导却难以推进。

（五）地方政府政策支持力度小

作为经济欠发达地区，市、县两级财力薄弱，用于支持优势特色农业产业发展的财政投入有限，财政资金引导社会资本的能力不足。市财政已经连续 3 年没有安排蔬菜、水果、茶叶等产业发展专项资金；县区也没有明确的产业扶持政策，蔬菜保险除冷水滩、零陵等个别县区财政补贴购买外，大部分县区没有推广，柑橘保险也没有做到应保尽保。永州市个别地方农村基础设施建设仍然滞后，如 25 户以下的村寨道路还没全部实现硬化，有的非贫困村基本公共服务平台还没建好，大多数村因网络系统不健全，“一站式”服务打通服务群众最后一米还存在困难。特别是现代化农业基础设施的建设还比较薄弱，尤其是农田水利、道路交通、供水供电等必要农业基础设施的区域发展还不够均衡，地区化差异明显；企业普遍都存在融资难、资金投入不足的问题。多数企业由于自身资本积累速度慢、能力弱、贷款担保手段缺乏（银行提供的融资渠道单一，主要是企业主土地证、房产证、设备抵押贷款等），企业拓展营销与再生产过程中的资金需求矛盾大。传统种植业、养殖业和农户分散生产经营仍占有较大比重，土地流转还处于初级阶段，还没有形成市场化运作的土地流转机制。与现代农业相关和必要科技、信息防疫检疫、农副产品检测、大型冷藏保鲜设备等农业基本服务体系建设，满足不了现代农业发展需要。

三、产业融合不充分

（一）农副产品精深加工少

目前，无论是种植还是加工，永州市都缺乏有规模、有效益、带动能力强的龙头企业。永州市在对接粤港澳大湾区菜篮子工程上，依然停留在农产品生产领域上，导致农业产业优势还未向产业融合转化。比如，永州特色产业的优势，只简单停留在供给侧，并未融入大湾区产业分工合作体系，未能较好对接订单生产、加工、包装等需求侧建设，在一定程度上限制了农产品更好走出去。要补齐“三农”这块短板，农产品加工业是重要一环。近几年永州市也逐渐注重深化农业产业化水平，延伸产业链，但经调查农产品的加工率整体依然较低，精深加工产品少。与其他优势特色产业基地相比，炎陵黄桃产业汇聚20余家深加工企业，开发10余种加工产品，加工产值达1.12亿元。贵州修文县猕猴桃产业初加工转化率84.6%。永州市2021年全市农产品加工产值与农业产值比为2.4：1，低于全省平均值水平。全市农产品主要以粗加工为主、以劳动密集型为主，生鲜产品占比较大，精深加工产品少，附加值低。其中，水果和蔬菜加工转化率只有20%和10%。水果除果秀、都城、宝达3家企业外均为初加工，蔬菜全是产后处理初加工。而诸如预制菜、酱菜、腌菜、冷冻和脱水蔬菜、罐头等精深加工产品受技术水平和投资力度的影响占比较少，永州市农业产业化仍有较大发展空间。

（二）生产要素配置欠合理

生产要素的合理配置对于促进产业融合具有重要意义。现阶段我国的生产要素配置存在一定的市场化配置障碍，最为突出的是城乡之间的要素配置问题。生产要素通常是通过市场机制进行配置，市场决定究竟生产什么，谁生产以及怎么生产的问题，最终实现效益最大化。当要素价格既无法体现资源的稀缺性，也无法取决于市场供求时，生产要素就无法在价格作用下实现最优配置。传统的城乡生产要素配置主要强调劳动力和资本的配置情况，在数字经济飞速发展的当下，数字要素配置的重要性也与日俱增。

在劳动力的配置方面，户籍制度改革打破了劳动力城乡之间的流动壁垒，城乡居民基本实现了自由流动。近10年，永州市城乡人口数量呈现出不同的变化趋势。城市人口从206万人不断增加到249.87万人，而农村人口由316.17万人减少到264.5万人，可以看到城镇人口在不断增加，农村人口数量在不断下降，并且城镇人口增加数量少于农村人口减少数量，说明永州市整体出现人口净流出。在城镇化的进程中，城市不断吸收农村劳动人口，劳动力呈现出“乡—城”的单向转移。这种单向的转移虽然有利于城镇的发展，但农村的劳动力缺失不利于乡村振兴的整体发展。

在资本配置方面，相较于城镇来说，农村的资本配置几乎处于缺乏状态。农村的基础产业建设通常难以获得资金支持，无论是民间投资还是政府投资，资本投入往往都是偏向城镇，甚至出现部分城镇资本配置的滥用问题，使资本的利用效率不高。土地作为农村最为常见的资本形式，其闲置宅基地和集体经营建设用地缺乏有效利用和市场化配置，农村资金也存在大量外流情况。与此同时，城市资本和农村金融机构往往对乡村发展所需的资金供给存在不足。

在数字要素方面，从最具有代表性的城乡互联网宽带接入数量来看，农村的互联网宽带接入数量与城镇相比具有很多差距。从总体人口看，永州市农村人口数量超过总体人口的50%，但是宽带接入数量远低于该比例。尽管近年来，受益于互联网宽带的普及，农村的互联网宽带接入数量出现显著提高，但与城镇相比，依然差异明显。

（三）农旅融合产业链条短

2010年，农业农村部开始组织认定“中国美丽休闲乡村”活动，该活动以建设美丽宜居乡村为目标，以推进生态文明、实现人与自然和谐发展为核心，以传承农耕文明、展示民俗文化、保护传统民居、建设美丽田园、发展休闲农业为重点，向公众推介一批天蓝、地绿、水净，安居、乐业、增收的美丽休闲乡村。目前永州入选“中国美丽休闲乡村”的村镇有2023年入选的道县梅花镇贵头村、2022年入选的宁远县下灌村、2021年入选的零陵区南津渡街道香零山村、2020年入选的江永县兰溪瑶族乡勾蓝瑶村、2019年入选的双牌县茶林镇桐子坳村、2017年入选的祁阳县八尺村。虽然永州这些美丽乡村进行了农旅融合的尝试，但大都呈点状分布，农业和旅游业大多也只是进行了简单的嫁接，产业融合的链条短，附加值偏低，利益联结松散，合作方式单一，不足以形成规模经济和范围经济效应。

四、新兴技术运用少

（一）现代农业产业技术体系滞后

农业的发展离不开现代农业产业体系建设。永州的现代农业产业技术体系不完善，许多县区科学技术与农业产业融合程度低，科技对农业产业促进作用不够显著，科研成果转化率较低，科技与产业“两张皮”的问题依然存在；未能建立统一的优势育种、植保、水肥管理、高效栽培、设施环境调控、安全与产后贮藏和加工及运输等全产业链管理体系，导致优势特色农业产业全而小、散而乱，未能形成规模效应，生产效率低；加上缺乏科技引领，农业产业的可持续发展、绿色发展前景受限，难以满足“粤港澳大湾区”对优势特色农业产业的高标准需求。

（二）食品质量安全检测技术不强

食品安全始终是优势特色农业产业发展最基本、最核心的要求。食品检测对于保障食品安全至关重要。由于“供港蔬菜”的包装袋上必须标明蔬菜的检测时间、种植基地土壤和水的SGS检测报告号码，因此对检测技术要求更高、更严格。在永州，目前全市12个检测机构仅永州市区、道县、东安、零陵、蓝山、祁阳、宁远7个检测中心通过双认证。永州配送中心没通过资质认证，不具备产品检测能力，产品检测主要委托第三方检测机构，取样代表性和检测时效性难以把控，农产品质量安全监管存在隐患。据统计，2021年永州市共收到境外通报31批次，均为蔬菜农残超标。永州向粤港澳发出的农产品并未建立完全的绿色通道，必须经二次检测后才能通关，影响了永州农产品流通的便捷性。检测技术建设落后已成为影响永州农产品流通和销售的主要堵点。

（三）智慧农业技术发展相对落后

智慧农业是将物联网技术运用到传统农业中，运用传感器和软件通过移动平台或者电脑平台对农业生产进行控制，使传统农业更具有"智慧"。其主要特点是实现农业的精细化、高效化、绿色化发展。智慧农业是新时代农业发展的方向，是提高农业生产效率，节约成本，走可持续发展、绿色发展的重要手段。永州属于山地丘陵地貌，农业规模化、机械化、智能化生产长期处于落后状况。永州融入粤港澳大湾区优势特色农业产业蔬菜生产认定的基地普遍存在规模小，水、电、路、渠等基础设施不配套，滴喷灌、温室大棚、冷链仓储等设施设备滞后等问题，离粤港澳大湾区优势特色农业产业的标准还有一定差距。智慧农业代表着未来农业产业竞争力，永州智慧农业技术发展滞后，这必然会导致优势特色农业产业在未来缺乏竞争力。不难理解，若智慧农业发展持续落后于周边竞争省市，永州的区位优势将会逐渐被抹平，推进粤港澳大湾区优势特色农业产业可持续发展难以为继。

（四）现代信息技术运用不够充分

优势特色农业产业发展问题离不开信息技术的支持，例如"农产品互联网＋冷链配送技术体系"可以实现农产品绿色高质量流通，"农业＋5G"可以实现农产品信息的高效传输，"农业＋直播带货"可以推进消费升级，解决农产品销售"最后一公里"问题。全市236家蔬菜认定基地只有60家安装视频监控系统，难以实现全程可视质量追溯。永州“菜篮子”优势始终停留在供给端，没有很好地通过互联网技术连接网络平台、App终端、社交平台等需求端，在一定程度上限制了优质农产品走出去。尽管拥有江永香柚、江永香芋、江永香姜、瑶山雪梨、江华苦茶、九嶷山兔、迴峰蜜柑、东安鸡、高山虎爪姜、道州脐橙、百叠岭有机茶、三味辣椒、新田大豆等100余个名优特农产品，但是永州市内包括农科园在内，缺少高档次农产品展示平台，在粤港澳大湾区两区九市建立的窗口也基本没有，手机App上线农产品销售的宣传和推广十分有限，在粤港澳地区的销量微乎其微。

五、物流体系不健全

（一）物流体系基础不完善

永州位处偏僻，交通设施相对落后，各县区难以形成水、陆、空协同的交通体系，与大湾区存在“空间上很近，时间上很远”的问题，导致物流体系的基础不完善。加上经济落后、营商环境有待提高、未能引进大型物流企业投资建设物流集散基地（多是以小而散的方式在运转，没能建立完善的物流体系），导致货物流转效率低、成本高。在物流方面，从永州到广州港单组（2个）铁路20英尺货柜的单程费用（含运费、装卸费、拖车费等）为6800元，而赣州、贺州分别为5800元、5997.1元。总体上看，永州的综合成本高于大湾区其他周边城市。这严重地制约了永州地区融入粤港澳大湾区“菜篮子”工程的建设。

（二）集散中心平台功能弱

永州配送中心农副产品主要以道县、江永、江华等县季节性产品为主，品种单一，具有时限性，其他县区和周边市州大宗优质农产品因短途运输费用增加，基本没有向永州配送中心集聚。中农批冷链物流产业园建设进度滞后，导致集散中心集聚能力差，平台带动作用发挥不够。另外，永州市目前已有8个物流企业园，目前在园物流企业有136家，但是南六县大部分企业在乡镇，找不到合适的物流公司，只好选择自营物流。各县市物流产业园与工业园分园建设，并没有结合当地产业经济需求有针对性地引入产业物流企业，而物流必须依托产业而存在，这导致物流服务资源与当地产业发展需求不匹配，无法实现物流与产业协同发展。

（三）冷链物流建设不先进

永州融入粤港澳大湾区优势特色农业产业发展主要是向粤港澳地区输入生鲜农产品。生鲜农产品本身具有鲜活、易腐、不易保存的特点，而农产品的质量关乎农产品的安全和品牌推广。因此，以冷链技术为基础，构建智能化冷链体系保障农产品绿色流通至关重要。地处湘南的永州市是“十四五”时期国家骨干冷链物流基地承载城市，正大力实施优势特色农业产业配送供应链“百千万”工程。目前，永州没有一家大型物流企业和农产品批发大市场，且全市冷链企业17家，冷藏车数量仅29辆，二者数量均为全省最低。全市蔬菜、水果难以较好地解决产地分选、分级、清洗、预冷、冷藏运输等问题，直接以初级产品形式进入市场，市场调控能力差，产出效益普遍不高。况且，永州还没有建立冷链物流公共信息平台、交易平台和监管平台，冷链过程缺乏有效监控，断链现象普遍，“冰块+棉被”运输方式大量存在。企业信息化、标准化建设滞后，操作流程不规范，制度化整体管理缺位。总体上看，永州冷链设施设备供给少，冷链物流作业效率低，流通腐损率高，农产品的安全与品质大打折扣，“优质优价”的生鲜农产品从产出地到粤港澳大湾区的数量大幅降低。

（四）物流行业管理难度大

课题组调研发现，物流行业目前处于发改委、商务局、交通局、邮政局等多个部门分别管理的状态，造成物流行业管理条块分割，物流统计口径不统一，物流数据无法获得共享，尤其是县级单位物流行业管理难度更大，缺乏统一独立的行政管理机构承担物流行业管理工作。一方面，各县市物流企业各自为政，企业之间信息沟通缺乏，信息无法共享，导致现有物流资源整合程度不高，无法培育满足产业发展需要的上规模综合服务供应商。另一方面，缺乏有领导能力的物流行业领跑者，真正意义上的供应链管理服务提供商更是匮乏。更为重要的是，湖南运输服务政策不够开放，如湖南省交通厅对超长超宽超高的货运车（地方的都是这样的）不让上牌，但江西和北方省份可以。

第四章　国内城市对接粤港澳大湾区优势特色农业产业发展的典型案例与启示

面对国家推进粤港澳大湾区建设重大机遇和大湾区广阔消费市场，大湾区周边省市找准自身定位，纷纷出台具体对接方案，立标准、建基地、强龙头、创品牌、兴物流，积极谋划融入粤港澳大湾区建设，搭乘粤港澳大湾区建设的快车，促进优势特色产业发展，形成了一定的新产业、新业态、新模式。在新一轮科技革命的背景下，紧紧抓住数字乡村建设和智慧农业发展新机遇，大力发展现代设施农业、智慧农业，推动乡村产业与数字经济的融合发展，以数字技术改造提升优势特色农业产业，相关经验值得我们认真总结和合理借鉴。

第一节　典型案例

近年来，国内一些地区抢抓粤港澳大湾区战略发展新机遇，加快交通互联、部门对接，并且在全产业链标准研制、高标准示范基地建设、全程可信溯源体系构建、智慧农业和数字乡村建设、农旅文旅融合发展等方面持续发力，形成了自己的特色和优势，这些能够为环粤港澳大湾区周边地区进一步推进优势特色农业产业发展提供重要的借鉴。

一、广西贺州：推进东融模式

贺州市位于广西东北部，地处桂、粤、湘三省（区）交界处，是大西南东进粤港澳大湾区的重要通道，享有粤港澳“后花园”的美誉。2018年以来，贺州市抢抓粤港澳大湾区建设上升为国家战略的重大机遇，华丽转型为广西对接融入粤港澳大湾区发展的“桥头堡”和“前沿阵地”。该市聚焦广西东融先行示范区建设，深入实施理念、规划、交通、产业、金融、人才、服务“七个东融”，全面融入和服务粤港澳大湾区建设，跑出了“东融加速度”。

在推进全面建设高质量发展的过程中，贺州市以创建广西东融先行示范区为契机，依托区位优势和良好的生态环境，积极发挥粤港澳大湾区“菜篮子”城际合作平台作用，坚持走产业化、标准化、规模化、市场化和品牌化的发展之路，扎实推进“10+3”现代特色农业产业高质量发展，全力抓好粤港澳大湾区“菜篮子”“果篮子”“肉篮子”建设，走出了一条现代化农业发展“东融模式”。该市平桂区现代设施农业产业园入选国家级现代农业产业园，富川朝东镇入选国家农业产业强镇、全国“一村一品”示范村镇，平桂羊头镇入选全国乡村特色产业超10亿元镇，钟山英家村入选中国美丽休闲乡村，钟山县、富川瑶族自治县获评国家农产品质量安全县。

（一）积极推进农业产业基地建设

作为广西东融先行示范区，借助“东融”快车，近年来贺州市深化与广州市的粤港澳大湾区“菜篮子”建设合作机制以及与肇庆市的粤桂产业协作机制，积极搭建产销平台，对接大湾区消费市场，全力推进农业东融发展。该市不断升级打造粤港澳大湾区“菜篮子”“果篮子”“肉篮子”基地，开展“圳品”认证，推动贺州春霖、农贝贝、天顺等12家农业企业创建广西供深、供港和出口农产品示范基地，打通农产品直达粤港澳大湾区的供应链。

（二）全力打造现代农业产业园区

近年来，贺州市积极引导工商资本、社会民间资本、金融资本投入农业产业园区创建，采取“政府平台公司＋成立混合所有制公司＋引进民营企业＋政府小额信贷公司担保”等多元化投资建设模式，有效解决了园区创建资金问题，确保创建工作顺利推进。引进深圳京基智农、新希望六和、广东温氏、贺州荣丰、贺州春霖等农业龙头企业84家、累计2189家公司及经营主体参与创建农业产业园区。全市累计建成各级现代特色农业示范区989个，其中自治区级27个、县级46个、乡级160个、村级756个。①

（三）积极引导特色农业产业发展

贺州作为广西现代农业示范区，积极面向粤港澳市场，引进、扶持龙头企业带动农业开发，大力发展效益高、有特色的瘦肉型猪、楼来牛以及名优水果、无公害蔬菜、烤烟、松脂、茶叶等主导产业，建成了广西最大的脐橙、青梅和春烤烟基地，信都红瓜子、芳林马蹄、信都香芋、富川脐橙、昭平将军峰茶叶等名优产品驰名粤港澳。特别是贺州每年有几百万头生猪、上千万羽家禽、上亿公斤蔬菜销往广东和港澳地区，形成了以百年蔬菜之乡贺街镇为龙头的蔬菜产区，已成

① 黄诗惠：《贺州市农业农村局扎实推进全市农业高质量发展》，http://www.chhzm.com/xw/bdxw/202212/t20221226_175968.html，2022年12月26日。

为广东珠江三角洲重要的菜篮子生产供应基地。

（四）加快推进智慧农业建设步伐

贺州市积极推进现代特色农业示范区建设，引进推广新品种、新技术、新设备，加强“互联网+”在农业生产上的应用，用现代设施、装备、技术手段武装农业，促进特色产业现代化、标准化、规模化发展。近年来，贺州市面向粤港澳大湾区，引进深圳京基智农、广东温氏、新希望六和等龙头企业，建设了一批区内外领先的自动化、智能化、数字化生猪、畜禽养殖基地以及212个陆基循环水生态渔业设施。[①]例如，引用的智能种植大棚配备了自动开口通风、自动遮阳避晒、自动喷淋施药、自动滴灌施肥、自动亮灯补光、自动调控温湿及智能溯源“六自动一溯源”一体化设施，1人可管理30亩大棚，不仅节约了人力、物力，还大大地提高了生产效率。为保证蔬菜全过程绿色生产，贺州市农投集团引进智能监控系统，利用水肥一体化设备实现智能化、定时定量灌溉、施肥，并开启蔬菜生产全过程二维码溯源。不仅如此，基地生产的蔬菜通过全程冷链运输和自动送检等环节，4个小时便能抵达香港市民的餐桌。

（五）大力促进农旅文旅融合发展

贺州市立足资源禀赋、生态优势和人文资源，充分发挥“世界长寿市”和中国首个“全域长寿市”品牌优势，通过“农业+旅游、休闲、康养”等产业模式，走出了一条农旅融合发展的新路子；以现代农业示范区为载体，将农业核心示范区按景区标准来打造，把观、采、尝、学、耕、归、戏、养、憩等旅游元素融合到示范区的基础设施建

① 朱金莉、钟春云、王钰等：《借势东融谋跨越，勇破藩篱向前行》，《当代广西》2022年第22期。

设中，配套完善特色餐饮、民宿、购物、娱乐等服务设施。目前，建成了八步区满天下李子示范区等10个乡村建设特色产业片区，打造了昭平县黄姚古镇、富川县朝东秀水村、岔山村等乡村旅游目的地，通过进一步吸纳当地村民参与建设和服务，为农民就地就业拓宽了渠道。①

二、江西赣州：发展飞地经济

江西省与广东毗邻，是粤港澳大湾区辐射的重要腹地和粤港澳产品“西进”的战略要地。江西省在打破行政区划界限，创新跨区域合作模式，探索政府引导、企业参与、优势互补、园区共建、利益共享的“飞地经济”，取得了积极成效。赣州市是江西的南大门，是粤港澳大湾区的直接腹地。赣州毗邻粤港澳大湾区，山水相通，人文相近，产业互补，市场关联度高，两地交流合作一直非常密切。近年来，赣州市立足毗邻大湾区等沿海市场、生态气候条件好等优势，在充分认证、试点示范的基础上提出大力发展设施蔬菜，发展方式从传统走向现代，成为江西省产业发展标杆。②在推进全面建设高质量发展的过程中，赣州市以创建江西省飞地经济示范区为契机，依托区位优势和良好的生态环境，主动参与粤港澳大湾区产业延伸和功能拓展，积极构建高效的交通物流体系，推动农业产业合作和产业升级转型，推行合格证模式，规划共建赣州对接粤港澳大湾区农业飞地产业园。

① 孟萍：《广西贺州深化农旅融合推动乡村旅游加速回暖》，http://www.ctnews.com.cn/xcly/content/2022-04/08/content_121937.html，2022年4月8日。

② 邱业成：《江西酝酿建设粤港澳大湾区“飞地产业园”》，https://xxrb.jxnews.com.cn/system/2019/11/04/018643810.shtml，2019年11月4日。

（一）交通互联

对接融入，基础设施先行。近年来，赣州加快推进重大交通基础设施建设，构筑紧密协作、高效便捷、互联互通的综合交通运输体系。随着赣深高铁建成通车，赣州融入大湾区 2 小时经济圈。寻乌至龙川、信丰至南雄高速公路正加快建设，即将形成 5 条入粤快速大通道。赣州黄金机场与大湾区主要城市实现航线覆盖，赣州与大湾区的时空距离进一步拉近，使信丰脐橙、寻乌蜜橘等农特产品“上午还在赣州农户果园里，中午就到了大湾区市民餐桌上”成为现实。

（二）产业互补

赣州市安远县坚持一二三产业相融合，推动脐橙产业转型升级，以工业理念打造以脐橙为主的“两富一有”（富硒富锌有机）产业，打造全产业链“菜园子”园区。赣州市率先编制脐橙全产业链发展规划，建成了集果品加工、冷链物流、大数据应用、脐橙文化展示等功能于一体的“橙中城”项目，形成了从苗木繁育、良种良法、深度加工再到大数据运用、物流配送等要素齐备的脐橙全产业链。扶持培育全国第一家专注生产冻鲜果汁的本土深加工企业果然公司，全年全天候生产冻鲜果汁，不仅填补了茶饮市场冻鲜果汁供应链空白，而且还有效化解了赣南脐橙产能过剩问题。赣州市信丰县还大力推进生猪产业发展，建设温氏集团 100 万头生猪屠宰和食品深加工等项目，加快建设畜禽粪污资源化利用整县推广项目，生猪产业持续延链、补链、强链，为粤港澳大湾区农产品供应保驾护航。通过以上措施，打造了全产业链“菜园子”园区。[①]

① 蒋宇：《安远县：打造粤港澳大湾区“菜篮子”“果园子”》，http://news.sohu.com/a/582556579_121124542，2022 年 9 月 5 日。

（三）基地互创

为了积极融入大湾区产业分工协作，赣州市大力推动“粤企入赣”，围绕打造粤港澳大湾区优质农产品供应基地，建成全省唯一的大湾区“菜篮子”产品赣州配送分中心，认定大湾区“菜篮子”生产基地 84 家，每年累计销往大湾区蔬菜达 10 万吨。引进了一批涵盖种植、加工等全产业链发展的湾区企业前来建设蔬菜直采基地和发展订单农业，仅全南县自然之星公司露天种植基地就实现有机蔬菜年销售额 1.5 亿元。[①] 实施“富硒 +”农业战略，推动设立国家富硒产品质量监督检验中心，培育赣南富硒蔬菜、赣南高山茶等区域公用品牌。支持创建重要农产品生产保护区、特色农产品优势区、农业可持续发展试验示范区和现代农业示范园等。推动与大湾区农产品检测结果互认和生态补偿机制。支持建设大湾区“菜篮子”配送中心和冷链物流中心。加强与深圳等大湾区城市对接合作，大力发展蔬菜产业，建立健全农产品溯源体系，进一步提升农产品品质，打造农业特色品牌，创建更多大湾区“菜篮子”生产基地。培育壮大农业龙头企业，补齐农产品精深加工、冷链物流等短板，加快农业数字化升级，促进第一二三产业融合发展，实现巩固拓展脱贫攻坚成果同乡村振兴有效衔接，打造粤港澳大湾区“菜篮子”后花园。

（四）物流互融

建成的高效冷链物流园，补齐了赣南地区冷链设施短板，实现信丰及辐射范围内农副产品冷链物流仓储的高周转运营，降低了农副产品产后、仓储运输过程中的腐损率并延长了销售周期。园区运用大数

---

① 赣州市农业农村局：《赣州着力打造大湾区优质农产品供应基地》，https://www.jiangxi.gov.cn/art/2023/3/20/art_21782_4394825.html，2023 年 3 月 20 日。

据建设了粤港澳大湾区“菜篮子”产品赣州分中心蔬菜信息平台和脐橙信息平台。通过蔬菜信息平台，可第一时间了解到全国蔬菜涨跌幅度、大湾区蔬菜需求、蔬菜基地种植等情况。依靠脐橙信息平台，信丰脐橙产业也走上了标准化生产、智能化管理之路。同时，数字果园的建设还可与产品溯源网相匹配。进入信丰冷链物流园的农产品经海关技术中心检测合格后，出具质量追溯二维码，可在大湾区各大市场畅通无阻。一张二维码，打通了赣南蔬菜、脐橙等优质农产品进入大湾区及全国的绿色通道，提高“菜篮子”进入粤港澳大湾区便捷高效性。①

（五）标准互认

赣州市政府通过举办培训班、微信公众号、入户宣讲等方式，开展多角度、全方位宣传推行“区块链溯源 + 合格证”合二为一开证模式。全市农产品生产企业和农民专业合作经济组织落实“区块链溯源 + 合格证”企业信息、生产记录、检测结果、巡查巡检“四必链”。通过积极推进粤港澳大湾区“菜篮子”农产品质量安全溯源管理平台建设，要求所有进入平台的农产品须执行粤港澳大湾区“菜篮子”质量安全标准，实现企业资质、产品信息、检测记录等信息全覆盖，从监管链条的终端向前端倒逼，带动生产者落实质量安全控制要求，打通农产品从产地到市场的信息链条、责任链条和监管链条，打造粤港澳大湾区“菜篮子”安全体系新高地。②

---

① 焦俊杰：《赣州深度融湾近七成招商引资项目来自粤港澳大湾区》，https://i.ifeng.com/c/8HQcH3wjMWr，2022 年 7 月 7 日。

② 筑美：《农产品如何实现溯源，江西省农贸市场落实区块链溯源 + 合格证》，《快资讯》2022 年 2 月 21 日。

三、福建龙岩：加强对口合作

福建省龙岩市位于福建省西部，地处闽粤赣三省交界，通称闽西，是全国最早“打开山门，拥抱世界”的革命老区、山区地市之一。龙岩市密切关注国内大循环，紧密对接京津冀、粤港澳、长三角和闽西南。国务院同意福建省龙岩市与广东省广州市开展对口合作后，龙岩市聚焦“国家要求、龙岩所需、广州所能”，结合广州市、龙岩市资源禀赋、农业农村发展情况，本着“合作共赢、区域协调、产业契合”的原则，与广州在农产品生产、半成品供应、特色品销售方面达成合作，开启“老区＋湾区”合作新模式。龙岩市通过一系列政策举措推动老区与湾区农业产业合作不断走向深入，从大湾区巨大的发展机遇中寻求突破，推动闽粤港澳经济一体化，重构自身经济发展新动能。做深做实新时代山海协作，将自身打造为粤港澳大湾区入闽的桥头堡。

（一）部门对接

两市常态化建立定期互访会商机制。龙岩市农业农村局首赴广州市农业农村局开展对口合作和考察学习；紧随其后，广州市农业农村局等部门组成考察团深入龙岩七个县（市、区）实地调研后，切实摸清实情，找准帮扶切入点，提出了两市“融入大湾区、对接大市场、共建示范区”思路。此后，龙岩市政府会同福建省发展改革委就两地产业合作试验区建设赴广州协商，两地在协作发展预制菜产业等方面达成初步合作意向。

（二）产业对接

龙岩市抢抓融入大湾区发展机遇，发展壮大品质农业，建立融入粤港澳大湾区“菜篮子”的生产基地，着力打造成为粤港澳大湾区农副产品直供地。龙岩宝泰农牧有限公司在内的5家龙岩企业入围粤港澳大湾区“菜篮子”第十一批生产基地。以加入粤港澳大湾区“菜篮子”为契机，龙岩市大力发展“5+N”现代产业体系，做大做强包括特色现代农业在内的5个主导产业，并提出构建“1172”产业体系，即1个基础产业粮食，1个传统产业烟草，7个特色优势产业畜禽、蔬菜、果茶、薯业、林竹花卉、食用菌、渔业，20条以上产值超10亿元的重点全产业链。[①]如龙池特色现代农业产业园将一二三产业进行了深度融合：一方面发挥龙池特色农产品优势区现有产业基础较好、地块条件成熟等方面的优势；另一方面结合广州在现代农业产业园开发、产业链供应链完善、农业科技平台建设等方面的先进经验，将园区打造提升成为两地产业合作试验区，已有冠宏复合调味料生产、福果时代百香果深加工、龙瑞香花生加工、天天向上龙岩特色农产品分装销售、德益堂中草药袋泡茶生产5个项目签约入驻。[②]

（三）市场对接

龙岩市有“八大干”“八大珍”“八大鲜”等特色现代农业。龙岩市通过在广州商超、电商、展会等设立了龙岩农特产品“专柜”“专区”，龙岩百香果、龙岩花生、长汀豆腐干、武平灵芝茶等一批地标产品、中华老字号、龙岩老字号等名特优新农产品成为获取广州市场的“钱袋子”。此外，龙岩市以“广东东西部扶贫协作产品交易市场”为平台，在市场设立龙岩名特优农产品专题展馆，集“展示、交易、

① 黄俊、郑嘉雯：《扎实推进乡村全面振兴，加快龙岩农业农村现代化》，http://www.mxrb.cn/news.html?aid=110833，2021年12月12日。

② 林识小：《创建特色农产品园区，构筑现代农业产业发展“新高地”》，http://zx.longyan.gov.cn/yw/202210/t20221009_1936348.htm，2022年8月29日。

产销衔接”于一体，进一步推动龙岩农产品进入粤港澳大湾区乃至全国市场。如武平县委托江南批发市场销售百香果，龙岩农发公司与广州乐禾食品集团股份有限公司的易鲜坊商业连锁有限公司合作拓展龙岩市生鲜配送市场。[①]两地打通销售环节，更注重做优做强特色品牌。如龙岩农业发展有限公司通过整合资源，聚集达人，典型示范，以较小的投入，推广“红古田”品牌，使“红古田”品牌的曝光达到数亿级别。其通过不断对接本地网红达人、种养大户，家庭农场，逐渐扩大了品牌声誉和服务范围，实现了“三个一百工程”——“百名‘红古田’农产品主播、百名‘红古田’农产品达人、百款‘红古田’网红农产品”。它们通过不断地完善与粤港澳大湾区对接的农产品产销体系，更及时、全面地掌握市场需求。有针对性地结合本土条件，种植各类农产品，从而有效地带动龙岩当地村民增收致富。

（四）服务对接

福建省按照“做强闽菜大产业、畅通闽菜大物流、建设闽菜大市场、服务闽菜大民生，打造闽菜产业全链条”总体要求，同时实施区域差异化策略，因地制宜，根据各地的产业优势来发展不同品类的预制菜。为发挥食品加工的产业链优势，龙岩新罗、厦门同安等地着力发展以肉产品为重点的预制菜产业基地。为发挥森林资源大省优势，龙岩、莆田等地发展以蔬果净菜为重点的预制菜产业基地。从“菜篮子”到“菜盘子”，客家预制菜挺进大湾区。龙岩市丰富的农副产品为预制菜提供了源源不断的优质原料，而作为预制菜三巨头之一的广东，

① 龙岩市农业农村局产业科：《龙岩市农业农村局赴广州市农业农村局开展对口合作和考察学习交流》，http://nynct.fujian.gov.cn/xxgk/gzdt/qsnyxxlb/ly/202208/t20220822_5979608.htm，2022年8月22日。

拥有粤菜品牌优势，集聚了大量优秀的粤菜师傅，他们能为菜品研发出谋献策。这些都为两市合作打造预制菜产业基地奠定了坚实基础。

四、山东寿光：倡导标准先行

山东寿光市，位于山东省中北部、潍坊市境西北部、渤海莱州湾西南岸，东邻潍坊市寒亭区，西界广饶县，南接青州市和昌乐县，北濒渤海，是山东省潍坊市县级市，隶属于山东省潍坊市。寿光市水资源充沛，气候适宜于生产蔬菜、水果等产品，被确定为全国首批优势特色产业集聚群之一，作为全国蔬菜的贸易、交流、信息集散中心，被称为“中国蔬菜之乡”。

自 2018 年全国蔬菜质量标准中心在寿光成立以来，寿光市把标准作为质量兴农的基石，引领蔬菜产业高质量、绿色发展。[①] 寿光市依托寿光蔬菜产业集群优势，全面总结寿光设施蔬菜生产管理经验，不断提炼“寿光标准”，率先启动了日光温室蔬菜全产业链标准研制。由 4 名院士领衔组成的 67 人专家委员会技术力量，整合了中国农科院、中国标准化研究院等科研院所资源，先后完成了 16 项国家、行业标准和 110 项山东省地方标准立项，建设形成了 14 大类、182 个品类的蔬菜标准数据库，牵头制定了《粤港澳大湾区蔬菜生产基地良好农业操作规范番茄》等 6 项团体标准，完成了农业农村部《日光温室蔬菜全产业链标准梳理和标准体系框架构建》等一系列项目成果，为蔬菜全产业链标准研制和国家标准的制定奠定了基础。有了标准化产业链，寿光不少蔬菜园区都采用“工厂化”理念建设运营，全链条标

① 张晓：《寿光加快推进全国蔬菜质量标准中心建设》，《农业知识》2019 年第 9 期。

准化、智慧化生产大大提高，实现了蔬菜产业由数量向质量转变，探索出了一个可复制、可推广的“寿光新模式”。

（一）打造“六统一”产业链条

寿光蔬菜质量安全标准体系，包括产品标准和服务标准两大部分。当地政府结合本地的生产状况，通过贯彻国家标准与行业标准，积极参照国际标准和进口国家标准，研究制定合理配套的地方标准。寿光市通过做好“种苗、技术、农资”等六统一，发展到基地一头连市场，一头连农户，已经串联起一条条标准化产业链。产业工人只是负责种，产前产后两端由公司来承担，每个环节都得到可控可循。对于种植户来说，有了标准可依，改变了他们凭经验种植、无序种植的现状。有了标准化产业链，寿光不少蔬菜园区都采用“工厂化”理念建设运营，全链条标准化、智慧化生产程度大大提高。

（二）创建“工厂化”运营模式

为了让蔬菜质量优且畅销，寿光市加快构建以合作社、家庭农场为主体的新型组织体系，用“工厂化”理念建设运营，组建全国首家蔬菜合作社联合会，构建以合作社联合会为龙头、各镇街合作社分会为骨干、113家潍坊市级以上示范社为支撑的合作社架构，探索了一条新时代“大承包、小包干”的农业合作新路子。在这种新模式下，寿光市政府提出全链条提升蔬菜产业的发展方向，制定蔬菜全产业链标准，对产前、产中、产后等11个环节进行了规范，把产业链条向两端拉长，向种子和品牌延伸，让蔬菜更加安全，品质更好，质量更稳定。[①]2018年以来，寿光已规划建设总占地2.3万亩的18个重点

① 侯增梅：《寿光27家合作社入选“500强”榜单》，http://www.shouguang.gov.cn/news/zhxw/202212/t20221230_6150490.html，2022年12月27日。

蔬菜园区，并和华为、阿里巴巴等互联网巨头合作，推广应用自动温控、智能雾化等智能科技设备，物联网应用率超过80%，使每个大棚、园区就是一个蔬菜“标准车间”“标准工厂”。

（三）加快“全链条”标准输出

寿光市通过每年举办高峰论坛、成立国家蔬菜质量标准化创新联盟等渠道，为全国蔬菜生产基地提供蔬菜质量全程管控、产品产销对接、关键指标比对预警等服务，加快标准输出。[①] 德州夏津从2022年5月开始，引进了寿光的蔬菜模式，从日光温室、土壤管理、生产技术、采后初加工，都有一套对应的标准体系，不仅产量比去年翻两番，一亩地可达一万多斤至两万斤，产品的口感更受市场欢迎。依托蔬菜全产业链集成优势，寿光市在山东、江西、内蒙古、四川、西藏等省区认定27个试验示范基地，“寿光标准”遍布全国26个省份，常年有8000多名技术人员在全国各地指导蔬菜生产，全国新建蔬菜大棚中一半以上有“寿光元素”。

（四）实施“品牌化”发展战略

近年来，寿光市加快推进农业全链条融合发展，大力实施蔬菜品牌化战略，坚持品质赢市场，完善市场集散流通体系，加强蔬菜质量安全监管，擦亮“寿光蔬菜”品牌，积极推动“寿光模式”走出去，带动更多的农民发家致富。品牌已经成为寿光农民抢市场、提高效益的有力武器。[②] 依托标准，寿光市加快品牌化建设步伐，成功打造了“七彩庄园”“金彩益生”等一批高端蔬菜品牌，“三品一标”农产品

① 郑建凤：《打造“中国蔬菜种业硅谷”》，《走向世界》2022年第39期。

② 王秀慧：《擦亮“寿光蔬菜”品牌 走出乡村振兴新路子》，http://www.shouguang.gov.cn/news/zhxw/202212/t20221230_6150556.html，2022年12月30日。

达388个，80%以上的园区蔬菜以品牌形式进入北京、上海等20多个大中型城市。坚持品质赢市场，不仅贯穿于寿光蔬菜整个生产环节，更是寿光农业产业发展的理念。①

（五）推进“智慧化”现代农业

寿光市大力发展“智慧农业”，加大科研投入力度，推动蔬菜产业现代化发展，坚持以“智慧化”促进农业产业提档升级，同时融合应用物联网、大数据、云计算、人工智能技术等，大幅提升了蔬菜产业机械化、智能化水平，将蔬菜大棚变为“绿色车间”，将蔬菜园区变为“绿色工厂”。以寿光蔬菜集团等骨干企业为主发起成立的寿光蔬菜瓜果产业协会，于2019年成功注册“寿光蔬菜”集体商标，也同步搭建了一体化智慧供应链共享平台。以山东寿光果菜批发市场智慧冷链物流配送中心为基础，建设运营粤港澳大湾区“菜篮子”产品潍坊配送中心和潍坊农品广州展示交易中心，基本建设形成覆盖全国和辐射日韩、东南亚、欧美等国家和地区的营销网络、仓储物流和服务保障体系。2022年，寿光市崔岭西村入选为北京冬奥会蔬菜直供基地，投资建设了占地100亩的崔西创意家庭农场项目，把“农场”打造成推广新技术、新产业、新业态的“孵化场”。

（六）搭建“无缝隙”直供平台

寿光蔬菜瓜果产业协会与宝能集团建立战略合作关系，共同打造蔬菜产业全链条标准化加工配送基地、运营中心和创新平台。线上与阿里巴巴、京东物流合作，分别在天猫、京东电商平台设立了寿光蔬菜官方旗舰店，建设现代智慧供应链，打通线上优质生鲜蔬菜从“基

① 张新梦、马凤才：《寿光蔬菜品牌建设探讨》，《合作经济与科技》2022年第15期。

地”到“餐桌”的直供通道。同时，与腾讯农业、华为农业、海尔卡奥斯等围绕数字农业进行深度战略合作，量身定制“寿光蔬菜产业互联网平台”。

五、云南文山：打造绿色产业

文山壮族苗族自治州，云南省下辖的民族自治州，位于中国西南边陲的云南省东南部，东与广西百色市接壤，南与越南社会主义共和国接界，西与红河哈尼族彝族自治州毗邻，北与曲靖市相连。自党的十八大以来，文山州坚持走产出高效、产品安全、资源节约、环境友好的现代农业发展道路，“绿色”品牌特色下的现代农业发展成果辉煌。同时，文山州瞄准粤港澳大湾区“菜篮子”建设机遇，文山州加快推进高标准农田建设和撂荒地流转，用好土地资源和气候优势，规模化、品牌化发展蔬菜种植产业，实现文山优品蔬菜出滇入湾。2023 年，文山州全州地区生产总值 1462.3 亿元，增长 5.1%。加快推进“6 个百万”基地建设，引进农业龙头企业 67 户，“三品一标”累计认证（登记）536 个，46 户企业产品入选省级“绿色云品”品牌目录，高原特色农业重点产业全产业链产值达 1456 亿元，增长 14.3%。[①]

质量兴农、绿色兴农是文山州农业提质增效、提升竞争力的重要途径。在贯彻习近平总书记关于“三农”工作重要论述的过程中，文山州推动绿色产业循环发展，实现农业产业发展生产向绿、品种向优、品质向好，农业产业特色鲜明、优势明显、链条完备，绿色乡村

① 马忠俊：《政府工作报告——2024 年 1 月 18 日在州第十五届人民代表大会第四次会议上》，http://www.ynws.gov.cn/info/5476/316336.htm，2024 年 1 月 26 日。

特色产业在文山开花结果，彰显着现代农业发展的强劲动能。

（一）布局高原特色农业

认真作好区域化布局规划，突出集中连片，推进传统特色农业产业向适宜区集中发展。发挥政府引导作用，引进示范推广新品种，普及栽培新技术，聚焦重点农产品，从抓产品到抓产业，围绕产业化、规模化，着力推进“一县一业”，形成文山自治州高原特色农业。

（二）着力打造绿色品牌

文山植物群落多样，气候湿润，自然环境优良，具有发展绿色产业的显著优势。文山有三七、蒜头果等独一无二的生物资源，但地理位置较为偏远，于是该州将偏远的地理劣势转变成“绿色”无污染产地优势，打造绿色食品品牌，努力推动绿色食品、有机产品认证和地理标志申报认证，27 家企业入选省级“绿色食品牌”品牌目录。同时，利用国际全国性环境、生态会议宣传文山生物、生态多样性，如联合国《生物多样性公约》第十五次缔约方大会在中国举行之际，文山政府向大会展示文山的多个有效产品，积极主动对接，向世界讲述文山州生态文明建设和生物多样性保护成效。有效地带动当地农业产业走出去，形成一批“绿色食品牌”拳头产品集群，“绿色食品”成为文山农业产品品牌名片。①

（三）注重龙头产品带动

以将龙头产品的生产及加工打造成世界一流产业为目标，带动现代化农业发展。文山三七是驰名中外的名贵中药材，在心脑血管等疾病治疗上具有显著功效，文山州把以三七为重点的中医药产业列为地

① 北京日报客户端：《〈生物多样性公约〉第十五次缔约方大会新闻中心正式开放》，https://3g.163.com/dy/article/GLVE6VHB051497H3.html?spss=adap_pc，2021 年 10 月 9 日。

方主导产业和特色产业进行培育和发展。为打造文山三七的世界领先地位，州级财政设立三七产业发展专项资金，主导制定实施一系列国际国内标准，成功申报三七药材和三七种子种苗 2 项国际标准，成为我国第一个获得国际 ISO（国际标准化组织）发布实施的中药材质量标准。林下三七种植试验示范成效明显，以三七加工为主的企业达 57 户，新增研发产品 31 个，三七全产业链发展体系逐步健全，以三七为主的生物医药产业实现综合产值 352 亿元，增长 13.3%。[①]

（四）切实提升产品品质

树立大农业、大食物观念，围绕产业化、规模化、标准化、品牌化的发展要求，文山抓生产链条、抓体系转变。文山实施良田沃土强基工程，推进高标准农田建设，保护好区内耕地。积极推进农业有机废弃物资源化综合利用，推进粪肥还田、测土配方施肥、有机肥替代化肥、绿色防控等措施，加快实施畜禽粪污资源化利用整县推进，开展绿色种养循环农业建设工作。推进农业标准体系建设，围绕特色农业产业，加快水肥一体化、喷滴灌等现代设施农业推广应用，大力推广中小型高效适用机械装备，提升蔬菜、水果、花卉、茶叶等产业高端设施装备水平，不断提升主要农作物耕种收机械化率。加快推进农产品标准化分类分级，提高商品化处理水平，不断提升产品品质。提升农产品初加工能力，围绕粤港澳大湾区“菜篮子”基地，加大蔬菜冷藏预处理水平，大力推进小包装净菜加工，小包装蔬菜占当地商品比重达到 10% 以上，水果初加工能力达到 10 万吨以上，建设蓝莓、桃、梨、百香果等中高端果品分选线。围绕粮食、蔬菜、辣椒、道地

① 马忠俊:《政府工作报告——2024 年 1 月 18 日在州第十五届人民代表大会第四次会议上》，http://www.ynws.gov.cn/info/5476/316336.htm，2024 年 1 月 26 日。

药材、水果等重点产业布局，统筹发展精深加工、综合利用加工，推动农产品加工业优化升级。

（五）开发绿色旅游资源

文山州辖内的普者黑有喀斯特山水田园风光。文山扎实抓好普者黑湖流域保护治理“三减一加”工作（房子逐步后退做减法、房屋对外出租做减法、进入游客吃住做减法、生态保护做加法），坚定不移走生态文明发展之路。通过生态环境“三减一加”保护整治，建成湖滨带 11.6 千米，退塘还湿 3300 余亩，实现房退湖进，推进以星级酒店、半山酒店、精品酒店以及民宿等为主的阿诺旅游度假区建设，实现了游客外移。绿色旅游资源的生态保护为打造新业态奠定了坚实的基础。①

第二节 典型案例的启示

认真梳理国内案例不难发现，在乡村振兴、数字农业发展和粤港澳大湾区建设的大背景下，贺州、赣州、龙岩、寿光和文山等地依托当地的交通条件、资源优势和产业特色，抓住优势特色农业产业发展的产品品质、质量安全、品牌打造、营销渠道等几个关键环节，强化标准互认、全程可溯、精准引流、电商推广，构建有机绿色、优质安全、高端精品、新鲜便捷的优势特色农产品供应体系，推动对接粤港澳大湾区更为精准、更加智能、更具实效。

① 文山旅游：《走进绿色文山，打造山水田园全域旅游》，https://m.thepaper.cn/baijiahao_14404267?sdkver=44e1e982，2021 年 9 月 7 日。

一、以一套质量标准提品质

党的二十大提出要坚持以推动高质量发展为主题，要着力提升产业链供应链韧性和安全水平；要加快建设质量强国，要构建优质高效的服务业新体系，推动现代服务业同先进制造业、现代农业深度融合，构建优势互补、高质量发展的区域经济布局，推动经济实现质的提升。质量是企业的生命，质量是产品立足的基石。保障农产品质量安全不仅是农业生产供给侧结构性改革的重点内容，而且是保证我国农业经济可持续发展和创建现代化农业与健康中国的主要措施[①]。

农产品质量安全标准是指依照有关法律、行政法规的规定制定和发布的农产品质量安全强制性技术规范，一般是指规定农产品质量要求和卫生要求，以保障人的健康、安全的技术规范和要求。如农产品中农药、兽药等化学物质的残留限量，农产品中重金属等有毒有害物质的允许量，致病性寄生虫、微生物或者生物毒素的规定，对农药、兽药、添加剂、保鲜剂、防腐剂等化学物质的使用规定等。农产品质量安全标准，既是农产品质量安全监管的重要执法依据，也是支撑和规范农产品生产经营的重要技术保障。

“一套质量标准”是指粤港澳大湾区“菜篮子”平台产品质量安全监控指标体系。自2020年以来，广州市农业农村局、粤港澳大湾区“菜篮子”工作办公室组织有关单位，对标食品安全国家标准、部令公告和中国香港地区、澳门地区等法规标准，在保证技术指标科学性和符合实际生产要求的前提下，选取最严指标，编制了粤港澳大湾

① 张晓远：《全国首个市级全品类农业公用品牌》，http://www.chinacoop.gov.cn/HTML/2018/11/05/144328.html，2018年11月2日。

区“菜篮子”平台产品质量安全监控指标体系。目前，《粤港澳大湾区“菜篮子”平台产品质量安全指标体系 蔬菜、水果、标识》等10项团体标准已经广东省农业标准化协会发布并正式实施。据不完全统计，系列标准的应用共溯源登记约5100个农产品，1927个生产基地，涉及24个省、124个地级市，惠及优质安全可溯源产品流通量逾146.18万吨，技术要求同时满足国家标准、行业标准、香港地区、澳门地区标准等有关规定①。

《粤港澳大湾区“菜篮子”平台产品质量安全指标体系 蔬菜、水果、标识》等10项团体标准发布后，实现了粤港澳三地质量安全标准的互联互通，对粤港澳大湾区“菜篮子”农产品生产、经营和贸易等发挥了引领作用，相关单位都能借此更好地参与到农产品质量安全保障工作。各级农产品质量安全监管部门可根据本地区的农产品生产过程控制和用药管理等办法，参考标准的监控指标体系，制订本地区高质量的农产品质量安全监控方案，有针对性地做实做强做好农产品质量安全监测和管控工作。各级农产品质量安全检验检测机构可根据相关检测任务，参照标准的各项监控指标，全面开展农产品质量安全监督抽查、风险评估等检测和结果判定，全方位分析农产品质量安全风险隐患，有效支撑农产品质量安全全程监管。广大农产品生产经营主体和贸易商可根据所涉及的农产品种类，对照标准的安全指标要求和指引，督促做好生产过程控制，提升用药水平，使之符合高质量产品指标要求，以扩大高质量农产品贸易和供应。此外，普通消费者和

---

① 广州市农业农村局（乡村振兴局）：《喜报！——10项粤港澳大湾区“菜篮子”团体标准正式发布》，http://nyncj.gz.gov.cn/gkmlpt/content/8/8762/post_8762049.html#414，2023年1月16日。

农产品生产经营者参照标准指引，能够全面了解粤港澳大湾区农产品质量安全标准水平或重点关注所需要的农产品高质量安全标准。

近年来，永州市充分利用良好的生态、资源和地域优势，大力发展“一县一特”“一县一品”，现代农业质量明显提升，农业品牌建设基础进一步得到夯实。目前，全市有7个全国蔬菜产业重点县、4个供粤港澳蔬菜产业集群项目实施县、2个省级优质蔬菜供应基地（示范片）县。建立市、县、乡、基地四级检测体系，对蔬菜生产全过程、多环节、可溯源监控，共认定粤港澳大湾区“菜篮子”生产基地139个，居全国地级市第一，打造蔬菜地标产品6个、“圳品”认证蔬菜企业1个，“永州之野”成为湖南首个通过海关总署知识产权备案的市级农业区域公用品牌，已授权44家蔬菜企业使用①。但是全市种植基地经粤港澳湾区“菜篮子”工程认定的比例不到50%，知名农副产品较少。农产品生产还不能完全做到标准化、规范化；种植和养殖过程中农业投入品还存在使用不合理的情况，农产品质量安全管理工作基础薄弱，监管力度不够，缺乏严格的生产技术标准、检验检测制度和监督制度。

国外发达国家十分重视农产品质量标准的制定工作。美国的农产品质量安全标准体系由国家标准、行业标准和企业标准三方面构成。美国联邦法规明确规定了农产品质量安全的各项标准规定。该项标准体系不仅包括当前农产品生产经验销售各个环节，也包括从农产品生产投入品及使用标准、农业生态环境标准、生产技术规程到质量标准、分级标准、容器填充标准、标签标准、包装标准、储运标准等内

① 肖柳：《永州：抓住粤港澳大湾区“菜篮子”鼓起永州脱贫群众“钱袋子”》，《湖南日报》2023年12月28日。

容[①]。美国实施农产品生产、加工和销售阶段的强制规范，包括农业操作规范、生产操作规范和农产品供应可追溯制度。同时，在加工和销售环节强制实行“农药残留监控计划”，监控农药残留。此外，美国还有完善的有机农产品认证体系。农产品必须按照有机标准进行有机生产和加工并将农产品进行分类。政府提供不同比例的资金补贴有机农产品认证，分摊认证经费[②]。法国是世界重要的农产品生产和出口国，拥有严密的质量监管体系。法国作为欧盟成员国逐步融入欧盟统一的农产品标准，拥有统一的、健全的农产品监管制度。其农产品质量监管职能分工明确，分为中央和地方两个层面，具有良好的协作能力，同时，法国拥有多样化的认证标识。法国强制实施食品认证标识制度，提高消费者对其产品的信任度，建立了政府主导和超市主导两种认证标识，同时还注册了欧盟实行的农产品认证标识。日本拥有完善的农产品质量安全标准体系、监管体系。政府严格将包括生产、加工、销售、售后等全部环节，配合完善的农产品可追溯制度，使各个环节都严格遵守质量标准。日本农业补贴高于农业生产总值。在日本高标准的农产品可以申请更高的生产补贴，形成重视品质的良性循环[③]。日本实行生产源头控制农产品质量的方式，只有经过严格质量安全标准认证的农产品才可以进入流通市场，而且要贴上生产者姓名。

---

① 杨柳：《中国农产品质量安全标准体系建设研究》，硕士学位论文，江西农业大学，2013年，第25页。

② 徐子轩、胡怀敏：《发达国家经验对我国特色农产品品牌建设的启示》，《安徽农业科学》2021年第3期。

③ 徐子轩、胡怀敏：《发达国家经验对我国特色农产品品牌建设的启示》，《安徽农业科学》2021年第3期。

国内部分省市也制定了一些农产品质量标准。2020 年广州市编制了粤港澳大湾区“菜篮子”平台产品质量安全监控指标体系。另外，无论是山东寿光的“六统一”的可复制、可推广的“寿光新模式”，还是赣州市的“区块链溯源 + 合格证”企业信息、生产记录、检测结果、巡查巡检的“四必链”，都为国内农产品质量标准树立了好的标杆。

永州应充分吸收国内外先进农产品质量标准体系建设的经验，积极打造永州特色农产品的“一套标准”。一方面，要积极开展国内外先进农产品质量安全标准专题调研，深入研究国际及国内先进农产品质量标准的制定原则和特点，标准体系的管理机构与运行机制等；另一方面，分析永州市农产品质量标准体系的现状及存在的问题，针对这些问题，根据国内外先进农产品质量标准体系建设的经验和做法，为永州市农产品质量标准体系管理机构的设置和管理运作以及农产品质量标准体系构成框架等方面提出具体的建议和对策，健全永州市农产品质量安全标准。

二、以全产业链追溯平台保安全

“全产业链模式”是指由田间到餐桌所涵盖的原料、种植、采购、贸易、物流、养殖、食品加工、分销、品牌推广等多个环节构成的完整的产业链系统[①]。把最末端的消费者的需求，通过市场机制和企业计划反馈到处于最前端的种植与养殖环节，实现食品安全可追溯，打造

① 吴奶金、陈高威、林珊、陈施慧、刘飞翔：《基于新型业态变化的农业特色小镇理念与构建》，《云南农业大学学报（社会科学版）》2017 年第 3 期。

“安全、放心、营养、健康”的食品产业链。[①]全产业链追溯系统是一个由原材料和加工厂追溯管理、生产追溯管理系统、物流配送扫描系统、销售市场全产业链追溯系统和消费者查询系统组成的产品全程追溯管理平台系统，打通了产品生产物料来源、加工和消费者的所有环节，使整个链条可视化、信息透明，实现产品质量保证的追溯。系统业务组成图见图4–1：

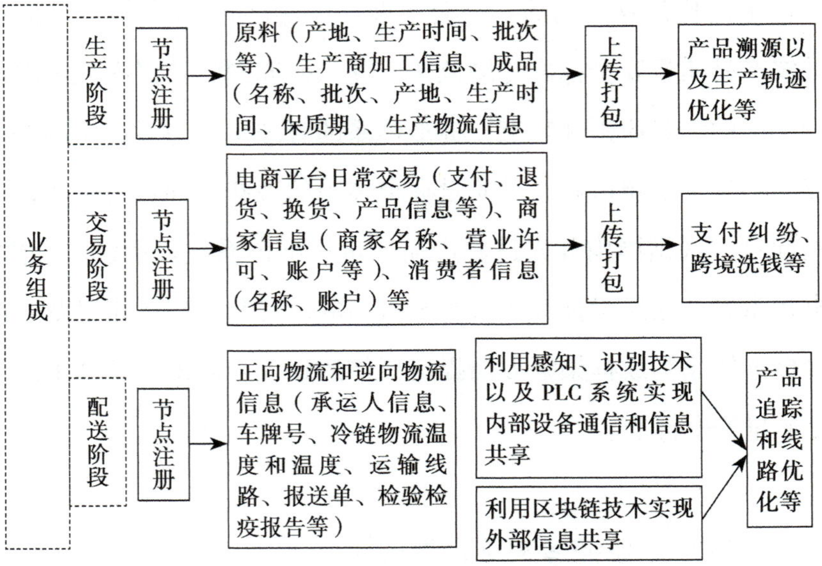

图4–1 全产业链追溯系统业务组成

资料来源：作者自己整理。

产业链融合经营是产业发展的趋势，能够很好地解决现有生产、加工、流通、储藏以及物流配送环节彼此脱节造成生产成本高、产品质量差、产品效益低等一系列问题。全产业链由公司统一规划、管

① 麦文翰：《打造全产业链农业运营集团推进农业供给侧结构性改革——以广西县域农业为例》，《市场论坛期刊》2020年第7期。

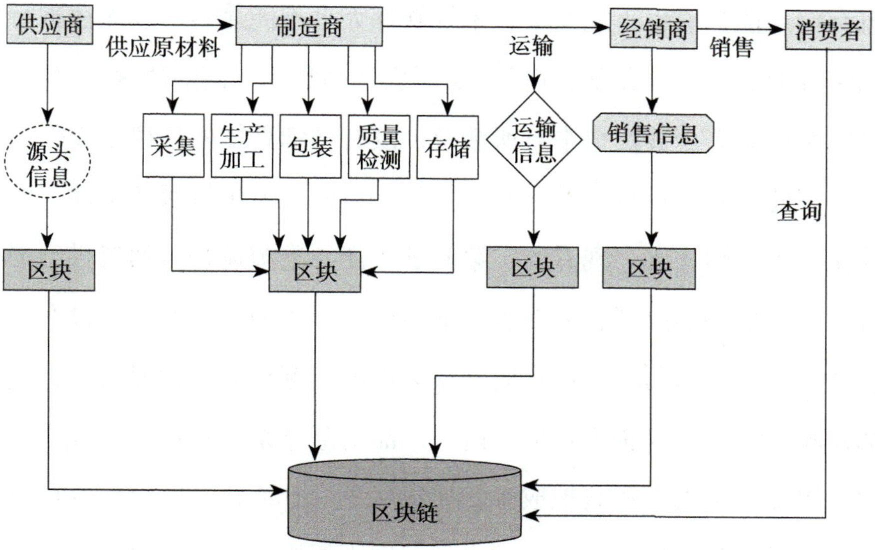

图 4-2　系统流程图

资料来源：课题组整理。

理、经营，纵向可实现产业链底端至最终销售；横向由产业品牌、物流、分销、资金全过程管理，可解决生产、加工、销售脱节造成的产品质量不可控。充分利用互联网、大数据技术实现全产业链信息化高效管理，将生产种植、加工分拣、仓储物流、市场销售等数据通过唯一编码将整个环节串联起来。消费者通过扫码包装上粘贴的二维码获取产品所有信息，从而放心购买，同时通过反馈监督促进产品的安全生产。

目前永州“菜篮子”产品追溯体系建设仍存在不少问题，主要体现在以下方面。第一，体系不完善。调研发现，永州市“菜篮子”产品追溯体系发展还不够平衡，未能实现全覆盖。第二，标准不统一。目前，在全市范围内还没有形成一套统一的“菜篮子”产品追溯系统，“菜篮子”产品认证标准更是五花八门。由于开发商不同，其溯源信息存储未能贯通也不能共享，系统软件大多不能兼容，也无法进行跨系统查询。第三，法规不健全。关于农产品溯源方面的法规，仅在《食品安全法》等少数法律中有所涉及，没有详细具体的法律条文作为支撑，因此在溯源执行上缺乏有效保障。另外，追溯体系各子环节的具体制度也不够完善。现有的“菜篮子”产品溯源途径虽然提供给消费者查询、反映的权利，但在监管部门介入处理的过程前后，没有一个有效的平台公布信息，群众监督缺乏力度，溯源问责情况得不到真实的反映。第四，商企不积极。由于产品追溯体系工作耗时、耗力，会额外增加不少人力和其他成本，导致从生产、流通、销售等各环节的商家，对这项工作落实缺少动力，态度不积极。另外，由于对品种繁多的“菜篮子”产品很难做到有效监管，同时也缺少应有的激励机制，不利于“菜篮子”产品追溯体系的建设发展。

20世纪初，西方发达国家陆续建立了农产品溯源体系并在食品安全领域中发挥着重要作用。2008年“三鹿奶粉”事件爆发后，2010年全国开始推进“菜篮子”产品流通追溯体系试点建设。广西贺州生猪、畜禽和水产的“六自动一溯源”一体化设施、江西赣州蔬果的“区块链溯源＋合格证”四必链模式和山东寿光蔬菜的标准化产业链模式都是以数字化和信息化管理为核心的全产业链追溯模式，为永州市蔬菜、水果、生猪等产业规模化、标准化、集约化、现代化发展提供了可参考的模板。

永州应严格按照粤港澳大湾区“菜篮子”产品供应质量标准组织生产，政府应以“全程监管”为目标，构建全链条、全通透的质量安全溯源监控体系。加强农兽药经营与使用监管，推广生产基地自律性检测；积极推进“产地与销地”“市场与基地”“加工与生产”的对接与互认；在生产基地建立完善的全程质量安全监管系统，形成生产有记录、产地有准出、市场有准入、产品有标识的全程质量追溯体系。以高质量发展、规模化生产、全环节升级为目标，以现行有效的中国海关总署有关供港澳农产品检验检疫监督管理办法，以及中国香港地区实施的《食物内除害剂残余规例》等标准为基础，与广州市共同协商确立统一的供粤港澳大湾区“菜篮子”质量安全标准体系和质量追溯监管平台，绿色食品、有机农产品、地理标志登记农产品全面实行赋码溯源管理，部分备案示范基地实行智能溯源监管试点。

三、以线上推广精准引流创品牌

随着中国市场经济制度的完善，农业供给结构已朝向农产品品牌化发展。农产品品牌化经营成为农业发展、农村繁荣、农民增收的重要途径。农产品品牌主要是指使用在农产品上、用以区别其他同类和类似农产品生产经营的显著标记。随着生活水平日益提高，消费者对于安全、健康食品的需求日益增加。因此在消费者心中，品牌化的农产品代表着信赖、安全与高品质。换言之，农产品品牌化是现代农业的一个重要标志。推进农业品牌化工作，有利于促进农产品销售，保障农产品质量安全，推动产品创新，从而提升农产品的市场竞争力，获得更多品牌溢价收益[①]。

经过多年努力，永州市通过高标准农田建设与粤港澳大湾区“菜篮子”工程建设合作框架协议，在稳定粮食种植面积的基础上，进一步推进农业结构调整和供给侧结构性改革，加快转变农业发展方式，

① 沈联国:《品牌的作用》,《中国粮食经济》2006 年第 5 期。

提升农业综合生产能力，推进蔬菜产业高质量发展。然而，永州农业虽然产品多、企业多、资源丰富，也有“粤港澳优质农副产品供应基地”的目标定位，但永州产品一直对外地消费者的品牌共鸣重视不足，且与邻近的广东、广西、江西以及其他外省市市场相比仍有差距。永州必须要加强农产品品牌打造，扩大本地产品影响的建设。实施以“生态、新鲜、特色、精细”为核心价值的“湘江源”与“永州之野”品牌创建，着力挖掘永州蔬菜有机、绿色、富硒、优质特性，全力打造永州“公用品牌＋企业品牌”的新型子母品牌。

蔬菜从田间地头到城市消费者手中，需要经过多个蔬菜运作环节以及多个经营组织。由于管控范围广泛、工作措施难以衔接，以致影响城市蔬菜的品质与供应。因此，如何提高农产品品质，创建无公害蔬菜品牌无疑具有十分重要的意义。再者，过去永州蔬菜经营主要以传统的市场营销进行蔬菜品牌传播。然而，随着国内外市场的不断扩大以及互联网的日益普及，传统的市场营销已无法适应市场的变化和需求，则逐渐朝向网络营销发展，加上物流配送体系的完善，网络销售将成为永州蔬菜品牌拓宽市场的有效办法。此外，品牌推广亦是重要一环。品牌推广对产品销售及市场生存有着重要意义。因此，实施网络营销的核心不在于网络直销带来的利润，而是着重于如何通过线上推广实施品牌化战略。

近年来，永州加强农业品牌建设，实施农产品地理标志保护工程。截至2023年，全市累计认证三品一标农产品260个。其中，“永州之野”市级公用品牌共授权160家农业企业使用，涵盖柑橘、茶叶、茶油、果蔬、生猪、优质稻等各类特色产业。“永州之野”农业公用品牌发展形势向好。然而，与国内一些知名品牌相比，“永州之野”

品牌建设仍处于起步阶段，在思想认识、保障机制、品牌管理、统筹配合和宣传推介等方面还存在不足。例如，“永州之野”品牌宣传推介主要通过组织企业参加展示展销会为主，而缺乏其他数字视频和社交媒体方面进行品牌推广。再者，在推广宣传投入方面，“永州之野”品牌宣传推介资金没有落实到位。相比之下具有明显差距，如怀化市每年皆制订系统的宣传计划，以及相关资金投向，在央视7台、央视13台、全国300个火车站进行“碣滩茶”品牌宣传，同时拍摄创意“碣滩茶”微电影，及举办怀化碣滩茶采茶节，以提升怀化农产品品牌整体形象。此外，网络基础设施不健全，物流配送体系不完善，亦导致农产品在网络营销中无法取得优势。而目前销售渠道主要以线下为主，导致销售范围不广，主要范围皆在本地以及周边县市区。

随着农村经济的发展，特色农产品市场的竞争逐步转变为质量及品牌的竞争。因此，实施推广农产品品牌战略是发展现代农业的必然选择。过去中国农产品品牌推广皆采用比较传统的方式，覆盖面窄，渠道有限，即使品质优良，也只能在市场竞争中取得有限成果。随着互联网技术的发展与应用，通过线上推广农产品品牌逐渐受到人们的关注。而中国国内网民数量庞大，信息覆盖面广，所以线上推广可以有效拓宽目标客户范围，针对不同受众还可以制定不同营销策略，有利于提高农产品品牌影响力和竞争力。例如，梅州采用线上线下、传统与数字等创新性社会化推广模式，形成广东梅州柚“12221”市场体系建设。在品牌建设方面，梅州邮政结合梅州柚和邮政的文化元素，向国家知识产权局申请“柚好邮来”商标。设计制作印有“邮政农品”“柚好邮来”商标的梅州柚项目专用包装箱、宣传折页、展架等，通过宣传包装提升梅州柚品牌形象。开设梅州柚主题邮局，举办开业揭牌仪式进行宣传造势，延伸梅州柚品牌文化深度。其次，在销售实践方面，梅州邮政依托邮乐网、拼多多、南粤分享汇等平台，开展万人拼团、节日促销、政企客户购等活动，多平台多渠道推广梅州柚品牌。再如，宿迁市为推广“宿有千香”品牌，充分利用市内高速公路、铁路站台、收费站投放高炮广告。在市外，利用央视、江苏卫视、江苏交通广播网等媒体，在北京、上海、南京等重点市场进行广告投放。以“农户＋基地＋平台＋品牌”模式，将一家一户的小农户组织起来，通过统一标准、统一品牌、统一包装、统一销售，打造市级品牌展示展销平台，加强品牌的影响力和覆盖面，并促进品牌发展。

农产品品牌化建设不仅是推动产业转型升级和高质量发展的重要方向，也是激发消费潜力与扩大内需的重要活动。然而在农产品品牌运作过程中，更需要政府发挥管理引导与推动作用。通过科技、财政、税收、市场等各方面资源，建立与完善公正、透明的市场与流通环境，对品牌化的推广具有重要意义。因此，农产品品牌化推广的途径主要涵盖两方面。首先，要健全品牌运营管理机构，鼓励地方政府、行业协会、人力资源服务机构等塑造与培育品牌，通过举办专业论坛、学术会议、推介会、博览会、创新创业大赛等公益活动，提升品牌竞争力与影响力。其次，更为重要的是，要强化线上品牌推广，通过平台搭建、塑造品牌口碑、对消费者进行引导，增强消费者对品牌的认同感。

四、以电子商务进村入户拓销路

农村电子商务，也称“农村电商”。利用计算机互联网技术，通过主流电商平台，服务于农村各种各样的资源，以信息化和数字化的手段，在农村建立连锁式网点，实现市场集约化，产品市场化。通过主流电商媒体的普遍性，联合商业实体，降低农村的商业成本，扩大农村的商业领域，使农民和商家达到“双赢”的成果。

农村电子商务对于提高“菜篮子”工程的质量有着重要作用。一方面，农村电商的建立，能加速大湾区“菜篮子”工程对永州地区农村电子信息网络平台的覆盖。《“十四五”国内贸易发展规划》指出，乡村振兴局通过在农村组织和实施商业建设活动，极大地扩展了农村电子商务网络平台的覆盖面。借助多渠道、多种类的电子信息网络平台，积极创新农产品的交易方式，切实帮助农业、农户、生产企业解决特色农产品销售难的问题。另一方面，农村电商的进一步发展，能提升大湾区“菜篮子”工程对永州地区农村农民在互联网领域中的关键性技术水平。而提升关键性技术水平的措施，就是要普及电商的培训。内容深入的培训，会更加有针对性、特质性和实用性，能使农民更加了解电子商务发展的现状，熟悉淘宝、抖音等 C2C 主流平台的开店流程，熟练掌握物流、采购、支付等应用技术。农村电商的规范，能推进大湾区“菜篮子”工程在永州市特色资源的标准化生产销售和质量追溯体系建设。

目前，永州市在电子商务进村的过程中，部分问题亟待解决。首先，农村电商的直播平台还有待规范。许多农村地区没有统一的直播平台，而是每家每户极其分散地进行直播；况且农民掌握的直播知识和技巧也非常有限，仅通过个人的努力是没有办法将电商助农的优势发挥到最大化。[①] 这也导致网络直播中乱象频出。就农村电商在各种

① 王静怡：《探究网络直播潮流下农村电子商务发展新路径》，《商场现代化》2022 年第 23 期。

平台的直播而言，作为消费者更希望看到的是简单、淳朴、带有浓烈本土气息的乡村生活，那种烟火气的美好，能引起人们的共鸣。但综观目前农村电商直播现状，部分农民为了吸引眼球，拍摄的视频较为低俗，这样的行为反而会遭到消费者的抵触。另外，还存在农民在直播时打悲情牌的情况，这种行为短时间会让消费者产生同情心，获取一定的单额。但从长远的角度来看，反而对农村电商是一种伤害。其次，农村电商的财政补贴还有待完善：越是发展落后的地区，实际上越是需要财政补贴的支持。在永州市农村电商运营过程中，部分偏远山区存在物流困难的问题，而永州市特色产品有很多鲜果，这就迫切需要政府给予一定的运费补贴。

山东潍坊、广西田东、黑龙江绥滨的农村电商产业链，均为永州市大湾区“菜篮子”工程提供了宝贵的经验。山东潍坊市加快农产品电子商务配套措施建设，加快农产品标准化建设，对农产品的品种种性、规格、种子的质量、等级、卫生要求做出详细的要求。农村电商的生存和发展以及产品销路的拓展，品牌是关键。只有着力依托地方特色，紧紧围绕纯原生态、绿色无公害等特点构建品牌形象，农产品才会销路顺畅、价值翻番；完善农产品物流配送体系，建立高效的物流通道，辅助农民发货。黑龙江绥滨县探索直播进村带货新业态，以“直播带货”为模式促进农村电商和黑龙江的非遗进行融合，解锁“直播＋网红带货＋电商”新业态。该县在农村各户建设直播攻坚小组和融媒体直播团队，搭建平台引导和鼓励农户、商家开拓电商平台销售渠道。

产业振兴是乡村振兴的重中之重，坚持精准发力，立足特色资源和产品，关注市场的实际需求，发展优势产业，促进产业融合发展，才可以更多更好地惠及农民。[①]随着电商服务体系逐步下沉到农村，电商进村入户成为实施乡村振兴战略、实现共同富裕的必经之路和战略选择。为此，永州市在“互联网 +”现代农业的发展必经之路上，必须要创新农产品流通，加快农产品市场体系转型升级，落实电商平台入户到农村每户，并着力加强设施建设为农民提供配套服务、健全农产品交易制度。

① 彭建强：《产业振兴是乡村振兴的重中之重》，http://www.moa.gov.cn/xw/qg/202109/t20210903_6375598.htm，2021 年 9 月 3 日。

第五章　永州精准对接粤港澳大湾区优势特色农业产业发展的战略重点

发展特色农业产业，是乡村产业振兴的加速器。从各地对接粤港澳大湾区经验来看，优势特色农业产业蕴藏着巨大的市场机会和发展潜力，但也不同程度地面临着产品非标化、品质低端化、品牌同质化、营销常规化等问题挑战。精准对接粤港澳大湾区优势特色农业产业，科技创新、产品品质、品牌建设、营销模式是其发展的关键环节。通过完善技术标准、开展质量追溯、加强品牌建设、运行数字营销等措施，可以有效地解决优势特色产业发展存在的问题，并且推动其无缝对接，全方位融入粤港澳大湾区“菜篮子”工程。

第一节　强化科技助产增效，建设高标准生产体系

有力有效推进乡村全面振兴，提升乡村产业发展水平，将农业建成现代化大产业，做好“土特产”文章，发展特色种养、林下经济，必须加强农业科技创新，精准对接粤港澳大湾区农业生产标准，加快推进现代种业创新，大力推进设施农业发展，强化关键共性技术攻关，推动高端智能农机应用，实现农业产业生产从小、散，向标准

化、规模化发展。

一、完善农副产品标准体系

农副产品标准化体系是指为了保障农副产品质量安全，规范农副产品生产、加工、流通和消费环节，制定的一系列标准和规范。健全永州精准对接粤港澳大湾区优势特色农产品标准化体系，主要是进一步完善农副产品生产的基础标准、技术标准、管理标准和服务标准。

（一）完善农副产品生产的基础标准

遵照国家和行业相关标准，对标大湾区农产品质量标准，结合永州优势特色农产品的实际情况，建立和完善涵盖种植、养殖、加工、包装、储存、运输等全过程的标准化生产规程和技术规范，确保产品质量稳定可靠。重点完善下列标准：品种与种养标准（包括品种选择、种养技术、种植规程等方面的标准）、生产环境标准（包括土壤、水质、空气等环境质量要求，以及农业投入品的使用规范和限制）、生产过程标准（包括播种、施肥、灌溉、喷药等生产环节的操作规范和记录要求）、采收与加工标准（包括采收时期、方法、加工设备、工艺流程等方面的标准和要求）、包装与标识标准（包括包装材料、设计、标识内容等方面的标准和要求，以确保产品的可追溯性和信息透明度）、储存与运输标准（包括储存条件、方法、运输要求等方面的标准和要求，以确保产品在流通环节的质量和安全）、质量安全检测与监控标准（包括质量安全指标的检测方法、监控计划等方面的标准和要求，以确保产品的质量和安全性能得到有效控制）、认证与认可标准（包括各类农副产品认证的申请流程、审核要求等方面的标准和要求，以提升产品的市场竞争力）、培训与宣传标准（包括对生产者、加工者、消费者的培训和宣传内容和要求，以提高全社会的农副产品质量意识和水平）。

（二）完善农副产品生产的技术标准

一是对标大湾区农产品质量标准，对农副产品的外观品质、口感品质、营养成分等进行分类、分等、分级，以提高其产品质量和安全；规范农副产品生产、加工、贮存等流程中的技术与管理，以确保产品品质和安全。二是引导和扶持农民专业合作社、家庭农场以及农业产业化龙头企业采用标准化生产技术，严格控制农业生产过程中的农药、化肥使用量，加强动植物疫病防控，实现从农田到餐桌全程质量可控。三是运用大数据分析技术收集并整合各类农业生产和市场数据，为农户提供科学的种植养殖建议，优化资源配置，指导生产标准化进程。例如，可以根据历年气候、土壤、市场需求等因素，为永州血鸭养殖户提供最优的饲养方案。四是鼓励和支持本地农业科研机构、高校及企业开展针对农副产品的种植、养殖、加工等关键技术的研发，如优质种子种苗培育、病虫害绿色防控技术、高效环保的农产品深加工工艺等。将这些科研成果及时转化为行业或地方标准，形成具有永州特色的系列化、标准化农业生产技术规程，以科研创新带动产业标准化升级。五是通过“一企一中心”模式，联合省内外知名高校和科研院所，共同建立农产品技术研发中心、工程技术研究中心等科研平台，重点攻关区域特色农副产品的核心标准和技术难题。推动企业与科研机构深度合作，结合市场需求与地方资源特点，共同研发适合永州地域特色的高标准、高品质农副产品，并将其纳入标准体系中。

（三）完善农副产品生产的管理标准

一是进一步加大农副产品流通体系中各类数字基础设施建设，推进大数据、物联网、区块链、人工智能等在农副产品全链条生产、加工、流通等多环节的应用，依托数字技术打造高效率、可复制的标准化流程，同时对标准化产品实现全链条可追溯。二是利用物联网、大数据、人工智能等先进技术，对农田种植、养殖环境进行实时监测和智能调控（如智能灌溉、精准施肥、病虫害预警），实现农业生产环节的标准化、智能化；建立永州特色农产品的智能温室，通过数字化设备精确控制温度、湿度、光照等条件，确保农产品品质稳定。三是委托第三方检测机构，对区域内农产品进行定期抽检和全面监控，确保符合标准化生产的各项要求。四是选择一批具有代表性的规模化种植基地、养殖小区、加工企业等农业生产单位，作为标准化生产的示范点，实行统一开发、统一建设和统一管理，以点带面地推动整个区域的标准化管理水平提升。

（四）完善农副产品生产的服务标准

一是进一步完善货源质量标准、物流质量标准、营销质量标准等销售标准化，规范农副产品流通环节的管理和服务，提高消费者体验和信誉度，带动农副产品销售和终端消费。二是加大对农副产品标准化工作的重视程度，进一步优化标准体系及管理流程，保障经费投入和政策扶持。推进配套试点推广和示范应用工作，广泛调动农业龙头企业等利益相关组织参与到标准化建设工作中去。三是加强标准化建设领域的人才培养和队伍建设力度，逐步建立起具有过硬专业能力水平的农副产品标准化人才队伍。注重对基层从事农业生产、加工、运输人员的培训工作，加大标准宣传贯彻和实操培训力度，保障标准体系运用落到实处。四是组织农业企业、农民合作社、家庭农场等相关主体参加标准化生产培训班，系统传授标准化基础知识、国家标准解读、国际标准接轨等内容，提高其对标准化政策的理解与运用能力；通过现场观摩、实践操作等方式，增强参训者在实际生产中的标准化操作技能。五是搭建线上线下相结合的农产品交易平台，借助电商平台的大数据分析能力，精准把握市场需求变化，引导和促进农产品按照市场导向和标准要求进行生产。

二、推进现代种业科技创新

粮食是社稷之本，种业是粮食之基。党的二十大报告中强调要全方位夯实粮食安全根基，深入实施种业振兴行动①。种业又称为种子产业，主要涵盖新品种选育、生产、加工以及种子销售等重要环节，广义种业还涉及种质资源的收集、选育、试验、审定、生产、检验以及销售等复杂过程。种业在农业产业链的上游，作为农业领域不可缺少的生产资料，其科学技术含量需求比较高。现代种业的发展亟须借助现代信息技术，构建以绿色发展为理念、以种业安全为核心、以“三品一标”（绿色食品、有机农产品、地理标志登记农产品和永州市对标大湾区农产品质量标准）为支撑、以科技创新为引领作用的高质量品种审定指标体系，积极推进绿色、优质、高产、安全、特色的种业品种培育。

（一）加强种质资源保护及利用

以全国农业种质资源普查工作为契机，编制永州地方种质资源名录，开展地方特色资源收集与保护，挖掘本地农产品有机、绿色、优质特性，发展地方特色农产品生产，如冷水滩的黑美人西瓜、杏鲍菇，零陵的柑橘、黑茶，祁阳的黄花菜、胡萝卜、槟榔芋、黑茶、白

① 尹春风：《种业现代化背景下种业产业链 主体协同创新发展研究》，《山东农业大学学报（社会科学版）》2023 年第 3 期。

茶、席草，东安的紫皮大蒜、双孢菇、藠头、紫云生姜、芥菜、红薯，双牌的虎爪姜、猕猴桃、百香果、柑橘、杨梅、野生茶，道县的把截萝卜、菜心、菜苔、辣椒、红茄、脐橙、滑皮橘，江永的香姜、香芋、密本南瓜、食用菌、芥菜、香柚、夏橙、沃柑、杨梅，江华的香型莴笋、姬菇、紫长茄、雪梨、苦茶，宁远的食用菌（黑木耳）、淮山、葛根、野山椒、莲子、百合、马蹄、柰李、柑橘，新田的三味辣椒、大豆、菜心、菜苔、红皮萝卜、食用菌、奈李，蓝山的香芋、大白苦瓜、黄花梨、葡萄，金洞的竹笋、高山野生茶，回龙圩的特早熟蜜橘、密本南瓜等，确保农业种质资源中长期安全保存；同时，加快库存种质资源的精准鉴定，筛选目标性状突出的优异种质资源，为地方特色种业品种改良提供了优异亲本；建立全市公益性农作物种质资源库及共享利用服务平台，促进种质资源共享，为商业化育种提供有力支撑。

（二）注重种业人才引进与培养

大力落实永州市“人才新政36条”举措，充分发挥现代种业领域领军人才在科技创新中的引领作用，加强现代种业高层次、急需紧缺人才的引进力度，组建一批具有全国先进水平的种业创新人才团队，每个团队设立负责人和一般成员，一般成员由团队负责遴选并组团申报，团队负责人负责团队规划、工作任务的分解落实，团队成员完成种业相关工作任务的统筹协调；引进、选育、示范推广一批优质、抗病及抗逆性强、高产、适合粤港澳大湾区市场需求的优质农作物品种，并确定关键育种科研方向，形成团队梯队建设。同时，加强基层种业人才的培训，通过组织各种形式的培训班、交流会、实践等，提高基层种业人才的综合素质，增强其创新能力和竞争力。此外，进一步完善人才安居政策，开展高层次人才分类认定评选工作，为新来永州就业高层次人才提供购房补贴、租赁住房、租房补贴等安居保障，为引进人才营造安心、舒适的发展环境，促进更多种业人才在永州就业。

（三）强化种业基础和前沿性研究

种质资源是种业的“芯片”，基础研究则决定种子“芯片”是否能造好。在基础性研究方面，围绕柑橘、蔬菜、茶叶、油茶4个主导产业，通过与地方高等院校、农业科研院所合作，争取以科技部中央引导地方资金、建立产业技术联盟等方式，开展国家自然科学基金、省自然科学基金（含地方联合基金）项目的申报与管理，继续推进转基因生物新品种培育及重大科研育种联合攻关；加强决定柑橘、蔬菜、茶叶、油茶等种业重要性状相关基因挖掘利用，特别是与高产、抗病、优质、非生物胁迫等重要生产需求及抗逆相关性状，与农产品、食品深加工相关的品质性状，以及与养分高效利用相关性状的关键基因，开发、构建高效分子标记辅助选择体系。在前沿技术攻关方面，创新团队紧紧围绕柑橘、蔬菜、茶叶、油茶等种业“卡脖子”难题，重点攻克规模化基因挖掘及克隆、基因编辑、快速定向育种、全基因组选择育种、杂交制种等核心技术瓶颈。

（四）聚焦突破性新品种选育力度

“一粒种子可以改变一个世界，一项技术能够创造一个奇迹。”永州精准对接粤港澳大湾区市场需求，发展优势特色农业产业，高度重视种业问题，聚焦突破性新品种选育力度。针对不同生态区生产实际，注重在传统育种的基础上融入现代生物技术、大数据及智能设计技术，加快遗传改良进度，拓宽品种遗传基础，创新育种所必需的重要资源材料（如绿色、优质、高产、抗病、抗虫、抗逆理想株型），提高现代种业育种的效率和精准度，选育适应永州山地丘陵地区生长，且符合市场需求的突破性种业新品种，建立“一县一特”产业示范基地，满足粤港澳大湾区群众对“菜篮子”的高品质需求。近年来，湖南科技学院生物技术创新团队以二倍体油茶基因组为基础，进一步解析原产于永州并具有重要经济性状的小果油茶、普通油茶的基因组，通过比较基因组分析，对油茶重要功能性成分、油脂品质与产量等性状的基因进行挖掘及鉴定，培养更加适应永州山地丘陵地区气候的高产新品种，为揭示油茶良种分子育种机制提供理论和应用支持。

（五）加快种业科技成果转化及推广

种业科技成果转化是指将种业科技研究成果转化为种业生产力和经济效益的过程，是促进种业发展方式转变的重要环节。加快种业科技成果转化，需要建立科技成果库，对种业科研成果进行分类、整理，为需求方提供技术咨询服务，以便投资者、企业了解成果的应用价值和市场前景。通过媒体、展会及技术交流等，加强种业科技成果的宣传，提高科技成果的知名度和认可度。强化“菜篮子”政产学研合作，建立现代种业科技成果转化平台，促进供需双方交流合作，提高科技成果的质量和竞争力。加强政府的引导和支持，鼓励育种单位、团队以技术转让、拍卖、入股等方式，加快种业科技成果转化；政府制定和优化税收优惠、贷款扶持等相关政策和措施，降低科技成果转化的成本和风险，提高种业科技成果转化的效率。

三、大力推进设施农业发展

在现代农业发展体系中，设施农业发展是关键的一环。大力推进永州设施农业发展，打造一批冬春设施蔬菜、城市郊区设施蔬菜、高山反季节设施蔬菜等供粤港澳大湾区设施蔬菜产区，需要从基础设施投入、科学技术、经营模式等方面着手。

（一）加大农业基础设施投入

一方面，着力推进优势产业转型升级，以优势特色农业总产稳定为目标，进一步加大对农业的扶持力度，发展壮大优势特色农业，促进产业提质增效。因地制宜发展特色农业，通过有方向、有目的的财政措施，围绕设施农业科研投入、新技术利用、灾害补偿保险、设施农业发展资金保障充足等方面，以点带面，推动高科技智能玻璃温室种植、塑料薄膜大棚种植、冬暖式日光温室等设施农业发展。另一方面，着力提升农业物质技术装备水平，突出耕地质量保护和升级导向，继续深化高标准农田整地推进，加快提档升级；加快推进农田水利基本建设和农田基础设施管护各项工作，不断改善农业生产条件。以提高农业科技进步贡献率为目标，突出农业科技推广导向，创建现代农业综合科技示范基地。突出农机装备提升导向，推进“一项行动两大工程”（推进粮食生产全程机械化，实施设施农业“机器换人”工程和绿色环保农机装备与技术示范应用工程），抓薄弱环节，促示范创建。

（二）助推设施农业换挡升级

一是实施科技支农强农富农行动，大力推进新型实用设施建设，全面提升设施农业科技支撑能力，助力乡村振兴。加快温室大棚、温室大棚温湿度智能控制技术研究，推广节能排污技术、植物保护技术等新技术。重点推广技术成熟的大跨度钢骨架节地型日光温室，优化屋面结构，推广使用新型复合保温墙体，提升保温蓄热性能，新建和改造一批布局合理、高产高效的现代农业设施。提高日光温室、连栋温室、自动播种机械、智能环控机械、施肥机械、农药喷洒机械、采摘机、节能排污设备等设施园艺设备在合作社、生产企业、农户中的普及率。推广水肥一体化、应急补光等省力化作业装备、自动化调控设备，提升机械化、自动化、智能化水平。

二是发挥信息化高新技术的作用，搭建设施农业物联网示范平台，通过物联网、云计算等颠覆传统设施农业生产方式的新技术，让设施农业生产更具“智慧”，进而利用设施农业转变农民创业观念、传统生产方式和发展形势。大力发展以互联网、物联网、移动互联网、大数据、云计算为主要手段的电子商务，将设施农业的产前、产中、产后连接起来，使之成为贯穿设施农业全过程的一条主线。

三是通过云平台、云计算等新兴技术建设智慧农田生产管理平台，利用传感器、视频监控等采集和分析数据，实现农作物生长环境标准化、农产品质量可追溯。通过土壤数据采集、标准化生产种植流程研究、农田生长状况实时监控、可视化展示等手段，助推设施农业对农作物进行精准管理。在整个设施农业生产过程中普及数字化技术，全面监测农业资源和生产环境的动态变化。借助“互联网 +”的东风，建好用好智慧设施农业信息平台，由此实现对全市农产品生产精准把控、实时考核。在生产环节，建设对农作物生长状况实时监测，并通过植保监测站、土肥监测站采集病虫数据，有效实现精准种田；在监管环节，农业部门从平台进入各个生产基地的详情页，既可以查看产品信息，也可以用于监管、检测、信用等。

（三）创新设施农业经营模式

一是着力构建现代设施农业产业体系。健全蔬菜加工流通体系，扶持一批本地加工能力大、实力强、科技含量高的加工企业，提升精深加工水平。与此同时，引进一批新型设施蔬菜加工企业，活跃本地市场，为设施农业发展提供稳定基础。以发展钢架大棚、连栋大棚、喷灌等设施为重点，强化产业基础，加大对基地农田水利及基础设施、蔬菜生产设施等基础配套设施建设力度；加快育苗中的配套设施建设，普及工厂化育苗的实际应用，引导合作组织、企业、农户逐步成为政府之外的设施农业基地基础设施建设主体。

二是着力培育新型设施农业经营主体。现代设施农业的建设与发展，要求经营者必须提高自身的整体素质，同时要求掌握现代科学技术。因此，要依托农村劳动力培训阳光工程、农村创业和技能带头人示范培训等重点培训项目，加大对农村重点从业人员的培训力度，提高农民的整体素质，掌握设施农业的生产技术和经营管理水平，培养一大批懂技术、善经营、会管理的新型职业农民。

三是组建设施农业产业联盟。组建由标准制定者、品牌创建者组成的专业设施农业联盟，打造区域特色行业龙头；促进农村青年创业共建共享共赢、互帮互学，将农村青年创新创业设施农业联盟打造成孵化器、助推器；通过品牌创建、产品销售、农业大数据“互联网+”应用等渠道，将电商联盟打造成重要平台。通过开展形式多样、富有成效的活动，为促进产业转型升级、提升整体竞争力、推动农业特色做大做强、助推全市设施农业产业转型升级和农业精品发展提供成员单位合作发展平台。

四、强化关键共性技术攻关

关键共性技术是2016年公布的管理科学技术名词，指针对诸多产业领域、行业或实际问题，通过科学研究和技术创新，攻克共同的关键技术难题，推动某个领域或产业的发展。党的十九大报告提出，“突出关键共性技术、前沿引领技术、现代工程技术、颠覆性技术创新"。对关键共性技术的研发及创新，其目的在于提高基础研究的针对性和实用性，促进技术创新的协同发展，加强与应用需求的对接，提高综合创新能力和国际竞争力。因此，关键共性技术攻关是永州地方经济与社会发展的长期驱动力量，对于新时代永州地方优势特色农业产业发展具有非常重要的作用。

（一）强化耕地保护利用科技创新

耕地是粮食生产的命根子。永州市充分认识耕地保护的重要性，严抓永久基本农田划定与保护，牢固树立正确的政绩观、发展观，将耕地保有量、基本农田保护面积等作为分配市、县土地整治资金的重要因素；专题研究耕地保护田长制，并将耕地保护和田长制工作纳入年度绩效考核，推动耕地保护田长制工作走深走实；强化宣传推动，动员社会参与耕地保护。近年来，耕地保护被列入市、县、乡镇三级党委理论学习中心组学习和党校培训内容，通过田长公示牌、宣传标语、主流媒体宣传耕地保护工作，营造浓厚氛围；开展农用地土壤污染状况详查，加大土地的整治力度，研发新型绿色肥料和农药，减少对土壤和环境的污染，大力推进高标准农田建设。此外，建立耕地保护利用信息化平台，通过现代科技手段，如无人机、卫星遥感等进行农田监测，提高农田管理的精准度和效率；利用大数据和人工智能技术，对农田数据进行深度挖掘和分析，为农田管理提供科学依据，提高农田管理的智能化水平。

（二）补齐农机装备短板

习近平总书记指出，要把发展农业科技放在更加突出的位置，大力推进农业机械化、智能化，给农业现代化插上科技的翅膀。永州市高度重视农业机械化智能化的建设工作，市工信、科技、财政等多个部门协同发力，引导银行等金融机构加大对农机服务组织的信贷投放力度，建立健全“科研院所＋企业＋专业合作社＋基地”协同创新机制，加大农机招商引资力度，围绕丘陵山区粮油、果蔬茶、畜禽水产等开展技术攻关、机艺融合及智能机具研发。同时，以“新基建”和数字乡村建设为契机，推动农机化与信息化融合。例如以村集体为单元，通过对丘陵山区机耕路、田间道路和排水渠道的建设力度，实现农业运输和农机下田有保障。对联合收割机、植防飞机、大中型拖拉机等机械设备中加装智能监控、北斗导航设备给予适当补贴，提升农机信息化和智能化水平。大力实施农机作业北斗监测推广、农机智能物联水平提升和农机精准作业技术装备应用等项目，提升农机装备耕种管收全程作业质量与效率。加快布局建设智慧农场，探索建设高水平的无人农场、智慧牧场、数字渔场、植物工厂等智能农机示范基地，推动形成全市智能农机装备推广应用新模式，规范引导农机智能化应用有序发展。

（三）强化农业生物安全治理

农业生物安全是指防范和控制农业生物风险，保障农业生态环境和农产品质量安全的能力和水平，涉及农业生物多样性、农业病虫害防治和转基因生物安全等多个方面。永州市加强现代农业科技创新体系建设，为农业生物安全提供科技支撑。通过健全监管体制机制，抓好动植物疫病防控工作，严格落实生猪屠宰官方兽医派驻、非洲猪瘟自检、“飞行检查”等制度。抓好农业转基因生物育种管理，坚持在尊重科学，加大抽检监管力度，抓好农作物病虫害监测与绿色防控，农产品质量安全专项整治等一系列行动。将农产品质量安全监管纳入社会治理网格化管理体系，划定网络、充实人员、明确职责，建立监管目录，实行挂牌监管。全面开展外来入侵物种普查工作，尽快摸清市、县外来入侵物种基本情况，建立外来入侵物种数据库。强化农业生物安全科技创新体系建设，加强关键农业生物安全防控技术攻关，全力筑牢农业领域生物安全防线。

（四）强化农业绿色低碳技术供给

绿色是农业的底色，生态是农业的底盘。良好生态环境是最普惠的民生福祉，农业绿色低碳发展对保障国家食物安全、资源安全和生态安全意义重大。近年来，永州市创新绿色低碳关键技术，加快农业绿色发展。以大湾区市场为抓手，紧跟市场绿色低碳产品消费需求，建立农业品牌管理、推广等一系列规范与制度，形成市场有影响力和号召力的永州绿色低碳品牌（如永州之野品牌、湘江源品牌）。以园区基地为载体，发展“智慧农业＋精细农业基地”。依托园区和龙头企业，重点突出永州国家农业科技园区、县区主要农业园区，建设低碳园区和培育绿色龙头，发展绿色农产品精深加工、绿色农业投入品、绿色农产品冷链物流、废弃物回收与综合利用等产业集群。聚合祁阳红壤工作站、华维灌溉等产学研资源，推动低碳农业产学研深度融合发展，设立绿色低碳农业发展中心。开发绿色低碳产品，研发推广低碳农业配套技术熟化与集成示范、绿色加工仓储包装技术，为低碳农业提供节水节肥节能、安全高效低耗的绿色技术、绿色设施、绿色装备、优良品种和绿色投入品及配套模式等保障支撑。支持高等院校、科研院所在生产一线建立科技小院、实习基地。以乡村建设为引领，推行绿色农房，持续开展人居环境整治，建立废弃物回收与综合利用为核心的低碳生活模式，形成优良的产地环境和宜居的生活环境，为绿色有机农业提供环境保障。

（五）强化乡村发展支撑

党的二十大报告指出：“全面建设社会主义现代化国家，最艰巨最繁重的任务仍然在农村。”永州市锚定加快建设农业强市的目标，始终把巩固拓展脱贫成果摆在突出位置，着力壮大农村集体经济，扎实做好乡村发展、乡村建设、乡村治理等重点工作。在保障粮食和重要农产品供给方面，深入实施优质粮食工程，继续扩大优质稻比重，在条件适宜地区大力发展再生稻种植；稳定生猪等重要农产品产能，聚焦生猪养殖规模化、生态化、品牌化发展；扩大大豆油料作物面积，优化油菜生产布局，推进稻油轮作试点，开发冬闲田扩种油菜；加强智能粮库建设，强化粮食库存动态监测。在探索乡村特色产业高质量发展方面，深入实施“六大强农”行动，培育发展“两茶一柑一菜一药”（茶油、茶叶，柑橘，蔬菜，中药材）优势特色产业。同时，加强乡村规划、乡村治理体系、数字治理技术应用，推进农业社会化服务。鼓励农户采取转包、出租及入股等方式依法依规流转土地经营权，将土地向种粮大户、家庭农场、农民合作社、基层供销合作社和农业产业化龙头企业集中；完善基础设施，建设乡村新社区，统筹县域城镇和村庄规划建设。改善农村人居环境，重点抓好农村改厕、农村垃圾、污水治理，加快农业废弃物资源化利用，在乡村振兴重点帮扶村和示范创建村中开展美丽宜居村庄（屋场）建设试点，持续深化开展村庄清洁行动，开展农村人居环境常态化管理，稳步推进宜居宜业和美乡村建设，奋力推动永州有效衔接提质增效、创先争优。

五、推动高端智能农机应用

高端智能农机是集大数据、云平台、物联网、复杂农业机械、智能感知、智能决策、智能控制等技术于一体的现代农业装备。它是通过对传感器收集的各种信号进行逻辑运算、传导、传递，进而在动态作业环境下发出适宜指令驱动农业机械来完成正确的动作，实现工作效率化、作业标准化、人机交互人性化、操作傻瓜化、自主、高效、安全、可靠地完成农业作业任务，提升农业生产效率。当前，在永州高端智能农机应用还有较大空间。

（一）拓宽高端智能农机应用领域

一是利用智能农机装备融合土壤、植物、农机和农艺等信息，以及集成机械、电子、信息、控制等多领域的高新技术，深度感知农业生产"土壤—作物—环境—装备"全环节的信息，并通过构建自动控制与优化决策系统，准确和高效地完成农业生产耕、种、管、收等环节作业任务。例如，利用智能农机搭载的各种传感设备实时采集农作物生产温度、湿度、生长状态等农业生产环境数据，从而帮助生产者了解农作物的环境，进而形成新的技术方案以适当地改善农作物的生长环境。

二是通过融入导航系统，掌握农作物的生产信息，减少人力资源的投入力度，使农业产业化发展变得更加轻松和便捷。如雷沃谷神无人驾驶收割机能够通过远程遥控启动，自动合上主离合器，自动加大油门，割台自动下降，其定位精准，能够自动规划路径完成收割作业；无人驾驶雷沃欧豹拖拉机牵引旋耕机对收割完的地块自动进行耕整作业；在卫星导航的指引下，无人驾驶的阿波斯拖拉机牵引播种机播种玉米，可以实现高精度作业。

三是在实际生产中融入农业机器人，配合现代化的机械设备，搭载导航技术，实现机器人的精准性定位，既可以全面监控农作物生长环境，又可以根据生产计划的要求，提出更加科学的管理方案。如中国一拖研制的无人驾驶拖拉机具备在规定区域内的自动路径规划及导航、自动换向、自动刹车、远程启动、远程熄火、农具的自动控制、障碍物主动避让和远程控制等功能，可搭配旋耕机能耕地，或者搭配整地机平整土地，作业质量精度高；还可以最大限度地提高土地、种子、化肥的利用率，有效地降低农业生产成本的投入。在智能农机使用的过程中，可以根据生产环境特点做出科学的处理措施，实现农业生产中施肥和农药喷洒等过程的自动化及全面监控，满足精细化农业生产要求，实现生产过程的智能化和现代化，逐渐改善传统生产模式，全面提升农业生产效率。

（二）推动高端智能农机技术进步

一是完善科研体系，加强自主创新。加快提升高端智能农机技术水平，加大重点关键技术攻关支持力度。进一步完善以企业为主体、市场为导向、产学研用深度融合的协同创新机制，推动企业与农户、科研机构、高等学校开展协同创新，建立科企联合创新模式，共同搭建科创、研发平台，协同开展高端智能农机项目技术攻关。

二是加快智能农机信息化、数字化建设，夯实高端智能农机推广应用基础。加快信息化、数字化基础设施建设，鼓励智能农机企业率先进行农机作业服务区域性平台的建设，实现数据共享，为全市农机信息化的发展积累经验。利用5G、物联网等信息技术，加快农场设备、基础设施改造，提高农业各环节数据采集和分析能力。

（三）推进高端智能农机产业发展

一是进行顶层规划，突出产业发展重点。按照国家制定的乡村振兴战略、湖南省农业农村现代化发展要求，明确具体战略目标、分阶段战略成果、主要完成任务，明确永州高端智能农机产业的发展需求，把准产业定位、产品定位，找到清晰、明确的发展方向。

二是加强政策扶持，适当提高补贴标准。制定与永州市农业发展相关的政策，全面落实永州市智能农机购置专项补贴，适当提升智能农机购置补贴标准，推动高端智能农机产业发展。具体来说，对于承包经营的小农户，提供免费入网，补贴智能农机移动终端；对于规模经营的专业大户、家庭农场、农民合作社等新型农业经营主体，按其生产规模大小进行不同程度的定额补贴或比例补贴。

三是成立农机专业合作社，搭建企业和农户之间的供销直通车，为农户种植蔬菜提供"耕、种、防、收、销、管"全链条的全程机械化服务。特别是合作社与小农户签订农业生产全程托管服务合同，为农户提供统一农资配送、统一播种施肥、统一病虫害防治、统一机械收割、统一技术指导，推动集中连片种植。

四是把高端智能农机企业组织起来，让这些企业之间相互补链、强链、延链，真正把永州打造成为湖南乃至全国的高端智能农机制造基地。

第二节　发展智慧农业样板，完善全链可追溯体系

近年来，为满足粤港澳大湾区日益增长的食品安全和健康需求，大湾区对永州农产品的需求主要集中在高品质、高效率、可溯源的农产品供应上。为此，永州优势特色农产品必须利用大数据、物联网等新兴技术，打造食品安全追溯平台，智能监控农业生长环境，全流程追溯农产品质量，不断提高自身的品质和安全性。

一、推行产品统一编码标准

农产品质量关乎产品生产、检验、储运、销售、消费、监管等各

环节，记录、存储、跟踪其中的信息，实现农产品质量可追溯尤为重要。但当前农产品标识领域，原材料供应商、生产商、流通商、售后服务商等各个参与方之间编码标准不同（见图 5-1），质量追溯体系之间难以实现互联互通。这就要求终端与终端、终端与用户之间实现信息互联互通，做到产品编码标准统一。

（一）建立基于 Ecode 体系的产品统一标识

工业互联网通过物联网标识技术将工业互联网各个场景中的人员、机器、农产品、设备参数、环境参数、质量状况等联网，实时感知工业互联网中各种物体的状况，使整个工业互联网场景变得数字化透明，有效提高管理水平和生产效率。当前在物联网标识领域，存在标识体系之间编码标准不同，不能与其他标识体系互联互通的问题。因此，标识体系之间标准统一非常重要，编码统一可以使不同企业、不同环节之间的农业生产信息实现互联互通，通过信息技术的应用、信息源的采集、传递、集成和共享，实现全产业链互联互通，通过对原有编码体系的最大化统一，降低升级成本。

为解决物联网应用的互联互通问题，实现异构标识统一管理和开放互通，我国于 2013 年 5 月启动国家物联网标识管理公共服务平台（以下简称国家平台）建设。该平台是以 Ecode 标识体系为依据的物联网应用基础设施，能提供 Ecode 的注册与管理、不同载体的数据解析、多种方式的信息查询、搜索与发现服务、信息托管服务、数据挖掘服务等功能，是物联网统一编码产业化应用的基础支撑平台。该平台将打造成品类级、批次级和单品级的国家物品基础数据库，成为跨系统之间信息对接的桥梁，为异构系统之间的信息交互和消费者的信息查询提供全面的基础数据服务。

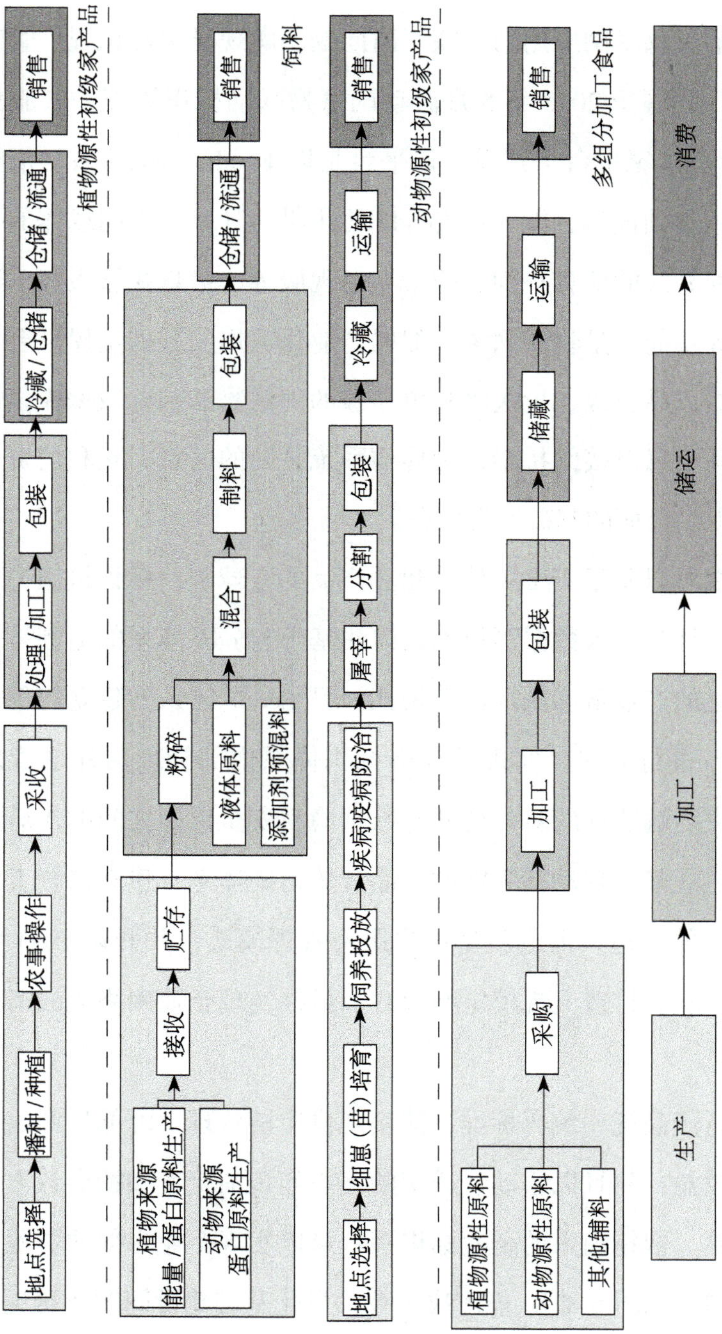

图5-1　农业生产运输销售各环节示意

（二）建立基于Ecode体系的产品统一标识

为解决物联网应用的互联互通问题，实现异构标识统一管理和开放互通，我国于2013年5月启动国家物联网标识管理公共服务平台（以下简称国家平台）建设。该平台是以Ecode标识体系为依据的物联网应用基础设施，能提供Ecode的注册与管理、不同载体的数据解析、多种方式的信息查询、搜索与发现服务、信息托管服务、数据挖掘服务等功能，是物联网统一编码产业化应用的基础支撑平台。该平台将打造成品类级、批次级和单品级的国家物品基础数据库，成为跨系统之间信息对接的桥梁，为异构系统之间的信息交互和消费者的信息查询提供全面的基础数据服务。

终端可以基于Ecode体系建立产品的全球唯一标识机制，利用物联网、云计算、大数据等技术，构建基于Ecode体系的追溯体系，形成一体化的产业链和闭环经营模式。且Ecode体系的建立能很好地与国家平台进行对接，实现其终端标识体系内部管理与外部管理的需求，解决终端数据的对外公开与数据隐私安全保护之间的矛盾。同时为企业建立基于移动互联网的产品宣传营销体系，建立消费者与企业直接互动的通道，形成新型用户服务管理模式，并开拓O2O电子商务领域，从而打造大规模定制模式，最终实现企业网络化战略和全球布局。

推行产品统一编码标准，能实现供应链管理，降低生产成本，提高经济效益，并且以主动、透明的姿态迎接消费者和社会各方面的监督和考验。依托国家的企业标识平台可以实现企业内部的资源共享和业务协同（见图5-2），能解决企业信息化基础建设问题及避免产生新的信息孤岛，避免重复建设、资源浪费等问题，提升企业对各种生产

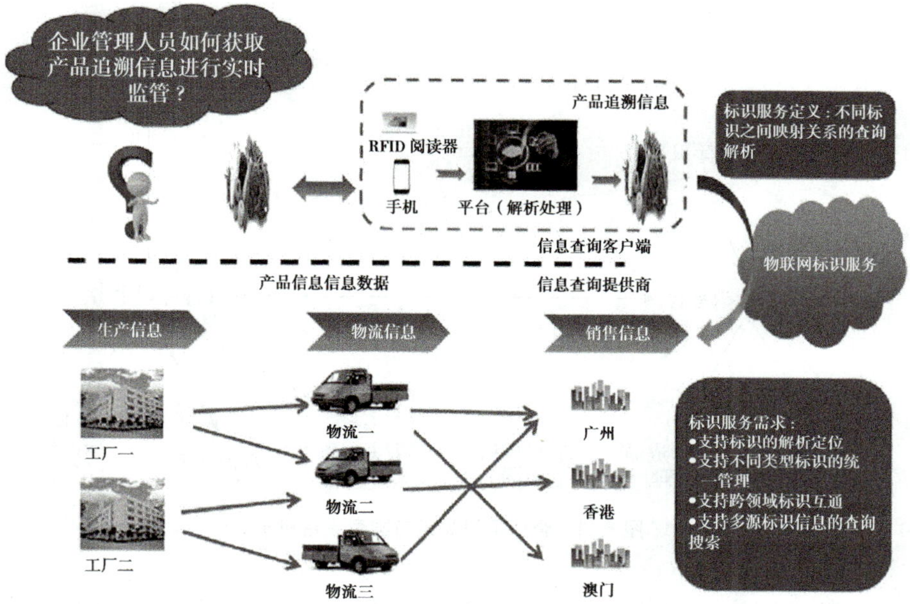

图 5–2　数据有效整合汇总与互通示意

资料的集中管理能力和对其生产过程的管控能力，实现企业现代化、企业智能化、生产经营标准化协调发展。

（二）实现企业标识体系与国家平台的对接

为满足企业标识体系开放兼容、通用可扩展、安全自主可控等需求，可以通过对企业标识体系的综合管理，完成对企业标识体系中内部管理与外部管理的有效整合，将其外部管理（需要对外开放呈现部分）实现与国家平台的对接，以达到标识的互联互通、开放兼容。企业自己定义其内部标识体系与外部标识体系之间的连通性以及相应的开放程度，以实现从外部标识体系中获取内部标识体系中的相关数据，且其内部标识体系可以随时对其与外部标识体系之间的开放实现实时定制化的管理。企业本身不需要对其标识体系做变动，只需要实现标识体系接入到国家平台。企业标识体系与国家平台对接如图 5-3 所示。

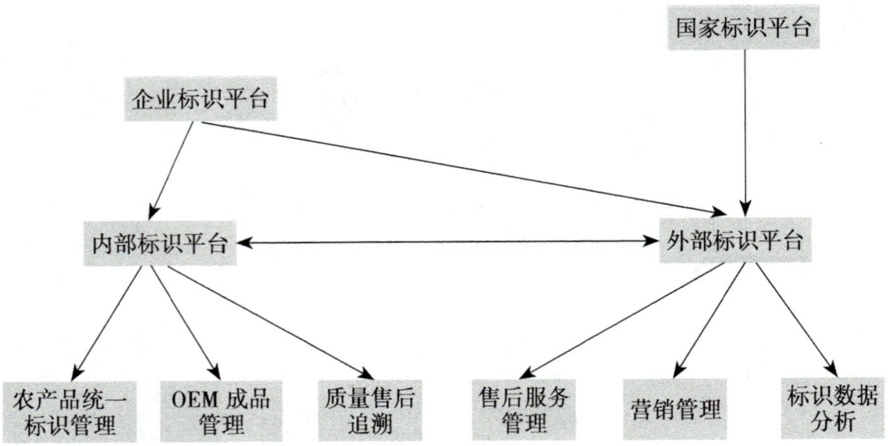

图 5-3　企业标识体系与国家平台对接

基于国家平台的企业标识平台体系架构的建设方案灵活多样，企业将其业务分为内部体系和外部体系，相应的内部体系建立内部标识体系，外部建立外部标识体系。内外部分离的做法，既保证了企业对外的信息能够有一个很好的渠道进行展示与互通，又能够很好地保护内部信息的数据隐私，其内部标识体系还可以适当地开放一些接口向外部标识体系提供必要的数据交换。建设方案具有很好的兼容性和可扩展性，能无缝对接其内部与外部的各种应用，实现使用标识对其资源进行统一的数据管理。基于国家平台的标识兼容性，企业不需要对其各个对象的标识编码进行改动，就可以很好地实现对旧有体系的兼容，并同时支持新的标识编码体系。

建立基于 Ecode 体系建立企业的全球唯一标识机制以及 Ecode 体系的企业产品追溯体系，能够大幅度地降低企业在原材料 / 零部件采购入库环节的工作量，提高其生产效率，也减少了由于在供应商体系中强制推行统一的标识体系带来的负面影响。此外，外部标识体系与国家平台进行有效对接，通过标识服务追踪产品运维状态的信息，实现企业的产品售后服务，故障诊断、远程维护等多样化服务，为消费者创造良好的产品售后服务、产品追溯信息查询等。这里以产品追溯信息为例，涉及企业产品对外展示的数据，未来随着消费者对于小单量、个性化定制的要求不断提高，消费者对于掌握产品更加详细的追溯信息的需求会与日俱增。在这种需求下，企业的内部标识体系与外部标识体系可以很好地实现产品追溯信息的发现，如图 5–4 所示，用户“信息查询”功能展示了一个外部标识体系中面向消费者的产品追溯应用。基于内部标识体系与外部标识体系的机制，巧妙地处理了企业的数据隐私保护与数据开放之间的矛盾，使企业内部数据互通，也保证了企业对外已授权数据的互通性。

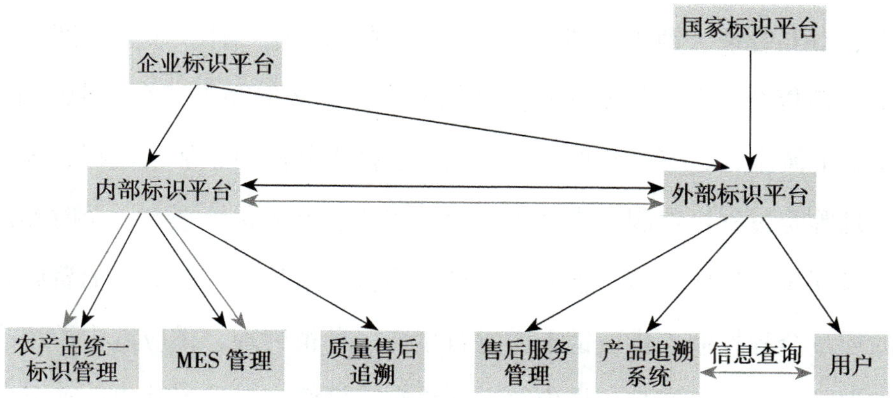

图 5–4　外部标识体系的应用

二、打造食品安全追溯平台

当今社会，人们对食品安全的重视程度与日俱增，越来越多的消费者追求产地透明、生产加工标准化、满足多方质检的合格产品。为满足这一需求，企业需要打造透明供应链和产品流通链条——食品安全可追溯平台，助力企业转型升级。

（一）扩大农产品质量安全溯源管理平台综合应用

目前，利用大数据、云计算等技术，结合条码、二维码、RFID等编码及自动识别技术，由商务部牵头推进我国重要产品溯源统一管理平台建设，已建设了企业电子台账、政府合规监管系统和公共服务查询系统，并已开通了“肉类蔬菜”“中药材”部分追溯查询功能。[①]永州市应积极推动认定的“菜篮子”生产基地、加工企业主动对接粤港澳大湾区“菜篮子”农产品质量安全溯源管理平台，政府应在技术方面给予指导与支持。

一方面，完善果蔬全产业链追溯系统平台。进一步扩大区域、企业、产品覆盖面，拓展农产品质量安全追溯体系综合应用，推动国家级平台与省级、市级追溯平台信息互联共享。研发和建立集生产管理、ERP管理、销售管理、质量安全追溯功能于一体、覆盖生产—加工—销售全链条/全环节的信息化系统，使之贯穿果蔬全产业链上、中、下游全程，实现产地、生产档案、投入品使用、加工过程、客户信息等全过程可追溯。借助于果蔬全产业链追溯系统平台，及时溯源质量问题产生的环节、根源和人员，确保果蔬从生产源头到消费终端的质量全程控制：供应链上游进行生产、种植管理，供应链中游统一规划、分配果蔬产品，供应链下游物流保鲜管理系统保障果蔬产品安全、质量。

另一方面，建立生猪全产业链追溯系统平台。生猪溯源系统是利用RFID技术制作猪耳标，把猪耳标打在猪耳朵上，饲养场或饲养员

① 周芳检：《大数据时代城市公共危机跨部门协同治理研究》，博士学位论文，湘潭大学，2018年，第137页。

通过 RFID 读写设备，实时记录生猪从出生到养殖、检疫流通、屠宰加工、冷储、销售等整个环节的信息，并生成二维码供公众查询，强化全过程质量安全管理与风险控制，也可以为企业提供防伪防窜、品牌保护等。永州应建立完整的“育、繁、养、宰、销”数字化、信息化全程质量安全品控体系，实行生产猪肉品质量可追溯查询管理，实现可通过二维码查询原产地和生产工艺，让消费者放心。畜牧、农业、工商、质检等部门要优化资源配置、加强部门协作，明确责任主体、厘清业务主线，制定统一标准、实现数据互通，加强信息技术创新与研究、建立全链条追溯体系，建立倒逼机制、严管屠宰环节。

（二）做好农产品质量安全溯源管理平台配套服务

一方面，为了打造食品安全可追溯平台，企业需要积极推动技术的应用和信息的共享。建立起全面的食品安全溯源体系，需要政府、企业和消费者的共同努力。政府应加强对食品安全监管的力度，制定更加严格的法规和标准，促进食品安全可追溯平台的建设和推广。企业应加强内部管理，优化生产流程，提高产品质量。同时，企业还应积极参与食品安全可追溯平台的建设，推动供应链的透明化和标准化。消费者应加强食品安全的意识，选择具有可追溯性的产品，通过自己的消费行为促使企业更注重产品质量和安全。

另一方面，在推动食品安全可追溯平台建设的过程中，还需要充分利用现代信息技术和大数据分析手段。通过建立数据库和信息平台，实现生产、流通和消费环节的数据互通和共享，促进食品安全信息的透明化与可追溯化。利用大数据分析技术挖掘和分析食品安全数据，及时发现异常情况，做出相应的调整和措施，提高食品安全的监测和管控能力。同时，还可以通过智能化技术，提高食品安全溯源平台的便捷性和智能化水平，为消费者提供更好的服务和保障。

三、智能监控农业生长环境

物联网技术已应用于农业生产和科学研究，可以改变农业生产和管理水平的模式，加速我国农业现代化的发展，并实现智能农业。在物联网等信息技术的影响下，传统农业在短时间内发生了巨大变化。借助于物联网技术，不但能够实时监测作物的生长环境因素如大棚内空气温湿度、光照强度、二氧化碳浓度等不同参数，还能够自动调节大棚内环境，使作物处于良好的生长环境。将物联网技术应用到农业大棚中，能实现自动化及智能化管理，这样不但节省人力、物力，而且能够保证作物的生长环境，进而提高作物的产量与品质。

（一）拓展农业物联网应用领域

农业物联网，即借助各类传感器、GPS、RS、摄像头等探测设备广泛准确地采集多尺度、多时相、动态连续的相关数据，通过集成无线传感网络、电信网和互联网进行数据的格式转化、压缩并实现数据大范围、远距离的无损传输，最后应用云计算和专家决策系统等技术手段将海量数据进行解译、融合和挖掘分析，做出相应的预警、控制等决策指令，并经智能终端实现过程监控、科学管理和即时服务，实现农业生产过程中的全面感知、可靠传输、智能决策和自动控制。

目前，农业物联网在美国、法国、加拿大、日本、澳大利亚、荷兰等发达国家已经有比较成熟的运用，我国需要在借鉴他们成功经验基础上，进一步拓展农业物联网应用领域。一是在环境监测和精准农业方面，需大力发展传感器，利用先进的传感技术和信息融合技术实现农田环境监测、种苗培育、智能灌溉、农机智能调度，变量施肥。

二是在病虫害预警方面，利用卫星遥感技术对灾害性天气和病虫害进行预警，并建立比较完备的农业环境监测系统。三是设施栽培方面，利用农业物联网技术完成营养液的自动测定、自动计算和自动补充，实现智能化管理；在滴灌施肥方面，基于土壤和灌溉水的监测数据，经专家决策系统计算所需浓度与配比，通过滴灌系统直接供给到植物根，实现精准节水灌溉。四是水产养殖方面，通过设置的阈值发送警报，并通过决策系统进行自动控制，实现养殖环境信息的自动监测与传输。

（二）打造农业生长环境智能监控系统

目前我国物联网在农业中的应用主要有农产品溯源、智能仓储、运输和供销、智能养殖、智能灌溉、病虫害监测预警、智能温室大棚等方面。在国内，物联网在农业生长环境监控方面已有一定的应用，主要应用系统如下：

一是打造农机精准作业监管与服务系统。该系统由安装在农机具上的物联网设备及部署在云端的农机作业监测平台构成，可准确监管农机作业状态与作业质量，准确计算作业面积，实现农机作业实时监控，作业轨迹回放查询，具有作业内容、作业量、作业质量统计分析等功能。

二是打造田间作物实时监控系统。该系统主要通过在田间安装远程监测摄像头，运用物联网、云计算等技术实现对农作物生长环境及生长过程各个环节的数据收集、监控和追溯。该系统既可用于农作物长势监测和田间生产监控，还可满足农田认养户通过手机 App 来进行远程规范巡检，其监测率可达到 95% 以上、实时监测准确率 90% 以上。

三是打造智慧农业数字化管理与服务云系统。该系统通过田间安装气象环境监测仪、土壤墒情感应器等设备，实现对田间作物生长环境及生长过程各个环节的数据进行收集、监控和追溯。可以监测温度、湿度、二氧化碳、光照、降雨量等气象信息，也可以监测温度、湿度、pH 值等土壤墒情信息，能够依据数据记录完成数据分析，为农事活动提供科学决策依据。

四是打造农作物施肥智能决策系统。在农业生产中，化肥在农作生长阶段为作物提供必要的生长元素，能够极大限度地提高农产品的质量和产量，但同时也存在化肥使用量高利用率低的问题。使用化肥过量会造成能源和资源的双重浪费，过度施用化肥易造成土壤盐渍化、有害重金属沉积、土壤微生物生态循环破坏等问题。农作物施肥智能决策系统主要分为地块配肥决策系统和区域配方决策系统。农作物施肥智能决策系统将采集到的土壤性状整合到统一的物联网信息云平台，通过对指定地点的土壤数据分析，结合目标产量，就能得到最科学的施肥配方方案，从而使农户达到精准施肥，减少化肥使用量，提高肥料利用率的目的。

五是打造无人机作业监测系统。该系统通过对农业无人机作业的农田基础信息、作业时间、作业时长、作业量、飞行高度、飞行速度等信息的实时监控和数据统计分析，为今后农业大数据的应用提供基础数据。

四、全流程追溯农产品质量

农产品追溯是利用二维码、数据库、网络信息等技术实现农产品在整个供应链上从种植、采收、加工到销售的全程跟踪和追溯。建立农产品追溯体系，对于消除顾客对农产品安全的担忧、增强消费者对农产品的信心、改善我国农产品质量安全落后状况、提高农产品质量安全管理水平具有重要意义。

当前，农产品追溯仍存在以下几方面问题：标准体系不健全，溯源标准不统一；追溯信息缺乏宽度、深度和精度；农产品追溯业务应用条块化、信息资源碎片化，形成数据壁垒和信息孤岛，业务难以实现协作协同；农业从业者对信息技术和专业知识的掌握较差，接受新知识新技术的主动性和能力有待提高。为此，需要从以下几个方面着力。

（一）促进追溯体系数据互联互通

保证农产品质量安全，其中的关键就在于可追溯标签的建立。追溯标签通常包括一维条码、二维条码、认证标志（有机、绿色、无公害）、条码查询方法、标签部分具体内容（产品名称、包装类型、等级、生产日期、生产标准、公司名称、追溯网址等），这些内容都需要以数据的形式来记录。可见，在农产品可追溯的问题上，关键是让每一个农产品生产主体对应一个二维码标识，通过手机扫描包装上的二维码标识，就能追溯农产品从生产到销售的各种信息。因此，在加大力推进溯源标准体系建设的同时，一方面要出台农产品质量安全追溯法律法规，明确追溯对象、追溯信息、追溯环节、追溯主体、法律责任等相关内容，使农产品质量安全追溯有法可依。另一方面，要协调好农产品质量安全追溯监管部门的主体责任，实现既有部门和企业间的溯源平台和系统互联互通，形成分级负责、内部协调、对外统一的农产品质量安全追溯监管体系。

（二）加强农产品全流程智慧管理

随着互联网的兴起，越来越多的农业企业开始向信息数字化转型。监管单位应加强辖区内农业的日常工作管理，实时掌握农业“四情”（墒情、苗情、虫情、灾情）监测预警；基于追溯系统的无线传感器、物联网、云平台、大数据以及互联网等信息技术，利用墒情传感器、苗情灾情摄像机、虫情测报灯、网络数字摄像机、作物生理生态监测仪等辅助设施，实现农产品从农田/养殖场到餐桌的全流程智慧管理。企业及生产者在整个种植和经营过程中，应充分利用农产品追溯强化数字化转型，将所有的数据由智能硬件自动采集上传，且不轻易修改，以最大限度保证档案信息的真实可信度。引入区块链技术，开展质量追溯、执法监管、在线检测、信息备案、信息查询、工作考核、工作管理等，实现生产、加工、运输、存储、销售、购买全流程的农产品质量安全管理，从而实现农产品质量安全信息数据追溯和综合查询的目的。

（三）完善全链条追溯信息数据链

以农产品安全追溯平台为依托，一体化集成农产品产地追溯信息和快检信息，建设覆盖农产品全链条、全过程追溯信息数据链。一方面，农粮、林业、市场监管等各部门严格落实“源头赋码”的工作，督促种植、养殖、生产加工等源头和上游环节严格按照“源头赋码”要求，上传相关追溯信息。另一方面，农产品生产经营单位按要求做好追溯信息的生成、采集、上传等工作，客观、有效、真实地记录和保存食品质量安全信息，实现农产品全链条“来源可查、去向可追、过程可控、责任可究”，全力保障“从田头到餐桌”的食品安全，推进食用农产品产地准出和市场准入有效衔接。

（四）提升追溯平台智慧管理能力

在建立全程可追溯、互联共享的追溯监管综合服务平台基础上，举办追溯平台操作培训，点对点指导农产品经营者注册和使用，细致解答实际操作中存在的问题。要求农产品经营者切实履行主体责任，及时将进货销货信息录入追溯平台。每个商户追溯生成“主体码”，并在经营场所显著位置公示，接受群众和消费者查询。农批市场经营者向下游经销商销售产品时，使用平台录入完整的包括“下游经销商主体、销售产品的品种、数量和质量安全信息”，录入完成后信息会自动推送至下游经销商，下游经销商可通过“一票通”或通过扫一扫“主体码”查看该产品的上游以及检测信息。下游经销商销售产品时，可利用“主体码”向普通消费者和群众展示销售产品的完整信息，从而实现销售产品的“顺向可追踪、逆向可追溯，风险可管控，发生质量安全问题产品可召回，原因可查清，责任可追究”。

（五）开发新服务模式可追溯软件

网站、手机微信、小程序等多终端的可追溯软件，能够综合利用农产品追溯系统、短线技术、二维码识别技术等，实现对农产品质量的追溯管理。当前，越来越多的企业致力于开发多样化服务模式的可追溯软件，在传统农产品追溯的基础上集成认证、营销等服务模式，形成“追溯 + 认证”“追溯 + 营销服务”“追溯 + 综合服务”的新型模式。“追溯 + 认证”模式中，追溯为认证提供基础性资料，提高认证的可靠性，而认证为追溯提供质量评价，对追溯结果进行认可。如有些认证企业根据自身检测优势，推出“追溯 + 检测认证”服务模式，通过追溯监管产品生产过程，再以检测认证对产品生产结果进行考究，相辅相成；部分第三方企业在进行追溯服务的同时，增加营销服务，形成“追溯+营销服务”模式。如在电商平台中对追溯产品进行展示的同时帮助企业营销，既能宣传追溯理念，推广追溯服务，又能宣传企业，提高产品曝光率，提升企业形象。

第三节 打造安全优质品牌，构建全媒体传播体系

建立具有国内甚至国际知名度的品牌，是优势特色农业产业永久保持核心竞争力的关键。全媒体时代，在开展农业产业标准化建设、高度保证农产品品质基础上，必须进一步拓展宣传渠道、强化传播载体、充实创作内容、延伸媒介链条，构建全媒体、全领域传播体系，打造良好品牌形象，以品牌建设带动永州优势特色农业产业的发展。

一、拓渠道，构建全网互通新体系

在互联网时代，为进一步拓展永州优势特色农产品的渠道，需要推进线上线下协同发展模式，推动现代农业与互联网的融合，构建全网互通新体系，将永州优势特色农产品推广到大湾区市场。

（一）高位推动媒体深度融合

一方面，推动构建对接粤港澳大湾区大宣传体系。坚持党管媒体、党管宣传原则，在永州市上下形成市委统一领导、宣传部门牵头负责，各级媒体具体实施、市农业农村局/市商务局等各单位齐抓共管、全社会共同参与的优势特色农业产业发展大宣传工作体系。永州市委宣传部统筹指挥全市各类媒体，建立永州日报、永州电视台、红网永州、永州人民广播电台等多部门联动机制，在媒体深度融合上持续发

力，各类媒体在优势特色农产品推广中善于发声，形成合力推广合力；特别是通过体验报道，积极向粤港澳大湾区传播好永州历史故事、美食文化、风土人情，提升永州农产品的价值。另一方面，推动实现高位融合。永州日报社、永州广播电视台、红网永州持续推进媒体融合这项“一把手”工程，分别成立融媒体中心，建立起“传统媒体首发、新媒体跟进、全媒体传播”的传播格局，构建融媒体助力永州优势特色农产品直通粤港澳大湾区的运营常态化机制。各县区成立由县委主要领导挂帅的领导小组，高位推进县级融媒体中心建设，在政策、资金等方面加大投入，并组织媒体力量第一时间发布专题报道，抢先与受众分享一线探访与见闻，推动当地优势特色农产品直通粤港澳大湾区。

（二）积极入驻湾区大型商超

长期以来，农贸市场一直是我国农产品流通渠道中最为重要的销售终端。这种传统的零售终端存在诸多问题，如质量难以保证、经营不规范等问题。随着居民收入的提高，人们更加注重农产品的消费安全和购买便利。特别是农产品市场与国际市场的进一步接轨，农产品市场竞争更加激烈，对农产品质量、分级、包装、运输等方面有着更高的要求，因此具有规模化、集约化、连锁化的超市、连锁店取代传统的农贸市场。永州市农产品应积极入驻粤港澳地区的大型商超，如将深圳万象天地首创的“街区 +MALL”商业新形态作为零售企业的农产品超市尤其是大型超市，他们直接与消费者接触，有专业的营销人员，能直接了解消费者需求的变动，可以对农业生产起引导作用。同时大型连锁超市对商品具有大量采购、均衡供应、常年销售的显著特点，使农产品生产中各种生产要素能够合理调整，组织化程度也将大大提高。积极加强与大湾区的大型超市、连锁超市、农贸市场、水果连锁店、餐饮企业等合作，为永州优势特色农产品建立广阔的市场渠道。

（三）多点布局线上推广渠道

在数字经济背景下，农产品营销行业发生了翻天覆地的改变，迎来了新的机遇。永州精准对接粤港澳大湾区优势特色农业产业发展，需要依托网络营销渠道。一方面政府应投入资金与技术建设永州市农产品商务大数据地方特色电商平台，与各县区深度对接，吸引农产品生产主体入驻，加大对永州特色农产品的宣传力度，助力乡村振兴。另一方面，积极与阿里巴巴、京东、苏宁、拼多多、东方甄选等知名电商平台合作，通过产地仓、直采、窗口采购、与各县乡对接等模式，推动农产品走入粤港澳大湾区的批发市场、大型超市等，真正实现线上线下融合。

二、强载体，打造全媒发布新平台

加强产品传播和电商载体建设，构建全媒体的产品发布新平台，是永州农业对接粤港澳大湾区优势特色农业产业发展的重要路径。为此，一方面应加快搭建具有永州区域品牌的农产品电商专用APP，鼓励各类农业产业化龙头企业、合作社和家庭农场等新型经营主体与电商平台对接合作，实现产销对接；二是充分利用新媒体，通过运营各类新媒体官方账号，对永州市农产品进行营销与推广，提高永州市特色农产品的曝光率和知名度。

（一）聚力打造多渠道主流传播平台

一方面，聚力打造主流传播平台。永州日报社整合有效资源，构建纸媒、新媒体宣传矩阵，充分利用永州网、“永州日报”微信公众号、“永州头条”微信公众号、永州市融媒体中心官方抖音号“今日永州”，全方位展示永州农产品的发展模式、经营机制、特色优势等。永州广播电视台依托广播、电视等媒体资源，用好微信公众号“永州之声”、APP“掌上永州”和抖音号“永州广播”等多个新媒体，为永州优势特色农产品直供粤港澳大湾区构筑起一次采编，多渠道发声的宣传阵地。另一方面，聚力打造县域传播平台。永州各县区特别是江永县、江华县、道县、新田等湘南供粤港澳蔬菜产业集群项目实施县开发“大美江永”APP、“大美江华”APP等，扩大品牌影响力，努力构建“北有寿光、南有永州”的优势特色农业产业发展新格局。江永等整合微博“江永发布”、微信公众号“江永新闻”等媒体，打造“新闻+政务+服务”的APP“e江永”，添加与公众密切相关的农产品生产、加工、销售服务链接，实现“一机在手，阅尽县域美食”，发出对接粤港澳大湾区优势特色农业产业发展最强音。

（二）建设永州农产品电商专用APP

随着农业现代化的持续推进，深化互联网思维理念，充分利用移动互联网、物联网、大数据等信息化技术手段，深度挖掘数据内在的巨大价值，稳步推进“互联网+农业”，实现传统农业与互联网农业的融合发展，探索农业创新发展模式，助推永州优势特色农业产业精准对接粤港澳大湾区需求。由政府牵头，整合永州农产品资源，建设永州市农产品电商专用APP，实现永州特色优势农产品生产、流通、消费各环节海量异构数据的专业化整合集成与关联共享，实现全产业链数据管理和溯源，推进建立规范化产业管理体系，同时提供一定的数据监测分析服务，为相关决策提供及时准确的信息依据。在此基础上，推进农业产业数据共享和服务协同，强化产业统一监管及产业数据监测分析，为产业各领域用户因地制宜提供个性化、多元化服务，同时提高优势特色农业产业发展的前瞻性和针对性。

（三）运营自媒体“双微一抖”账号

随着市场经济的深入发展特别是新媒体技术的广泛应用，传统的营销方式已经难以适应发展的需求，要转变农产品营销的思维与方式，将新媒体技术引入农产品营销，实现两者的紧密融合，能够更好地将农产品进行宣传推广，让农民在营销中获得更大的收益。为了实现农产品新媒体营销的可持续发展，打造良好品牌形象是关键。基于新媒体建设，相关部门可以从新媒体营销的视角加强对乡村人才的引进，重点引进在营销领域有着丰富经验的人士，充分运用农产品信息化生产的契机，加强品牌形象的培育与推广，例如非遗永州血鸭传承人，嘴爱潇湘，西域哈哈果业等具有抖音官方认证的自媒体博主。农产品借助新媒体技术，开展大众化的宣传推广，可以运用时下受关注度高的微信、微博等媒介平台，以现场直播、动画视频等形式向广大消费群体展示农产品的采摘、精细化生产、深加工链条以及检测的不同环节，重点对该农产品与同类型产品相比的独特内容加以“放大”展示，如当下政府认可的部分公众号“韵味永州”“永州乡村特色食品厂”等平台对永州地标性特色产品的介绍。

三、实内容，激发全民共享新活力

2019年伊始，内容电商进入爆发期，抖音、微博等平台加速布局内容电商。通过优质的内容传播，引发销售者兴趣和购买行为的电商新生态，其采取的手段通常为直播、短视频、小视频、图片、文字等。短视频、直播推介、直播带货等新业态和模式已经成为农民经营中的新工具、农业发展的新抓手。内容电商蕴含着农产品发展的新机遇。一方面，内容电商能够通过优质内容获取流量，在短时间内扩大农产品品牌知名度；另一方面，能够触达农产品的潜在消费者，通过“种草”促成交易，提高农产品销售量，实现产销对接。

（一）深化媒体内容创作，提高产品曝光与粉丝互动

视频作为一种生动、直观、受众参与度高的媒介，具有更强的吸引力和传播效果。在社交媒体时代，视频内容更易被用户浏览、分享和互动，因此成为宣传农产品和塑造品牌形象的理想选择。通过精心策划、创作并发布丰富多样的自媒体视频内容，可以有效提高永州市农产品的曝光度和粉丝的互动，促进产品销售和品牌影响力的提升。

为了实现上述目标，需要从产品定位、目标受众、内容创作、营销策略等多个方面入手。首先，需要对农产品的特色和目标受众有深入了解，确定创作方向和内容形式。视频内容的创作，需要展现永州市产品的生产过程、产地风土、丰富的文化内涵等。通过这种生动的展示方式，唤起观众对农产品的好奇心，让观众更加了解产品的独特之处，加深对产品的认知和记忆。其次，结合具体产品特点与市场需求，精心策划视频创意，选取引人注目的题材与故事线索，让观众对产品产生共鸣，确保内容有吸引力，从而提高消费者的品牌忠诚度。再次，与社交媒体平台合作，利用平台推广资源，加大视频内容的曝光和传播力度。特别是通过美食制作过程、农产品采摘场景、与消费者的互动等高质量的产品展示视频，充分展示永州市农产品的特色和价值，生动展现产品的品质和吸引力，激发观众的消费热情 和购买欲

望。最后，通过制作、发布有趣、独特的视频，与受众进行互动，回复评论、开展有奖互动等，增加用户参与度与互动，可以拉近品牌和用户的距离，吸引更多受众的关注和分享，推动永州农产品在社交媒体平台上的传播，形成用户生成内容（UGC）和口碑传播效应。要不断跟进观众反馈，调整策略和内容风格，提高视频发布的效果和成效，促进品牌形象和产品信息的更广泛传播。

（二）深挖用户行为偏好，提升销售效率与用户体验

短视频已成为吸引消费者关注和促进购买决策的重要工具，而了解用户的行为偏好可以帮助企业更有效地制定个性化的营销策略，满足用户需求，提高产品销售的转化率和客户忠诚度。首先，通过挖掘短视频用户的行为偏好，可以更准确地把握受众喜好，精准定位目标用户。通过分析用户在观看短视频时的浏览时长、点赞转发、评论互动等行为数据，可以了解用户对不同内容的偏好，并据此调整产品宣传策略和内容创作方向，使宣传内容更贴近受众需求，提高用户接受度和互动性。其次，借助用户行为偏好的深入了解，可以精准匹配产品与用户需求，提高销售效率。根据用户对短视频的互动反馈，可以发现他们的兴趣点、关注点和购买意向，从而针对性地推送相关农产品信息，提供个性化的产品推荐和购买引导，增加用户对产品的信任感和购买欲望，从而提高销售转化率。另外，通过挖掘用户行为偏好，提供更丰富、深刻的产品体验，加深客户对农产品的了解和认同。通过制作兼具情感共鸣和信息传递的短视频内容，可以使客户更加生动地体验到永州市农产品的独特魅力和精妙之处，从而增强客户对产品的情感认同，培养忠诚度，甚至成为品牌的忠实粉丝和传播者。

四、延链条，开拓全域覆盖新空间

（一）拓展跨域传播新空间

积极对接新华社、人民日报、经济日报、央视及广东日报、广东电视台等媒体，让永州新闻进入中央媒体的“中央厨房”以及广东媒体的“岭南风味”。一是联合拍好一部永州优势特色农产品科教片。例如，争取在广东教育电视台乃至中国教育电视台或农业军事频道不定期播放油茶科教片，宣传茶油的营养价值和保健功能，向社会大众推广普及营养保健知识，倡导科学健康的饮食习惯，引导人们的消费心理，培养固定的消费群体，为油茶产业发展创造良好的氛围。二是联合出版一系列永州优势特色农产品通俗读物。通俗易懂地向粤港澳大湾区居民介绍永州优势特色农产品从育苗、种植、抚育、采摘、深加工及副产品利用等基本知识。三是联合拍好一部永州优势特色农产品主题电视剧。宣传党和政府的农业政策，提高粤港澳大湾区居民对永州优势特色农产品的认识，使他们树立“永州农产品质优价廉”“永州农产品味美健康”的观念，引导更多粤港澳大湾区商家参与永州农业产业发展。

（二）推进农文旅跨域融合

农文旅融合发展是释放农村活力、发展现代农业、促进农民增收的有益探索，也是推进乡村振兴的创新实践。农文旅融合是通过“农业 + 文创 + 旅游”三者的融合，释放土地、资金、人才等乡村振兴关键要素的活力，创造“1+1+1>3”的效果。当前，对接融入粤港澳大湾区背景下，永州迫切需要立足当前资源优势，构建农文旅融合跨域融合新模式。一是需要加强科技创新，引领消费升级。要加快建立支撑乡村文化发展的科技创新服务平台，利用数字化技术收集、管理农村非物质文化遗产信息，建立规范化、特色化农村资源数据库，支持文化科技项目攻关和文化IP打造，推动夜间经济、乡间经济、网间经济等“三间”发力，提升粤港澳大湾区居民来永州旅游的参与性、娱乐性、互动性消费体验，以科技创新驱动农文旅消费升级。二是需要加快产品创新，延伸产业链条。按照提高附加值、延长产业链的原则，充分利用“互联网+”、物联网、云计算、大数据等现代信息技术盘活农村资源，因地制宜谋划农产品精深加工，加快构建现代农业服务业体系，打造集生产、储运、加工、营销于一体的特色农业全产业链研学游学品牌，提升游客的参与感、体验感。三是实施品牌创新工程，提升文化内涵。深入挖掘永州红色、古色、绿色、彩色、亮色“五色文化”内涵，找到文化供给和市场需求的切入口，挖掘特色经济价值，因地制宜打造特色文化品牌，开发红色游（适合工薪上班阶层）、生态康养游（适合中老年康养人群）、研学游学（适合大中小学生阶层）、高端品质游（适合商务人士）等，开辟具有永州特色的食、娱、行、游、玩、乐、购的一体化永州文生旅新模式，把粤港澳大湾区游客来永州匆匆的脚步留下来，促进永州旅游、餐饮、住宿、商贸等服务贸易业蓬勃发展。四是瞄准湾区高端市场，发展康养经济。全面推动实施“一镇一特”“一村一品”工程，持续推进农业绿色化、特色化、优质化、品牌化，大力夯实永州农林牧渔品牌基础，将永州区域内原生态绿色农副产品变成畅销到粤港澳大湾区等发达地区的“香饽饽”。瞄准粤港澳大湾区庞大高端的消费市场，提供优质的生态产品、旅游产品和农特新产品。力争把粤港澳大湾区高端消费人群吸引来永州这个“天然氧吧”进行休闲旅游、“候鸟”居住、森林康养和养老安家等。

充分利用永州“后花园”和“后发优势”，推动永州生态康养经济高质量发展。①

第四节　实施数商兴农工程，健全农产品营销体系

随着科技的快速发展和数字化转型的推动，特别是随着数商兴农工程的实施推进，农产品营销体系也不断地进行着改革和创新。为进一步强化科技赋能蔬菜产业发展，推动更多湖南“土特产”进入粤港澳大湾区市场，需要加强益农信息社站点的建设、搭建农副产品供需信息平台、完善农村电商物流共配体系、大力推进农副产品直播带货、推动物流行业的智能化升级，这些都是新时代现代化农业的发展趋势，也是畅通农产品营销体系的必由之路。

一、加强益农信息社站点的建设

为了统筹城乡均衡发展，打通城乡数字鸿沟，实现乡村振兴，2014年农业农村部推出信息进村入户工程。2017年农业农村部在辽宁、江苏、江西等10省份开展试点，2018年新增了天津、河北、湖南、广东等8省份，2019年全面实施信息进村入户工程。益农信息社通过开展农业公益服务、便民服务、电子商务服务、培训体验服务等，可以提高农民的现代信息技术应用水平，帮助农民解决农业生产中遇到的产前、产中、产后问题及生活中的问题。

近年来，永州市按照“五个有”的标准（有固定办公场所，有计

① 柏欣：《关于构建永州新发展格局、推动永州高质量发展的几点思考和建议》，https://www.yongzhou.gov.cn/2023-02-14/kS4Z7gaDl5gAMc9c.html，2023年2月14日。

算机、打印机、电话等信息服务设备，有上网宽带，有信息服务员，有长效管理机制）加强益农信息社建设，已经取得了一定的进展。但在建设过程中存在益农信息社服务质量水平不高、益农信息社信息员素质参差不齐以及农户对益农信息社的认知程度不高等问题，需要有的放矢、持续努力加以推进。

（一）凝聚益农信息社建设合力

益农信息社是信息进村入户的重要载体和平台，也是全面打通农业农村信息服务“最后一公里”的重要手段。为更好地建设益农信息社，发挥益农信息社的作用，应考虑永州各个县区之间的差异性和特殊性，通过调研了解各县区农村居民的实际情况，有针对性地提供业务服务。同时，可动员多方力量加入益农信息社的建设中来，形成强大的合力。一是政府的引导和支持。永州政府可以加强对益农信息社建设的统筹规划，制定相关激励政策，提供资金、人才等方面的支持，引导和鼓励更多的力量参与其中。二是企业的参与和投资。企业可积极参与到益农信息社的建设中，通过投资、合作等方式促进农业产业发展，服务农村百姓。三是社会组织和志愿者的参与。益农信息社可借助志愿服务组织、热心人士等社会力量，来弥补自身的不足，充分扩大自身的影响力。也可以邀请当地具有一定影响力的人物、农业大户加入到益农信息社的建设中来，壮大益农信息社的声望和服务效果。四是提供个性化服务。受种植作物、养殖品种、家庭背景、受教育程度、经济条件等多种因素的影响，同一地区不同群体在农业生产和生活等方面存在差异。因此，益农信息社在提供服务时，需考虑到这些差异，为不同农户提供个性化的服务。例如，对于需要提高种植技术的农户，可以提供专门的种植技术培训和指导；对于需要拓展销售渠道的农户，可以提供市场分析和销售渠道拓展服务等。通过个性化服务的提供，益农信息社可以更好地满足不同农户的需求，提高他们的满意度和使用率。

（二）提高益农信息社服务能力

益农信息社信息员的业务能力和素质影响着信息服务的质量，因此定期对信息员进行培训不容忽视。可定期邀请相关专家到益农信息社站点，基于区域特色，对信息员进行面对面的知识讲解和特色培训，帮助信息员了解最新的农业信息和技术，提高他们的专业能力和服务水平。信息员也可以利用现代网络技术，如在线教育、远程培训等在任何时间、任何地点进行学习。通过定期培训，使信息员能够更好地运用他们的专业和技术帮助普通农户实现不出村就可享受便捷、经济、高效生活信息的服务。信息员可建立多种沟通渠道，如电话、短信、微信、面对面交流、定期组织农户会议或活动等，加强与农户之间的沟通。通过这些渠道，信息员可以普及气象灾害等相关信息，提高农户对于气象灾害的预警和防范能力。这有助于农户更好地规划农业生产、调整种植结构、提高农产品质量等。此外，信息员还可以将市场上有关农产品价格、收购信息、供求关系等信息及时告知农户，帮助农户更好地了解市场情况。这样，农户可以做出更明智的决策，提高农产品销售利润，促进农业发展和农户增收。

（三）提升益农信息社的认可度

尽管永州市内已建立了众多的益农信息社，但由于宣传工作的不足导致许多农户并不了解益农信息社所提供的服务，导致益农信息社的使用率相对较低。为了改善这一现象，永州政府应加强对益农信息社的宣传力度，让更多的农户了解并认识到这些服务，提升农户对益农信息社的认可度。一是定期开展一些农业技术培训、农产品集中销售活动等，帮助农户了解益农信息社及其提供的服务。二是加大对农村居民手机应用技能的培训，普及推广益农信息社 App。农户可以通过益农信息社 App 及时获取最新的农业信息，提高农业生产效益。三是积极宣传益农信息社服务“三农”的典型案例和应用效果。通过典型案例的宣传，农户能够了解益农信息社对农业生产的实际帮助，例如提高农产品质量、增加农民收入等。有助于促进农户对益农信息社的认知，提高益农信息社的使用率。四是通过多种方式进行宣传，如张贴宣传海报、布置横幅、派发宣传单、利用社交平台发布农业信息视频等。这些方式能够让农户更有效地了解益农信息社服务的多样性和便利性，从而更好地利用益农信息社的服务。

二、搭建农副产品供需信息平台

搭建农副产品供需平台对永州市的农业产业发展，以及永州精准对接粤港澳大湾区优势特色农业产业都具有重要意义，可以促进永州市农业产业升级，促进供求信息对称化，提高农产品质量透明度，优化农业资源配置，增强农业抗风险能力，促进农民增收致富提高农业生产效益，降低区域间农产品流通成本，对提升永州市农产品的品牌影响力等方面都产生了很大作用。

农副产品供需平台搭建的方法主要有两种，一种是依托大型第三方农副产品供需平台建立子网页或者电子商铺，另一种是自建信息平台。

全国知名的农产品供需平台主要有：中国农业品商城、中商产经网、中国农产品网、京东农场、绿卡农场、原乡生态、正大丰收、农田扫描仪、牧久在线等，都有着广泛的知名度和一定的信息规模。

自建信息平台的步骤主要有八步：

第一步，确定项目需求：永州市农副产品供需信息平台，基于永州市农副产品的生产和销售全流程信息化，服务于永州市对接粤港澳大湾区优势特色农业产业发展。

第二步，选择平台技术类型（SpringBoot、Solr、Dubbo、Redis、MyCat、nexus maven、HttpClient 等）和开发工具（Eclipse、MySql5.7、Tomcat7.0、Nginx1.8、Redis3.0 等），服务器选定为 Windows7、Windows10 或者 Windows11。

第三步，设计数据库：包括建表 sql 脚本，逆向工程生成 pojo、mapper。

第四步，配置服务器：需要配置 admin/admin123。

第五步，搭建 maven 私服：先安装 nexus 仓库管理器，然后搭建 maven 私服。

第六步，配置服务器和端口：根据永州市农副产品的发展现状和规模，选择合适的服务器和相应的端口。

第七步，测试项目：测试供需信息平台是否可以正常运行，在局域网中是否能查询到位，各项信息是否安全，后台是否存在漏洞。

第八步，发布项目：连接互联网，发布永州市农副产品供需信息平台，并持续优化和改进项目。

三、完善农村电商物流共配体系

2023 年 2 月 13 日发布的《中共中央 国务院关于做好 2023 年全面推进乡村振兴重点工作动冷链配中心的意见》提出要加快完善县乡

村电子商务和快递物流配送体系，建设县域集采中心，推动农村客货邮融合发展，大力发展共同配送、即时零售等新业务模式，推动物流服务网络深入乡村。同时受湖南农村地理环境和人口分布情况限制，农村电商消费比较分散，导致物流配送成本过高，因而需要物流企业整合物流资源，统一规划协调，共享物流基础设施，打造农村物流共配体系。

（一）合理规划农村物流网络体系

首先，调研物流需求。通过全面调研农村地区的物流需求，了解农产品生产、加工、销售等环节的物流需求，以及农村居民的日常生活物流需求，形成全面的需求分析。其次，建立村级配送中心。根据物流需求分析，可以在农村地区建立村级配送中心。村级配送中心可以作为农产品集散地，整合农产品的生产、加工、储存和运输等环节，提供一站式物流服务。再次，合理规划配送网络。针对农村地区的特点，根据地理位置、交通状况等因素，设立合理的配送路线和配送点，提高配送效率。最后，加强基础设施建设。完善农村道路、桥梁、仓储设施等，能够为农村物流网络的顺畅运行提供保障。

（二）合力搭建县域物流信息平台

依托政府公共信息平台搭建县域物流信息平台，可以促进农村物流产业的整合与发展。政府、企业和社会各界应共同努力，推动平台建设、运营和发展。第一，政府应给予资金、技术和政策方面的充分支持。政府可以通过拨款或引导社会资本投入，确保平台的顺利建设和运营。第二，推动网络货运平台升级工作，并积极招引有意愿的物流信息平台公司，共同投资开发建设相关的物流信息平台、网站、手机 App，逐步形成省级城市联动的县区节点智慧链接、信息共享，努力拓展“物流往返载货”等服务功能，减少运输空载率，实现提高物流效率、降低物流成本的目标。第三，对县域内的物流公司、运输车辆、仓储设施等物流资源进行整合，并通过信息平台，实现资源共享，提高资源利用效率。第四，加强信息平台的数据采集、处理、分析和发布等功能信息化建设，确保平台能够实时、准确地提供物流信息，为企业和农户提供决策支持。第五，除基本的物流信息服务外，平台还可以拓展在线交易、金融服务、农产品溯源等其他服务功能。通过提供多元化服务，满足用户的多样化需求，增加平台的吸引力。第六，加强对平台用户的培训，提高他们对平台的认知和使用能力。同时，加大宣传力度，提高平台的知名度和影响力，吸引更多用户加入。第六，政府应加强对平台的监管，确保平台的安全、稳定和合规运营。同时，建立健全信息安全、隐私保护、纠纷处理等保障机制，确保用户权益得到充分保障。

（三）增强农村物流供给服务能力

聚合农村产业物流需求，促进物流、农村电商与农村产业协同发展。第一，鼓励县域内的物流企业、农业企业和其他相关企业加入平台，形成紧密的合作关系。通过联盟合作，共同推动县域物流产业的发展。第二，围绕农村农业资源，大力发展农村直播电商、即时零售，推动电商平台和企业丰富面向农村的产品和服务供给。第三，重构县乡村三级快递物流配送体系，支持县级物流配送中心、乡镇物流站点建设与改造，整合邮政、快递、供销、电商等资源，推行集约化配送，鼓励农村客运车辆代运邮件快件，建设村级寄递物流综合服务站，在有条件的乡村布设智能快件箱，增加农村零售网点密度，逐步降低物流配送成本，快速提升电商、快递进农村服务水平。第四，推动特色产品进城。深入推进农业生产和农产品“一地一品”，开发具有鲜明地域特点、民族特色、乡土特征的产品产业，大力发展农村电子商务和订单农业，拓宽特色农产品上行通道。

（四）支持农村物流延伸产业链条

农村物流需求相对城市来说有其自身特点，应着重加强现代物流科技创新，赋能现代物流服务领域拓展和业态模式创新，发挥现代物流串接生产消费作用，实现先进制造、现代商贸、现代农业融合共创产业链增值。第一，政府提供财政补贴、税收优惠等激励政策，引导企业加大投入，拓展业务范围，鼓励和支持农村物流服务商向产业链上下游延伸。第二，培育龙头企业。龙头企业可以通过自身的技术优势、资金优势和管理优势，带动整个农村物流产业链的发展，从而发挥其在农村物流领域的引领和带动作用。第三，加强物流企业在农村市场的合作与联盟，鼓励农村物流服务商与农业生产企业、农产品加工企业、农资供应商以及其他第三方物流企业等加强合作，形成紧密的联盟关系。可以实现资源共享、优势互补，提高整个产业链的效率和竞争力，发展农村物流共配体系，提高物流系统效率和服务效益。第四，引进和培养一批具备物流管理、供应链管理等方面知识的人才，提高企业的管理水平和服务质量，为向产业链上下游延伸提供有力支持。第五，鼓励农村物流服务商创新服务模式，探索新的盈利模式。例如，开展农产品电商服务、农资租赁服务等，拓展业务范围，提高盈利能力。

四、大力推进农副产品直播带货

2022年中央一号文件首次将“农副产品直播带货”写入其中，并提出要促进农副产品直播带货规范健康发展。直播带货因其成本低，实时互动性强，销售转化率高等优势，成为中国电商领域的一大风口，在过去几年迅速崛起，可以帮助消费者提升消费体验，为许多质量有保证、服务有保障的产品打开销路。为精准对接粤港澳大湾区优势特色农业产业发展，促进农副产品直播带货新业态的发展，应当强化农副产品直播带货行业监管机制，培养农副产品直播带货专业人才，重视农副产品直播带货多领域合作与联动，提升农副产品直播带货服务质量，逐步健全农产品直播产业链。

（一）重视农副产品直播带货多元联动

如今，直播带货已逐渐成为一种最常见的农副产品销售模式，为农副产品的销售带来了富有成效且收入可观的经验和方法，直播带货不仅可以解决销售问题，更是一种宣传手段，能提高农副产品及其所在地的知名度，在乡村振兴战略实施过程中，农副产品直播新业态有利于推动农村产业融合发展，促进农副产品提档升级，增加农民就业机会。农副产品的直播带货工作需要多方面、多领域的合作与联动，如政府部门之间的联动、平台与市场之间的联动、产品生产者与销售者之间的联动，要想推进对接粤港澳大湾区优势特色农副产品的直播带货，帮助农产品通过直播带货这一渠道，做出一些有特色且让消费者信任的品牌，需要政府部门通力合作，打造、宣传产品特色，帮助农副产品生产销售者与流量大、关注度高的优势商家和平台达成合作，电商、生产者、销售者之间实现信息共享，做好产品的市场定位、宣传设计、推广促销等，让农产品实现在直播平台上的品牌塑造和销售转化。

（二）做优农副产品直播带货产品品牌

大力推进农副产品直播带货，既要重视消费端的“最后一公里”，又要重视产地的“最初一公里”，注重农副产品品质和服务质量。提升农副产品品质和服务质量，要有区域特色意识，建设对接粤港澳大湾区优势特色农副产品品牌时应积极借鉴我国已成型的农副产品品牌建设经验。依据永州地区区域位置、地理环境、农业生产方式和土壤气候等条件的特殊性增强地理标识意识，以打造与其他地区与众不同的地方特色，通过独特的地方印记来形成自己的农副产品品牌。例如，阿克苏苹果、涪陵榨菜等农副产品品牌就是因其独特且强烈的地域性而实现的品牌效应。永州江永香柚、香芋、道县脐橙、阳明山霉豆腐等优势特色产品，完全可以借鉴以上成功案例的经验，推进品牌建设。提升产品和服务质量还可以从挖掘当地农产品的文化内涵、品牌故事着手。再者，建立直播农产品的可追溯系统，通过可追溯系统对侵犯消费者权益的商品和行为进行追溯，并从严查处，完善客户投诉处理机制，做好售后服务都是提升农副产品直播带货产品与服务质量的有效途径。

（三）培养农副产品直播带货专业人才

直播带货的成效与直播带货主播与团队有着密切的关系，弥补当前直播带货在人才队伍建设上的不足是大力推进对接粤港澳大湾区优势特色农副产品直播带货亟须解决的问题。培养农副产品直播带货专业人才，是推动农产品直播营销长远发展的关键。为推进对接粤港澳大湾区特色农副产品直播带货的发展，永州政府可依托当地高校，如湖南科技学院、永州职业技术学院等，引导支持挖掘和引进农副产品直播带货专业团队和人才。一是引导农副产品生产销售者熟练运用互联网平台和技术，促进农产品通过直播实现销售转化，推动乡村振兴工作的完成。二是可以支持地方官员适应互联网时代的发展，顺应直播带货浪潮，积极转变自身观念，学会将自身融入新媒体平台和直播等网络形式中。三是挖掘本土优秀直播带货团队和人才，使其助力推进对接粤港澳大湾区特色农副产品直播带货的发展。四是柔性引进专业的农副产品直播带货团队与人才，了解顾客的需求，提升直播间的用户关注度与活跃度，提高用户的直播观看体验感，让消费者在愉悦氛围和情绪的带动下购买直播中推荐的农副产品。

（四）加强农副产品直播带货市场监管

完善农副产品直播带货市场的监管体制，是保障农副产品直播产业链健康可持续发展的前提。在大力推进对接粤港澳大湾区优势特色农副产品直播带货过程中，永州政府、工商部门应联合行业协会制定农副产品直播带货规范细则，对直播带货的场景、流程、内容、产品质量、售后服务等方面均进行标准化及规范化的制度决策，加强对接粤港澳大湾区优势特色农副产品直播带货市场的法律规范，对不法行为加大惩戒力度，促进永州市农副产品直播带货的持续发展。具体而言，可建立以下制度：一是直播审批制。在进行农副产品直播带货前，由负责直播带货的部门拟订直播带货方案，向当地政府报备，并经由当地政府同意和备案审批后再进行农副产品直播带货活动，以保证直播场景、流程、内容、产品质量、售后服务等方面的合规性。二是商品准入制。对直播中将进行推广销售的农副产品进行详细调查，保证直播营销的产品品质和营销策略的合理性，避免虚假营销活动的发生。三是质量承诺制。在农副产品直播带货活动开始前，市场监管部门应及时进行农副产品质量的查验，并与商家农户等签订质量承诺书，明确责任承担方以保障对接粤港澳大湾区优势特色农副产品公信力的维护。四是专项监管制。推动建立农产品直播带货的专项监管制度，加大对直播带货活动全过程的监管力度，避免发生损害消费者权益的事件。

五、推动物流行业的智能化升级

物流智能化的升级依托物联网、大数据技术的高效、智能优势，能够有效适应农产品对于物流运转的需求。针对目前永州市内关于农产品的物流行业内存在的部分问题，政府和企业在夯实农村物流信息化水平的基础上，需要对物流枢纽、通道、平台进行智能化升级。

（一）夯基础，提高农村物流信息化水平

为了进一步提高物流信息化水平，实现物流管理智能化、智慧化，可以采取以下几个方面的措施。第一，加强信息基础设施建设。建设完善的县域物流信息网络，包括宽带网络、移动通信网络等，确保农村地区物流信息的畅通传递。同时，推广云计算、大数据等技术应用，提升物流信息化水平。第二，推广智能物流设备。引进先进的智能物流设备，如智能配送车、无人机配送等，实现农产品的快速、准确配送。通过智能物流设备的应用，提高物流运输的效率和智能化水平。第三，建立智能物流管理系统。开发适合农村物流管理的智能物流管理系统，实现农产品从生产到消费的全程可视化、可追踪管理。通过大数据分析、人工智能等技术手段，对农产品物流过程进行实时监控和预测分析，提高农村物流管理的智能化决策能力。第四，推动跨部门信息共享。促进政府、企业、农户等跨部门之间的信息共享，打破信息壁垒，提高物流资源的利用效率。通过跨部门信息共享，

实现农产品供需信息的精准对接，减少物流环节中的浪费和损耗。引入先进的物流管理技术和信息技术，提升农村物流网络的智能化水平。例如，利用大数据分析、人工智能等技术，实现物流需求的精准预测和智能调度。

（二）建枢纽，优化高智能物流空间布局

以永州陆港打造“一枢纽、两中心、三基地”（对接东盟、非盟区域性综合物流枢纽，区域公铁水联运中心、供应链协同中心，大宗货物集散交易基地、先进制造物流配套基地、电子商务物流集聚基地）为抓手，加快规划建设现代物流产业园区，巩固提升区域物流枢纽的空间载体。加快推进区域性物流枢纽、骨干冷链物流基地和专业物流园区建设，有序开发现代物流集聚区，高标准配置配套仓储。有效吸引分散在城市中央的零担、快递、冷链物流、医药物流企业向国际陆港核心功能区集聚。打造集智能转运中心、物流信息中心、智慧电商云仓、“线下＋线上新零售”、现代商贸集散中心等于一体的综合示范园区。支持园区以快递、快运等头部物流企业为基础，打造全产业链、高智能自动化、低碳排放的新型物流园；大力实施国家骨干冷链物流基地提质工程，布局一批农产品产地冷链物流网络节点。实现永州现代物流产业高质量发展。支持传统流通企业向供应链集成服务商转型，推动物流业与先进制造业融合发展，支持物流企业、物流园区实施信息化、数字化改造，对经认定的仓储智能化、自动化改造示范项目建设主体给予资金奖补。建议由永州陆港供应链管理公司主导，依托永州铁路物流园，联合冷水滩军联物流、祁阳海洋物流、融城物流、永州禾一物流以及永州泓大物流，共同成立永州陆港产业供应链管理集团，领导永州物流产业向产业化、信息化、集成化、智慧化转型，服务地方产业经济快速发展。

（三）畅通道，提升智能化物流通道能力

围绕完善“通道—枢纽—网络”的要求，布局口岸物流区、国际商贸区和临港产业区、港区联动产业区等主题功能区，加快建设“两仓一所”，整合永州铁路货场、公路货运、港口码头、跨境商品交易中心、农产品冷链物流园等平台功能，叠加跨境电商云、市场采购云、供应链金融、外贸综合、大数据与物联网应用等服务。建立区域西部陆海新通道、粤港澳大湾区出海新通道等运营平台；加强国际贸易“单一窗口”应用项目开发运行，设立完善便捷通关政策，支持国际铁路班列、跨境公路班车、跨境水运班航货物灵活采取通关一体化、转关、口岸清关等通关模式。建设东盟、非盟国家海外仓，加强与跨境电商运营大平台合作，培育供应链企业。

（四）强辐射，打造一体化物流贸易平台

学习借鉴国际、国内的先进经验，以物流数字港支撑区域物流枢纽建设，发展“智慧物流”。整合各类物流业务资源，打造以生产服务业为主、集货运代理、物流配送、仓储服务、供应链服务、物联网于一体的物流贸易平台。提供高标准仓储服务，实施清洁能源配送，用先进的配套设施与高效率的信息化平台为用户提供现代化物流服务和供应链一体化解决方案，致力打造综合型现代物流产业聚集区。强化市场对接，永州与湘粤赣接合部城市联动开行东盟、非盟水果等农产品进出口班列，参照“深赣港产城”“重庆国际物流枢纽”发展模式，与永州携手打造“港产城”一体化项目，共建永州陆港，有效提升永州的区域辐射范围和辐射能力。

第六章　永州精准对接粤港澳大湾区优势特色农业产业发展的对策建议

精准对接粤港澳大湾区市场需求，发展优势特色农业产业，是一项非常复杂的系统性工程，特别是不同地区之间的体制障碍、利益藩篱、技术封锁和政策壁垒，使跨地区之间的精准对接常常面临众多困难。借鉴国内外经验启示，为有效应对跨区域协调面临的难题和最大限度压缩传统农业产业发展可能带来的负面效应，还必须从根本的合作体制机制、现代产业体系、数字乡村建设、土地制度改革和先进技术推广等层面着手，才能更为精准地对接粤港澳大湾区，深化与拓展更为全面的合作关系。

第一节　切实加强组织领导，落实落细政策保障

针对当前永州与粤港澳大湾区在合作过程中还存在沟通合作机制尚未健全、涉农公共服务对接合作不够深入、农业产业基地建设滞后、科技交流合作渠道不宽等问题，需要进一步切实加强组织领导，加大对接工作力度，统筹抓好农业产业基地建设，深化科技合作，落实落细政策保障，建立湘粤对话合作长效机制。

一、成立工程建设领导工作小组

为全面对接粤港澳大湾区建设国家重大区域战略，认真落实《湖南省对接粤港澳大湾区实施方案（2020—2025年）》《永州市对接粤港澳大湾区“菜篮子”工程建设实施方案》，进一步深化融入粤港澳大湾区的具体实施办法。强化永州市对接粤港澳大湾区“菜篮子”工程建设工作领导小组的职能，充分发挥市委书记把关顾问作用，市长（组长）亲自抓，分管农业的副书记（常务副组长）直接抓，分管农业的副市长、分管商务的副市长（副组长）靠前抓，市农业农村局、市商务局、市市场监督管理局、市自然资源和规划局、市发改委、市林业局、永州海关等单位主要负责人具体抓，形成对接粤港澳大湾区的合力，协调促进永州精准对接粤港澳大湾区产业发展的工作机制，各部门、各成员要自觉地重视自身工作，勇于承担责任，为永州精准对接粤港澳大湾区产业发展提供组织保障[①]。领导小组下设办公室，办公室设在市农业农村局，由市农业农村局主要负责人兼任办公室主任，负责永州粤港澳大湾区“菜篮子”工程建设的统筹协调、工作调度、督查考核等工作。各县区、管理区、经开区要相应成立领导班子和工作班子。[②]按照资源共享，产业互补的原则，做好全面对接粤港澳大湾区的各项工作。永州市主要抓好生物医药、电子信息、先进装备制造、农产品精深加工、现代物流、文化旅游等10大产业链，通过粤港澳大湾区来做好产业建链补链强链延链工作。尤其是按照粤港

① 包俊洪、陈锡文：《努力建设社会主义新农村——访中央财经领导小组办公室副主任、中央农村工作领导小组办公室主任陈锡文》，《求是》2006年第7期。

② 永州市人民政府办公室：《永州市对接粤港澳大湾区“菜篮子”工程建设实施方案》，http://www.yzcity.gov.cn/cnyz/zfbgswj/201907/84cb547fb3eb4f018f64835923f48211.shtml，2019年7月10日。

澳大湾区对这些产业的时间要求、质量要求和目标要求等实际需求，实事求是、精益求精地做好优势特色农业和文化旅游业每一项协调服务工作[①]。结合粤港澳大湾区实际，研究制定一系列政策规章制度，建立完善的协同管理机制，落实责任[②]。

二、深化涉农公共服务对接合作

深化政府主导、跨域互动、多主体共同提供的涉农公共服务对接合作，是促进永州优势特色农业产业健康、科学发展的重要前提。一是促进涉农公共服务对接合作沿法治化轨道展开。出台涉农公共服务对接合作的政策法规，明确鼓励、扶持、奖励涉农公共服务对接合作的优惠政策措施，支持粤港澳大湾区加大对永州的涉农公共服务供给，鼓励粤港澳大湾区的社会、企业、个人等力量参与永州的乡村修路、水利设施、农技服务、职业技能培训、污水处理等公共服务项目，共同营造有利于涉农公共服务供给的环境。二是共同建设涉农精神文化阵地。定期组织大湾区文艺工作者面向永州高龄农民的文艺表演、汇报演出，促进各群体之间的交际往来，增进彼此友谊[③]；引导粤港澳大湾区企业家、爱心人士来永州投资建设图书馆、阅览室、文化活动广场、文化活动室、演讲堂、演出舞台、音乐教室、舞蹈教室等公共文化设施场所，聘请专业教师为农民群体提供教学服务，为农民

---

① 《切实抓好工程建设项目审批制度改革 加快建成全国统一的工程建设项目审批和管理体系——住房城乡建设部工程建设项目审批制度改革工作领导小组办公室有关负责人答记者问》，《招标采购管理》2018 年第 8 期。

② 张倩影：《农家书屋建设要建管并举——访黑龙江省农家书屋工程建设领导小组成员、办公室副主任张雨虹》，《出版参考》2008 年第 30 期。

③ 刘媛、曹正勇、张雪：《农村新型社区居民对公共服务设施供给与管理的感知研究——基于四川温江涉农社区的调查》，《改革与开放》2016 年第 2 期。

群体开展精神文化活动提供保障与便利[①]。三是建立与完善涉农公共服务对接合作资金保障机制。加大涉农公共服务对接合作资金投入力度，把资金花在实处、落在实处；灵活运用成本补偿、税收优惠、购买服务、社企合作、公开募捐等方式，拓宽涉农公共服务资金来源渠道，实现涉农公共服务多元化资金筹集并做好相应监管工作。四是建立涉农公共服务对接合作专职工作人员的选配机制。涉农公共服务对接合作专职工作人员应加强与农民群体的交流互动，特别是通过走访、调查等方式了解、收集记录农民群体对涉农公共服务的意见建议，积极寻求解决措施；同时也要始终坚持以农民群体的合理需求为导向，加强涉农公共服务对接合作设施、制度等建设，集中各方面力量，包括人力、物力、财力、资源等在内，供农民之所需，解农民之所愁，想农民之所想。以专职人员整合政府、社会、企业、个人相关力量，发展壮大涉农公共服务志愿者队伍，建立并完善科学、合理的培训、管理、使用、激励机制，充分调动涉农公共服务队伍参与性、活跃性、实效性。

三、统筹抓好农业产业基地建设

农业产业基地建设是推动农业增效、农民增收、农村发展以及推动现代农业产业的重要基础。当前，永州市农业产业基地规模化、组织化、设施化和品牌化水平较低，需要统筹农业基地建设工作。一是构建联农带农建产业基地。通过联农、惠农、助农和发展集体经济，提供全产业链全生命周期服务，推动产业组织化、规模化和标准化水

---

① 谷敏：《统筹城乡视角下城市涉农社区公共文化服务建设研究——以成都市青羊区“主题社区”项目为例》，《中共成都市委党校学报》2014 年第 6 期。

平，夯实农业产业基地的基础。首先，整合政府、企业和村组三方的政策、资金和人才资源，采取市场化运作，构建利益联结体，优化调整村办集体企业业务，加强与企业合作，建立利益共享机制，引导农户合作发展。其次，提升农业产业园的种植和管理水平，拓宽销售渠道，发挥农业产业增收致富和乡村振兴的支撑作用，拓展农产品流通渠道，推动农产品基地和现代农业发展。如搭建农产品产销信息发布平台，建立服务标准，构建安全流通渠道，推动农产品市场拓展。最后，加强科技要素向重点产业集中，提升产业基地建设水平和效益，促进地区产业融合发展。二是建设特色农业品产业基地。依托本地特色优质农产品，发挥龙头企业和种植大户的杆标示范作用，建设供粤港澳大湾区的高标准优质农产品生产示范基地，推动农业产业基地的提档升级。首先，针对柑橘、蔬菜、茶叶、油茶等主导产业，深入挖掘本地农产品的有机、绿色、优质特性，发展地方特色农产品生产，统一进行开发、建设和管理，实现目标产业的规模化发展。积极申报绿色食品、有机产品、地理标志农产品认证，提升产品品质和生产质量标准。其次，发挥龙头企业和种植大户的投资主体作用，加大基础设施建设力度，包括水电路网和数字化、水肥一体化、药肥一体化、冷藏保鲜等配套设施建设，全面提升基地建设水平。最后，发挥龙头企业和种植大户的市场主体作用，推行“提质增效创品牌”工作，增加品种，提高品质，打造品牌，扩大内外销产品的统一标准和质量要求，加强品牌建设，拓展销售市场。三是推进产业融合形成产业聚集区。强化产业发展的配套功能，构建全产业链条，促进基地园区化，推动产业融合发展。首先，须统筹农业产业基地建设，推动基地土地流转、科技服务、基础设施配套、示范点建设及考核等工作，促进科技要素向重点产业聚集，建立种植、加工、营销全产业链条，推动地区产业整合和协同发展。其次，制定完善覆盖农产品产地环境、生产过程、设施装备、管理服务、产后处理等环节的质量安全技术规程，加强与农业科研院所合作，引进、选育、示范推广适合粤港澳大湾区市场需求的优质农作物品种，提升整体农业种植管理水平，打造规模基地，实现区域化和专业化生产。最后，提升现代农业产业发展的配套功能，聚集现代农业产业发展支撑要素，构建现代农业全产业链条，推动基地园区化，建设现代农业产业园区。

四、构建区域协同科技创新体系

当前，永州与粤港澳大湾区在合作过程中还存在沟通合作机制尚未健全、科技交流合作渠道不宽、科技孵化平台不完善等问题，特别是创新开放平台搭建不足、科技成果转移转化激励力度偏弱、高层次科技创新人才引进与培育困难等，制约了彼此相互联动发展合力的增强，很大程度制约永州优势特色产业的快速发展。因此，需要引智借力，加强跨域科技合作。一是着力搭建高水平协同创新开放平台。深入实施创新驱动发展战略，坚持以我为主、为我所用，主动吸引珠三角、粤港澳大湾区高端科技研发、检验检测、孵化转化和咨询机构来湘来永设立总部或分支机构，增强协同创新能力。重点加强与香港大学、香港科技大学、澳门大学、中山大学、深圳大学、华南农业大学等国内外知名高校合作，大胆创新运行模式和运行机制，加快培育发展一批体制机制活、研发能力强、示范效应明显的新型研发机构。借助泛珠三角区域科技合作平台，推动相互开放国家级和省级重点实验室、中试基地等试验平台，全面对接粤港澳大湾区科技创新基础平台共享体系。支持和鼓励湖南重点企业和科研院所在珠三角、粤港澳大湾区设立派驻机构，鼓励企业组建以科技协同创新为主要类型的研发企业类新型研发机构。二是着力吸引高质量成果来湘转移转化。要以“互联网＋技术市场”为核心，面向珠三角、粤港澳大湾区等重点地区，加快构建技术市场转移体系，打造线上线下相结合的技术交易网络市场，实现科技创新成果与湖南重点蔬菜企业的供需对接、信息共享。加大对科技成果转移转化的激励力度，对来自珠三角、粤港澳大湾区等地携带具有自主知识产权的科技成果，在湘创办公司或与省内企业共同设立公司，开展科技成果转化活动的科技团队，在市（县）先行投入支持的基础上，省级层面以债权投入或股权投资等方式根据投资额给予最高1000万元支持。对标一线城市，将科技成果转化收益用于奖励科研人员和团队的比例由60%提高到不低于70%。同时，对在湘企业购买珠三角、粤港澳大湾区先进技术成果并在湘转化和产业化的，省财政给予一定的补助。三是着力柔性引进高层次科技创新人才。要强化柔性引才理念，以契约管理为基础，鼓励湖南企事业单位通过项目合作、联合研发、技术引进、成果转化、规划咨询、人才培养等方式，采取挂职、兼职、技术合作、短期聘用等柔性引进珠三角、粤港澳大湾区等地高层次人才。支持高校、科研院所建立人才驿站，推行特聘教授（专家）制度。建立以业绩为导向的柔性引才激励办法，柔性引进人才与本地同类人才在创办科技型企业、表彰奖励、科研立项、成果转化等方面可享受同等待遇。同时，要坚持开展“三请三回”“三企”入湘，以优惠政策吸引湘籍乡贤、校友返乡创业就业。基础研究是创新的源头活水。要加大投入，高度重视基础研究人才的培养、引进与激励，鼓励长期坚持和大胆探索。

五、建立湘粤对话合作长效机制

对话合作长效机制是指在合作关系中建立起来的一种长期稳定的合作机制，可以稳定合作关系，实现双方互利共赢。永州对接粤港澳大湾区，首先，要形成稳定的湘粤合作框架。该合作框架要覆盖湘粤双方的合作目标、合作方式、合作内容、合作机制、合作分工等，让湘粤双方在合作中更加清晰地了解彼此的需求和期望，更好地协调合作关系。其次，要建立有效的湘粤双方沟通机制，及时传达合作内容与解决合作中遇到的问题，更加顺畅地进行沟通和交流。双方能够组建优质、稳定的合作团队，落实双方对话合作的方案实施与管理，让双方更加有信心地进行合作。再次，要制定湘粤合作指南，建立交流平台，邀请更多的相关机构和学者参与，注重倾听多样化声音，从中汲取精华、弥补不足①。在湘粤双方互信的基础上，制定合作对话机制，推动湘粤利益共同提升，繁荣湘粤地区发展。最后，不断探索与建立对话合作长效机制，促进互学互鉴。湘粤两地政府牵头，引导两地企业与高校对话合作，为其提供优惠政策、资金支持等。在科技、农业等多领域、多方面加强合作，把合作共识转化为具体行动，切实收获合作红利。同时，永州市要找准永州与粤港澳之间的利益共同点，促进多元化合作。通过科技创新研究成果分享、学术交流、线上与线下交互交流等方式促进湘粤地区紧密联系，加强湘粤双方相互认知、有效交流，为湘粤地区对话合作长效机制筑牢坚实基础。

---

① 郑猛：《提高相互认知，构建合作共识——“东亚地区拉美研究伙伴对话”国际会议综述》，《拉丁美洲研究》2016年第4期。

第二节　构建现代农业体系，促进产业融合发展

《永州市“十四五”农业农村现代化规划》提出，要“紧抓粤港澳大湾区‘菜篮子’工程机遇，构建粤港澳大湾区‘菜篮子’现代农业产业体系、生产体系、加工体系、经营体系”[①]。为此，需要进一步培育多元新型经营主体、合理配置城乡生产要素、创新产业融合发展模式、大力发展农业新型业态、发展壮大农业产业集群，构建现代农业体系，实现农业产业的现代化和可持续发展。

一、培育多元化新型经营主体

特色农业产业的发展离不开多元化的新型农业经营主体。2023年中央一号文件指出，“深入开展新型农业经营主体提升行动，支持家庭农场组建农民合作社根据发展需要办企业，带动小农户合作经营、共同增收”。因此，应当积极培育种粮大户、农业龙头企业、专业合作社、家庭农场等新型经营主体，推动农业整体发展，为实现乡村振兴奠定坚实基础。

新型农业经营主体是现代农业发展的重要载体，而培育高质量多元新型农业经营发展主体则离不开政策的指引和扶持。一要统筹推进用地保障。规模化的新型农业经营主体用地需求大，良好有序的土地供应是其培育的关键要素。引导鼓励农户土地流转，加强新型农业经营主体与农户土地入股合作，促使农户与新型农业经营主体形成利益

① 永州市人民政府办公室：《永州市“十四五”农业农村现代化规划》，http://www.yzcity.gov.cn/cnyz/ghjh/201806/e78327d32b1e407d83d7a5335bd1540c.shtml，2021年12月27日。

分担机制。同时，政府建立土地流转交易平台，规范行政审批管理，加强土地流转服务制度，为土地流转提供政策指引和支撑，严格备案制度，严禁私下流转和口头流转。二要优化创新金融模式。首先，政府牵头成立现代农业产业发展引导基金，成立专业基金公司进行基金管理，从而促进新型农业经营主体的发展。通过成立基金公司，可以加强基金运作质量，同时政府主管部门应加强风险控制。其次，健全农村信用体系，创新信用金融模式。政府牵头组建社会征信评价平台，及时更新录入新型农业经营主体的相关信息，为金融单位进行信贷评估提供信息参考。在信贷过程中，构建多层级风险分摊机制，切实减轻银行信贷风险压力。最后，加大农业保险普及力度，争取做到农业保险全覆盖。农业经营有其特殊的风险性，而现阶段，农业保险作为基础性保障工具还未发挥应有作用。对新型农业经营主体做到参保全覆盖，可以提高其抗风险能力，解决其后顾之忧。保险公司应完善农业保险的框架体系，提高保险从业人员为农业经营主体服务的水平，精简业务流程。政府应加大农业保险政策宣传和保险支持力度，监督落实保险灾后理赔，确保理赔款项及时足额到位。三要加大新型农业主体的专项人才培育。新型农业经营主体的经营者通常是农村综合素质较高的人群，有一定的经验和技术。但是受制于农村地区的整体工作、教育、医疗等环境，愿意回到农村发展相应产业的人数依然偏少。政府应该落实人才引进激励机制，鼓励专业人才以人力资本形式出资入股，参与新型农业经营主体的生产活动并获取报酬。永州当地不仅拥有一所综合类本科院校，还拥有相应的农科类专科院校，培养的人才类别当中既有专业性农业人才，也有营销类人才。政府应依托永州市当地的教育资源，加大新型农业主体的专项人才培育，吸引外出务工人员、工商业主和高校毕业生返乡创业，激发农村发展潜力。

二、合理配置城乡生产要素

为促进生产要素的充分流动、实现永州城乡生产要素的合理配置，应主要从以下几个方面着手：一是深化要素市场改革，促进城乡要素充分流动。从劳动力要素看，应消除城市吸纳外来人口的户籍障碍，同时扩大农村对城市居民的开放，打通市民返乡入乡的通道；建立全新的职业农民和农村专业人才引进机制，培育新型农业经营主体，优化农村的人口结构；参照“柔性引进”机制，促进各类人才服务乡村振兴。从资本要素看，大力推进完善农村金融体系，构建现代农村金融服务体系，从而为农村发展提供广泛适用的金融服务。从土地要素来看，应淡化农村集体建设用地中经营性、公益性和闲置宅基地的边界，打通现有各种建设用地之间用途转换的通道，盘活利用农村存量建设用地，推动形成城乡统一的建设用地市场，提高农村土地资源的利用价值。在数字要素方面，加快推动数字技术下乡的进程，加大互联网的农村普及力度，并给予相应的扶持政策。以电子商务进村为契机，推动农村区域性电子商务平台搭建。二是建立差别化农村扶持政策，统筹各县区发展。我国城镇的快速发展离不开政府政策指引，农村地区的发展同样需要政策指引和帮扶。不同县区的文化传统和资源禀赋都存在差异。永州中心城区周边农村地区交通相对更为便利，劳动力和资本相对集中，可以发展对资本和劳动力素质相对较高的产业，可以集中负责农产品物流和销售端业务；下属县区的种植业更具特色，地理环境也更适合优质农产品的生产，例如江永的香芋、香柚和香米，政府应在高标准农产品建设基地上加大扶持资金，并且严格把关资金的用途和去向，另外政府应该加大力度引进农产品加工企业，让优质农产品就地实现深加工，增加产品附加值。三是构建县域产业发展平台，促进城乡生产要素有机联系。2021年中央一号文件提出把县域作为城乡融合发展的重要切入点，强化统筹谋划和顶层设计。改变过去“城市—农村”的分法，突破过去乡镇和农村的边界，强化县城的综合服务能力，把乡镇建设成为服务农民的区域中心，实现县、乡、村功能衔接互补，完善县域产业平台配套设施，依托乡村特色优势资源，打造农业全产业链，建设现代农业产业园、农业产业强镇、优势特色产业集群。

三、创新产业融合发展模式

产业兴旺是解决农村一切问题的前提，而产业融合作为一种创新的发展模式，它通过共享资源、互补优势、政策支持等途径，将不同产业融为一体，推动产业发展，提升产业效益。在未来的农业发展趋势中，新型产业融合发展模式为农村产业融合创造了契机和灵感，农村主要围绕三产融合发展模式进行产业融合，进而推动地方经济发展。所谓三产融合是指基于传统农业产业化模式的基础上，将“农业生产”+“农产品加工业”+“农产品市场服务业”三个产业交叉融合发展，通过将第二产业的“标准化的生产理念”和第三产业“以人为本的服务理念”引入第一产业，是一种新型的现代化农业发展模式。基于全国优秀的“三产融合”发展的案例和经验，永州市可以从以下几个模式开展三产融合：

（一）打造功能拓展融合型模式

农业功能拓展强调在稳定的传统农业基础上，不断推进农业与旅游、生态、文化、教育等元素结合，从而实现绿色引领和功能拓展。例如传统农业与旅游业、文创产业等第三产业融合，形成乡村旅游、农业生态采摘、休闲农业和农民创业园等新型产业形态和消费业态，彰显出促进增收、激活消费的经济功能与带动就业的社会功能以及美化乡村的生态功能。随着乡村振兴战略的提出，对于大部分乡村而言，农业旅融合正成为其实现经济转型升级、产业兴旺的重要途径。农旅融合不是简单的“农业＋旅游”的“1+1=2”过程，而是以农业为主导产业，将农业种植、加工、生产、销售与旅游相结合，进而实现带动乡村农业、工业、旅游业三产发展，形成以农产品为主导的三产融合。

农旅资源融合的关键是将农业场所、农业生产过程以及农业文化等物质和非物质资源与旅游产业环节相互渗透，实现农旅融合。因此，在推进实施新农村建设“千村示范工程”“美丽休闲村庄”等农旅产业融合项目时，应根据永州市不同县区的区域特点，要注重特色产业支撑，与地方特色产业发展相结合，分别从资源融合、功能融合、技术融合以及市场融合四条途径做精做优乡村休闲旅游业，并注重打造典型的农旅融合模式，形成竞相发展的格局。永州市至今已有2100多年历史，地处南岭北麓、潇水源头，分别与广东、广西各三个县（市、区）相邻，是粤港澳大湾区辐射带上的最前沿、对接东盟和湘南承接产业转移的桥头堡。拥有厚重的历史文化涵养着永州旅游的业态，特别需要将少数民族衍生的农耕、饮食文化附加在乡村休闲产品中，使之成为陶冶游客身心的乡村休闲康养旅游产品。

（二）发展产业内部融合型模式

农业产业内部融合属于纵向产业融合，有着多种实现模式。一是垂直一体化模式。这种模式属于组织内的产业融合，通常以龙头企业或合作社为主体，其生产经营向上游延伸至农产品生产、生产资料供应乃至技术研发等环节，向下游则扩展至销售服务环节，涵盖了研发、生产、加工、流通、销售、服务等各个领域，从而实现贸工农一体化、产加销一条龙。当前很多农业产业化龙头企业都采取了这种模式。二是分工合作模式。这种模式属于组织间的产业融合，即以企业、合作社等为主体，通过订单生产、统购统销、股份合作等利益联结手段，将在空间上分离的农村一二三产业紧密连接，主要形式有“龙头企业 + 农户”“合作社 + 农户”“龙头企业 + 合作社 + 农户”“龙头企业 + 合作社 + 基地 + 农户”等。例如，永州市云雾山香柚产业园就采取了“龙头企业 + 合作社 + 农户”三位一体的种植模式，推广香柚标准化种植，带动居民香柚种植 156 户，其中贫困户 56 户，户均年增收 3000 元。2018 年，江永云雾山香柚产业园被评为国家 3A 级旅游景区，逐步构建“农创旅加”产业融合发展模式。三是空间产业集聚模式。这种模式属于区域内的产业融合，即受地区资源禀赋、产业特色和发展导向等因素影响，一二三产业及相关产业组织在农村特定区域集聚，形成集群化、网络化的发展格局，如发展“一村一品”“一乡一业”等。在乡村振兴、产业先行的发展理念下，永州市应按照“延伸产业链、提升价值链、完善利益链”的总体思路，主动对接粤港澳大湾区，将大湾区的一些重要资金和项目引入永州的农产品加工业园区来。持续大力发展“两茶一柑一菜一药”“一县一特”优势主导产业，建设更多的万亩农产品示范基地，创建现代农业特色产业园，提高绿色有机地标农产品有效认证数，提高农产品加工业与农业总产值比，培育一批产值超百万元，甚至千万元优势特色产业集群，促进粤港澳大湾区的“菜篮子”工程高质量发展。

（三）推行科技渗透融合型模式

农业科技渗透融合强调依托传统农业，利用物联网（IOT）、云计算、大数据分析等现代信息技术，借助互联网平台，充分发挥信息指导生产、引导市场的作用。例如通过利用物联网、云数据实现农产品智能化生产，充分降本增效；利用电子商务实现消费需求与生产供给的对接，降低流通成本。农业大数据推动着互联网与农业的渗透融合，“互联网 +”对现代农业的影响非常深远。虽然永州是农业大市，在建设粤港澳大湾区“菜篮子”工程上稳居全省第一，但在科技创新带动农业发展上，永州市农村网络质量不佳，智慧农业平台功能不全，农业从业人员年龄偏高，文化素质偏低等问题，阻碍着永州市智慧农业更进一步地发展，呈现出农业耕作规模化和机械化程度低、农业科技含量不高、农村产业扶持力度不强、农村基础设施建设实施薄弱等状况。因此，永州市一方面应积极对接高等院校、科研院所，有序推进“产学研推”为一体的校（院）企合作科研平台建设，如通过建立“科技服务站”“企业专家工作站”进行基础研究和信息技术推广工作。另一方面要从政策和资金方面加大农业物联网核心技术的投入，建立智慧农业应用示范工程，大力扶持地方涉农企业，做活做强本地特色农业品牌。同时政府需要作好顶层设计，加大政策宣传和农业相关人才引进力度，鼓励和吸引年轻大学生和农民工回乡创业，培育职业农民，为农业生产、经营、管理、销售等各个环节输送人才，助力数字乡村的建设，带动一批农民电商主播参与优势特色农业产业发展。

四、大力发展农业新型业态

农业业态是指多元要素融合而成的不同农产品服务、农业经营方式和农业经营组织形式。由于农业资源要素的多元性，近年来通过不同方式的资源融合，催生出的多种农业新业态成为现代农业发展的新方向。2016年中央一号文件提出“深度挖掘农业的多种功能，培育壮大农村新产业新业态”；2017年中央一号文件强调“壮大新产业新业态，拓展农业产业链价值链”，表明新业态已成为现代农业发展的新方向；2018—2021年中央一号文件分别提出从“地”“人”“钱”三个方面为新业态发展提供保障。农业农村部2020年7月印发的《全国乡村产业发展规划（2020—2025年）》也指出要拓宽产业门类，休闲农业拓展农业功能，乡村新型服务业丰富业态类型。

农业新业态具有融合性、先进性、综合性等特征。基于农业新业态呈现出的不同阶段性特征，可以将农业新业态分为新型生产业态、新型流通业态、新型服务业态和产业融合业态4种类型，见图6-1。由于种类众多，本书基于永州市精准对接粤港澳大湾区的优势特色农业选取部分有代表性的新型业态展开研究。

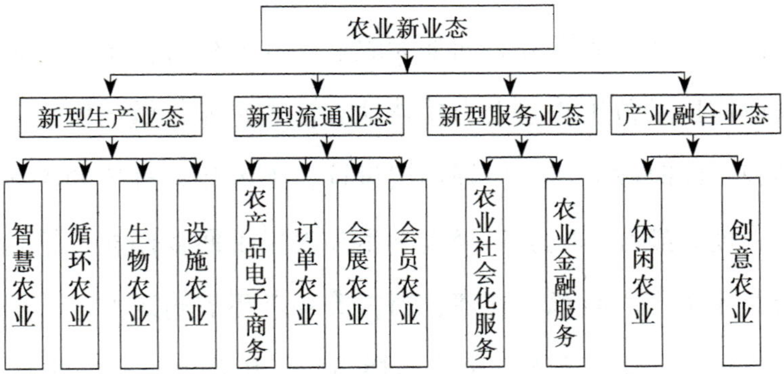

图6-1 农业新业态类型

（一）加快发展智慧农业

智慧农业是把信息技术与农业生产相结合，通过“智能感知+数据赋能”，使传统农业搭上科技发展的“高速列车”，实现农业生产的科学化管理和可视化诊断的一种重要途径。随着新兴技术的发展和应用，农业的各个环节都开始体现出智慧农业的特色。国内对智慧农业关注度较高的有广东省、江苏省、北京市、河北省和山东省等。

目前永州市智慧农业、创意农业等还处于发展起步阶段，以东安县为代表正积极探索区域特色智慧农业应用模式，以“数字化农业+标准化生产”模式建设育秧中心，让数字赋能智慧农业加速发展。发展智慧农业在不同国家、不同区域的侧重点不同，应该立足乡村实际、源自乡土特色、聚焦乡村振兴，创新“互联网+”的模式，推动智慧农业发展，为永州市乡村振兴提供基础保障和技术支持。推广农业信息化新技术、新模式、新成果在农业生产经营管理中的运用，促进新一代信息技术与农业全面融合。实施好智慧农业PPP项目，建设农业农村大数据中心，推进重要农产品全产业链大数据建设，提升数据应用水平。继续推进智慧农业平台建设运维，拓展12316信息服务平台功能，推动农业农村基础数据汇集和共享。实施数字农业创新应用建设工程，加快种植业、畜牧兽医、渔业渔政、种业、农机数字化建设，推进农业生产经营数字化转型。推进农业社会化服务数字化改造升级，积极引导机插、机耕、机播、机收、机烘、机防等农机装备北斗系统，联网上传，实现服务可追溯。规范网上土地流转服务，推进土地有序流转。建设省级农产品质量安全大数据智慧监管平台，加快农业生产基地数字化改造，实现产地环境、农业投入品使用、巡查巡检、风险等级、检测结果等信息上链，及时发布全省质量安全状况和风险提示，推进追溯业务“指尖办”，农产品质量安全“一网追溯”，规模生产经营主体基本实现追溯管理。

（二）做大做强订单农业

订单农业又称合同农业、契约农业，是指将企业和农户、企业和基地加农户、合作社和农户、基地和农户这些组织起来，然后将企业、合作社、基地及农村生产资源有效整合起来，并提供生产技术和生产资料的支持，使农业种植计划根据市场订单有针对性地进行调节，是近年来出现的一种新型农业生产经营模式。订单农业让农户与企业、消费者建立起了更加紧密的联系，“订单式”的种植销售模式在一定程度上保证了农户每年稳定的收益。永州市对接粤港澳大湾区农业产业已经有较好基础，但面对全国各地纷纷抢占粤港澳大湾区农产品供应市场的强大竞争，永州市既要看到自己的禀赋优势，同时还需看清自己的不足，及时、精准地把握粤港澳大湾区农产品需求市场的变化，通过个性化定制发展订单农业，主动应对市场竞争。

为此，永州市政府应在突破性发展粮油、畜禽、果蔬、竹木、烤烟、茶叶、药材七大主导优势农业产业过程中，制定“政府引导＋市场主体＋农民参与”的实施路径。鼓励农产品加工企业、专业合作社、家庭农场等市场经营主体，主动对接销售市场，开展订单生产，并依托首衡城、中农批以及永州陆港智慧冷链物流产业园等重大冷链物流项目，打造“产地—批发市场—商超—便利店—客户”的冷链物流全产业链，从而实现从菜地到市场“一站式”销售。同时为规避订单农业实施中出现的受自然因素或人为因素导致的风险，政府还需发挥好规划、组织、桥梁和监督作用，及时为农户提供准确的市场导向，做好签约企业资质信用调查，加强产品质量标准体系建设，确保合同双方顺利履约。

（三）积极开发休闲康养农业

休闲康养农业，是传统农业的升级版，将传统的第一产业与第三产业相融合，以健康为宗旨，以“三农”（农村、农业和农民）为载体，以科学养生方法为指导的新业态。康养农业是乡村振兴战略的重要内容，《乡村振兴战略规划（2018—2022年）》中提出“开发农村康养产业项目，结合各地资源禀赋，深入发掘农业农村的生态涵养、休闲观光、文化体验、健康养老等多种功能和多重价值。永州作为湖南省的南大门，毗邻粤港澳大湾区，是湖南省对接融入粤港澳大湾区的最前沿区的桥头堡，拥有“湘江源头区域国家生态文明先行示范区”“国家主体功能区建设试点示范”“国家森林城市”等多块“国字号”生态招牌。全市现有10个国家森林公园、4个国家级自然保护区、9个国家湿地公园，森林覆盖率65.5%；2022年，全市地表水环境质量在全国339个地级及以上城市中排名第12位，湖南省第1位。永州可依托绿水青山、乡土文化等资源，打造集生态、休闲、农业三要素于一体的生态农业田园综合体，延伸产业链，发展田园养生、研学科普等休闲农业新业态，各县区可致力于打造一个特色乡村森林康养基地，建设大湾区生态康养旅游“后花园”，全力打造“国家区域性综合交通枢纽城市”，实施“引客入永”升级版项目。同时乡村民宿也需在提升硬件、优化服务品质等方面狠下功夫，并进一步丰富内涵、规范发展、创新经营模式，以增强其增收致富功能。

（四）探索发展认养农业

认养农业一般指消费者预付生产费用，生产者为消费者提供绿色、有机食品，在生产者和消费者之间建立一种风险共担、收益共享的生产方式。客户只需在手机上安装App终端，消费者可以根据自己的需求选择农田位置、面积、种植品种等，并随时关注农作物生长状况。这种模式让消费者亲身参与到农业生产过程中，增强了对农产品的信任感和参与感，可以对自己的"一亩三分地"进行24小时监控——堪称现实中的"开心农场"。随着互联网的普及，认养农业目前形成了两种发展模式：一是传统认养模式。该模式需要农产品的认养者到农业产业园区或农业基地中，挑选某块田地或某一产品，既可以亲自参加劳动，也可以委托供养者按自己的要求进行生产管理。二是"互联网＋认养农业"模式平台。这种模式试图通过App使消费者认养农产品并实时监控自己的田地。在条件允许的情况下也可以去体验劳动的快乐。2015年，辽宁省盘锦市率先开创了"认养农业＋互联网"的耕种新模式，随后成立国有性质的生态农业发展有限公司推动辽宁省盘锦市"认养农业"的开展。无独有偶，我国区域农产名品的代表吉林大米也推出了"吉田认购"创新营销模式。"认养农业"模式目前在永州市仍处于探索阶段，对传统种植者来说，是一种新思路和新业态，并且已经成为农业增值服务的具体表现。

五、发展壮大农业产业集群

发展壮大农业产业集群，是永州精准对接粤港澳大湾区优势特色农业产业，构建现代农业体系，促进产业融合的有效举措。

（一）健全产业链条，建设农业产业集群

国外农业产业集群发展得比较成熟，一个共同的原因就是农业产业链建设较为完善，集群内基本形成了集良种繁育、标准化种植、农产品精深加工、农产品流通、农产品销售于一体的农业产业化体系。集群内不但重视产业链的完整性，还注重产业链的衔接性，持续优化

产业链上各个环节的工作。如永州市重点打造蔬菜、生猪、水果、油茶、茶叶等特色产业集群。创新开展加工业示范县、示范园区、示范企业创建活动，引导农产品加工业向主产区、优势产区、特色产区、重点销区聚集，形成加工引导生产、加工促进消费的格局。就永州精准对接粤港澳大湾区优势特色农业产业而言，粮油加工产业链应重点帮扶新金浩等龙头企业做大做强，果蔬畜禽加工应重点支持果秀、都成等品牌发展壮大，推动农产品加工向更深加工、更多品种、更细产品、更高质量方向发展。

（二）加强政府引导，发展农业产业集群

政府必须对自己的职能合理定位，加强宏观调控，优化集群建设的内外部环境，制定专项奖补等相应的扶持政策，促进集群的可持续发展。珠海市从2021年起，每年预算安排市“菜篮子”建设资金1亿元，专门用于生产基地和配送平台建设、品牌打造以及农产品质量安全监管；炎陵县从2014年起每年安排2000万元以上支持炎陵黄桃基地建设、品牌打造、储藏保鲜、市场营销，并出台政策降低企业成本。以对接粤港澳大湾区“菜篮子”工程为例，永州正实施蔬菜出口“百亿工程”，大力培育蔬菜特色产业集群。建议借鉴外地经验，根据财政状况，整合资金，设立产业发展专项资金，对全市蔬菜、柑橘、茶叶、油茶等主导产业及“一县一特”产业示范基地建设、品牌打造等给予信贷和奖励支持。建议市政府进一步研究出台加大对仓储冷链设施、运费补贴、价格补贴、参展补贴、大额出口奖励、自营出口补助等相关办法，推动更多农产品企业主动走出去。例如，可重点对蔬菜、生猪、水果等鲜食农产品供应基地建设仓储保鲜冷链设施给予用地审批支持，并提高10%—20%的补贴；对农产品专用仓储保鲜冷链设施运行电价按照农业用电标准执行；对农产品出口企业到永州配送分中心集中验放的给予企业运费补贴；对出口远洋农产品至沿边港口和直通香港澳门的直通车给予运费补贴；对购买直通车的物流企业给予购车补贴；对入驻粤港澳大湾区“菜篮子”信息平台、实现实时销售和全程产品溯源管理的认证生产基地和加工企业给予设备购置和运营商相关奖励等。争取上级政策支持，积极对接国家和省里有关部门，将永州供粤港澳蔬菜产业发展项目包装成储备国家优势特色产业集群项目。争取中央、省里项目资金支持，全力争取国家“互联网＋农产品出村进城工程”试点落户永州农产品优势县区；进一步加大争取国家数字乡村建设、数字农业示范试点力度，提升永州农产品数字化出村进城能力、农业品牌数字化能力。

（三）开展科技攻关，助力产业集群发展

加强集群内人才培育，创新农业科学技术，加强农业精深加工水平，提高农产品附加值，为农业产业集群发展提供源源不断的科技支撑。如围绕永州宁远舜皇山土猪，建立一支服务生猪产业集群建设的科研团队，在产业集群规划、建设、评估、完善等方面提供科研支撑。加大“产学研”深度合作，组织产业专家团队包联重点龙头企业，加强对生猪种质资源、降低脂肪比例、遗传育种、饲料营养、健康养殖、疫病防控、废弃物利用、屠宰加工等关键环节的攻关。在精准营养、基因遗传、生物安全、环境控制、屠宰加工、人工智能、互联网平台等专业领域，推动科技创新与成果转化。

（四）健全配套服务，培育农业中介组织

农业产业集群是一种以农产品为主导的相关产业的聚集体，在其发展过程中离不开相关产业的支撑，必须完善负责农产品生产、加工、销售、物流的相关服务企业建设，注重农业中介组织的培育。虽然有意向企业希望与永州优质农产品生产加工企业优势互补，合作共赢，将业务和规模做好做大，但永州相对缺乏这样的农业中介组织。目前，由政府搭桥，永州陆港枢纽投资发展集团的世界食品港暨全球食品保鲜加工中心项目在这方面做出初步探索尝试，通过召开永州优选农产品深加工销售对接座谈会，推动相关产业集群发展。

第三节　加快数字乡村建设，助推乡村产业振兴

多年来，永州市一直很重视数字乡村建设，积极引导农民使用数字化技术，数字化管理手段在不断加强，但仍需进一步强化“数字乡村”“数商兴农”的引领作用，着力加强乡村信息基础设施建设，推进农业数字化转型与升级，以数字化提高乡村善治水平，强化农村数字普惠金融服务，培育提升“新农人”数字化素养，推进农业数字化转型与升级，助推乡村产业振兴。

一、加强乡村信息基础设施建设

建设数字乡村基本要求，就是完善农村信息基础设施。当前，加强农村信息基础设施建设，主要是加快农村宽带通信网、移动互联网和农村网络平台建设。

（一）建设高速泛在的网络基础设施

继续实施农村通信网络提升工程，推进农村新型广播电视基础设施建设，逐步实现电视、电脑、手机“三屏同显”“三端共用”，为广大农民朋友打造全新的电视信息界面，为农村用户提供一站式政务服

务类、农资信息类、农业技术类、农产品销售类、便民服务类等村镇生活信息服务；推动高速泛在网络进一步向乡村地区延伸，加快提升农村互联网普及率，着力在农业园区、景区、重点村镇有序部署农村千兆光网、第五代移动通信（5G）、移动物联网，为农业生产提供稳定可靠的网络保障。在网络基础设施建设过程中，政府应发挥主导性作用，构建农村信息化建设的融资机制，引导信息技术企业、社会力量将资金投向农村宽带互联网、数字电视网和通信基站的建设，并为其提供生产用地、人员聘用、税收减免等配套扶持政策。

（二）建设智能高效的农村网络平台

深入推进信息进村入户，实施"互联网"农产品出村进城工程，推进"互联网+政务服务"，建设永州农业农村大数据平台，实现农业农村综合信息服务体系在全市所有乡镇和行政村覆盖。加快已有基础设施数字化转型，加大力度部署算力基础设施、物联网基础设施，持续赋能数字乡村平台建设，在现有融合平台的基础上，因地制宜探索创新试点建设方案，紧抓数字乡村建设政策红利，打造智慧水利、智能电网、智慧交通、智慧物流等平台建设标杆，实现成熟经验的复制推广，当好数字乡村建设"排头兵"。①

二、推进农业数字化转型与升级

加快数字乡村建设，主要任务是不断推进农业数字化转型和升级。农业数字化转型和升级的目标是构建一个高效、智能、绿色、可持续的现代农业体系，不仅能够提高农业竞争力，还能促进农村经济

① 朱晶宇、郭克强：《数字乡村战略下，如何提升信息基础设施建设？》，《中国电信业》2023年第5期。

的发展和农民收入的增加，最终实现乡村振兴的战略目标。而该目标的实现，还需要从以下几个方面努力：

（一）加大数字农业投入力度

从多元要素投入加强农业数字化转型和升级是一个综合过程，涉及技术、资本、人才、政策等多个方面。加强技术投入和创新，积极引进和运用物联网（IoT）、人工智能（AI）、大数据、云计算等先进技术，鼓励和支持农业科技研发，推动农业技术创新，包括智能农机具、智能监控系统、农业信息服务平台等；增加资本投入和财政支持，政府应增加对农业数字化转型的财政支持，提供资金补贴、贷款优惠等政策，降低农业生产者的投资成本，同时创建有利的投资环境，吸引私人资本投资农业科技企业和数字化农业项目，促进资本的有效流动和利用；加快人才培养和能力提升，通过加强农业相关的职业教育和培训，提高农民和农业管理人员的数字化知识和技能，包括操作智能农业设备、使用农业信息化服务等，同时吸引信息技术、数据分析、生物科技等领域的专业人才进入农业领域，促进农业科技创新和技术应用；完善政策和法规支持，制定和完善支持农业数字化转型的政策法规，包括数据安全、知识产权保护、数字技术应用等方面。建立农业数字化相关的标准和规范，包括数据采集、处理和交换的标准，促进不同系统和设备之间的兼容和互操作。

（二）提高农业智能监管水平

提高农业智能监控和管理水平，即利用先进的信息技术对农业生产环境和作物生长状态进行实时监测、分析和管理。持续加强环境监测水平，通过土壤传感器和气象站等手段收集关于土壤、气候和其他环境因素的数据，将其通过物联网技术实时传输至中心数据库或云平台，供农业生产者实时查看和分析；不断提高病虫害早期识别能力，通过图像识别技术和远程感应技术，智能监控系统可以实时监测作物的生长状况，获取大范围的作物生长信息，分析作物的健康状况和生长趋势，用于大规模的病虫害监控和管理；全面加强农业管理决策的科学性和实操性，结合环境监测和病虫害早期识别的数据，智能监控系统可以提供基于数据的决策支持。利用大数据分析和人工智能算法，系统能够分析历史和实时数据，预测作物生长趋势，指导农民进行最佳的灌溉、施肥、病虫害防治和收割时机决策。

（三）构建数字化农业云平台

构建数字化农业云平台，即提供一个中央化的数据存储、处理和分析环境，使农业生产者能够轻松地收集、存储和分析来自各种源（如传感器、卫星图像、气象站等）的大量数据。利用云平台可以实现：集中管理来自农业生产各个环节的海量数据，包括但不限于环境监测、作物健康状况、生产活动记录、市场信息等，这种集中式的数据管理有助于提高数据的可访问性和利用率，为农业生产决策提供实时、准确的信息支持；云平台具备强大的数据处理和分析能力，可以运行复杂的算法和模型，支持大数据分析、人工智能和机器学习应用。这些技术可以用于优化生产计划、提高作物产量和质量、预测市场趋势、改善资源管理等，从而提高农业生产的整体效率和竞争力；通过云平台，农业生产者可以随时随地访问农业数据和管理系统，实现远程监控和控制农业生产活动。这种灵活性特别适用于农场管理，可以提高管理的效率和便捷性；云平台可以作为共享资源和信息的平台，促进农业生产者、研究机构、政府部门和供应商之间的合作与交流。这有助于整合各方资源，共同解决农业生产中的问题，推动农业技术的创新和应用。

（四）优化产销精准对接机制

增强与市场需求对接在农业数字化转型中是至关重要的一环，它涉及利用数字技术和平台来分析市场偏好、增加农产品的销售渠道、扩大销售市场、提升市场竞争力。提高对电子商务平台的利用，农民和农业企业可以通过创建自己的电商网站或利用第三方电商平台来销售农产品，形成线上线下相融合的农产品产销新模式；利用社交媒体平台，通过微信、微博、抖音等社交媒体平台进行农产品的宣传和销售，利用短视频、直播等形式吸引消费者关注，增加品牌曝光度，创建高质量的内容，如农业知识普及、农产品种植背后的故事、烹饪教程等，增强消费者对产品的信任和兴趣，促进销售；采用智能物流解决方案，利用物联网、大数据等技术优化物流配送，实现农产品从田间到餐桌的快速配送，保证产品新鲜度，提升消费者满意度；做好市场趋势分析，通过分析在线数据和消费者行为，把握市场趋势和消费者需求，为农产品生产和销售提供数据支持，同时作好消费者偏好研究，利用大数据分析工具研究消费者偏好，定制化生产和营销策略，提高产品的市场竞争力。

三、以数字化提高乡村善治水平

（一）培育农民主体数字参与性

农民自主参与自治是实现乡村治理有效的根本支撑。一方面，社会主义新农村建设的主体是农民，在政府的政策扶持和资金投入下，培育农民的主体性地位是数字农村建设实效发挥乃至能否真正成功的关键。从调动积极性和增强自身发展能力的角度出发，充分尊重农民的主体地位，增加人力资本及提供相应的制度和体制保障，提高农民的生存质量是培育农民主体性地位的重要路径[①]。另一方面，应用数字技术健全党组织领导的村民自治机制，加快形成共建共治共享的现代基层社会治理新格局，为村民民主参与开辟新渠道。通过微信群、“移动议事厅”等平台，把包括在外务工群体在内的村民组织起来，参与村里重大事项讨论，实现在线议事，提高决策的民主性和科学性[②]。

（二）全面深化“互联网+”服务

第一，推广“互联网+党建”工作，完善农村智慧党建体系，强化基层党组织的战斗堡垒作用。可以在推动党建平台“上云”、党务村务“上网”、党员活动“上线”等方面多作探索。比如，加强“人民党建云”等智慧党建平台在农村的推广运用，积极稳妥推进党务、村务、财务网上公开，通过“两微一端”等，探索“线上+线下”党员联系群众、服务群众新方式。第二，大力推进“互联网+政务服务”向乡、镇、村延伸覆盖，将与农民生产生活密切相关的行政审批、便民服务等事项搬到网上，为农民提供更多便利，进一步促进城乡基本公共服务均等化。第三，整合型健康服务体系充分吸收“互联网+医疗”的模式，大力推进“互联网+医疗健康”，构建乡村远程医疗服务体系，推广远程会诊、预约转诊、互联网复诊、远程检查，加快推动人工智能辅助诊断在乡村医疗卫生机构的配置应用。提升家庭医生签约和乡村医疗卫生服务数字化、智能化水平[③]。同时，为农村转移人口提供针

① 林岩、姜鲁平：《论社会主义新农村建设中农民的主体性地位及其培育》，《黑河学刊》2007年第5期。

② 陆俊、葛迎春：《“众筹”模式：培育农民主体性与实现乡村治理有效创新路径研究——基于海宁市的调查研究》，《经济界》2020年第6期。

③ 洪石陈：《“互联网+医疗”在整合型老年健康服务体系建设中的功能探讨》，《智慧健康》2020年第36期。

对性服务，加快实现城乡居民基本医疗保险异地就医直接结算、社会保险关系网上转移接续等，让数据多跑路、群众少跑腿，既有利于提高农村治理效能，也能有序推进农村转移人口市民化。第四，推动“互联网＋社区”向农村延伸，借助数字技术进一步提高乡村治理精细化、现代化水平，大力推动乡村建设和规划管理信息化。打造一窗式“互联网＋社区服务”，实现农村居民资源、服务共享，全面推进新时期农村社区建设试点工作。通过一体化信息化平台整合具有闲置时间资源的农村居民劳动力，对其开展基本社会服务技能培训，满足农村居民社区服务小程序、微信平台、官网以及其他流媒体导流渠道，为消费者提供基于移动互联网消费场景下的家政服务体验[①]。

（三）构建数字化乡村“三治”体系

党组织领导的自治、法治、德治相结合的“三治融合”治理体系是指基层党组织通过领导乡村多元治理主体、融合多元治理规则、采取多元治理工具，以人民为中心实现乡村善治目标。第一，加快推进“互联网＋公共法律服务”，建设法治乡村，帮助村民知法、懂法、合理用法等[②]。第二，要推动公安、法院、检察和社会力量与数字化治理深度融合，建立区、街道、村（社区）三级综治服务网格中心，联通县（区）级部门，贯通县（区）、街道、村（社区）、网格员，实现全科网格基层社会治理机制的规范体系。第三，要积极引导村民学习和运用数字技术，通过数字方式充分参与乡村治理，确保乡村治理过程村民参与、治理成效村民评判、治理成果村民共享。第四，依托微

① 王梦真：《健康中国战略下农村医养结合型养老服务体系构建研究》，《农业经济》2020年第11期。

② 谢茹：《以数字化提高乡村善治水》，《人民日报》2022年8月5日第5版。

信小程序，搭建基层数字化积分治理系统，将治理难点和村庄实际结合，将农民与村级治理有机关联，实现数字乡村发展新方向和村民生活需求新模式。例如，设立徽章机制，每一枚徽章对应着自治、法治、德治，徽章设计体现了“三治融合”，从村情治理需求出发，规范村民十大日常行为，使之逐步成为村民日常的一种生活方式[①]。

四、强化农村数字普惠金融服务

2022 年 2 月，中央审议通过的《推进普惠金融高质量发展的实施意见》，强调要加快补齐新型农业经营主体等金融服务短板，有序推进农村数字普惠金融发展。未来，农村数字普惠金融将进一步发挥金融在乡村振兴战略中的作用，通过数字技术推动金融服务向“三农”领域下沉，打造高质量农村金融服务体系。农村数字普惠金融是数字普惠金融在“三农”领域的实现形式。“三农”领域“融资难、融资贵”的核心原因在于金融机构向农村借款人提供信贷服务时面临的信息不对称和契约执行困境，包括由于信息不对称导致的逆向选择和道德风险倾向，以及契约签订和执行过程中产生的人力成本、技术成本及管理成本等。数字普惠金融在农村地区的顺利开展有利于其利用数据和信息技术解决农村信贷中的信息不对称和契约执行问题。强化农村数字普惠金融服务需要政府、金融机构、农户等多方的共同努力。

（一）地方政府：构建新型农村信用体系

地方政府作为地方市场经济活动的组织协调者和服务者，在农村数字普惠金融发展过程中起到了极其重要的推动作用。一方面，各商

① 钱鑫：《试论如何健全自治，法治，德治相结合的乡村治理体系》，《经济师》2023 年第 8 期。

业银行的农村数字普惠金融模式可以建立在与地方政府相关部门深度合作的基础上，通过搭建政府的社会合作网，在党建联盟、村银共建的基础上实现资源共享和优势互补，共同推动农村数字普惠金融服务的发展。如今的商业银行开展农村数字普惠金融服务虽然很多是借助大数据与互联网科技发展农村数字普惠金融，但在这一过程中，业务的拓展离不开当地政府的宣传与推广，需通过政府去对接农户对普惠金融的需求，培养农户的信贷习惯，提高银行数字普惠金融在农村市场的接受度。另一方面，数据是农村数字普惠金融服务重要的要素资源，政府各部门积累形成的关于农业产业和农村中小微企业的政务大数据、乡村治理数据，相关商业数字科技平台形成的商务大数据很大程度上为强化农村数字普惠金融服务提供数据支持，在依法合规、知情授权的基础上，商业银行可以进行整合利用，加上整合农业生产的卫星遥感数据、农业供应链、小微企业参与的供应链相关数据而形成的大数据，将开发出关于农业农村主体、小微企业的替代性信用信息体系，能有效地解决各银行、保险公司等金融机构缺乏关于农业农村主体、小微企业信用信息的难题，改进金融机构的服务信贷决策环境和能力，进而扩大对弱势群体服务的覆盖面，提供更加普惠的金融服务。

（二）金融机构：提供精准化个性化服务

利用数字化技术，金融机构可以拓展金融服务范围、提高服务效率和质量，更好地服务“三农”客户群。首先，金融机构通过收集符合准入条件的客户信息，运用深度学习等算法进行建模，深入挖掘“三农”客户群的特征和对金融服务的需求偏好，精准细分“三农”客户群，选择目标客户，为其提供定制化的金融产品和金融服务，以提高获客能力。其次，由于“三农”客户群较分散、服务需求频次较低、资金规模相对较小等特点，金融机构应充分践行以客户为中心的理念，为“三农”客户群提供个性化的金融产品和金融服务。例如，金融机构可以借助线上平台和智能柜台等服务，为客户提供更快捷、高效的服务体验。通过线上专属客服，客户可以随时随地获取需要的金融服务，而智能柜台则可以快速、准确地处理客户的业务需求。再次，金融机构还应加强与合作伙伴的生态建设，打造智慧金融服务站点，为“三农”客户群提供交易结算、融资投资、政策解读、信息媒介、磋商撮合等一站式金融服务。为了提高“三农”客户群的满意度和忠诚度，金融机构还可以在客户准入、授信管理、利率定价、贷款期限、担保方式、审批流程等方面提供差异化、定制化的服务。最后，金融机构需不断提升产品的创新能力。针对粮食种植、畜牧养殖、海洋牧场、农产品加工、贸易等领域，设计出一系列涉农特色金融产品，如农耕贷、畜牧贷、农贸贷、加工贷等。同时，融合应用人工智能、大数据、物联网等技术，深度发挥创新技术的协同效应，打造差异化、定制化、个性化的融资模式，争取做到一户一策、一人一策，满足不同农业经营主体的融资需求，提高金融机构的服务质量和效率。

（三）农村居民：提升自身数字金融素养

农村居民的数字金融素养是推动农村数字普惠金融服务发展的重要一环。为了实现这一目标，政府及金融机构应通过线上渠道，如互联网、社交媒体等，向农村居民普及数字普惠金融的基本知识。同时，也要做好线下宣讲，委派专业人员深入农村，通过讲座、课程培训等方式向农村居民普及数字普惠金融的相关知识，提高对数字金融产品的认知度、认可度。同时，农村居民也应积极主动地学习并掌握基本权益的保护技巧，如隐私保护、安全使用网上银行等。在遇到网络金融诈骗、非法集资等违法行为时，能够及时识别并报警，保障自己的合法权益不受侵犯。

五、培育提升“新农人”数字化素养

除了上述提升农村居民数字金融素养以外，永州精准对接粤港澳大湾区还需大力培育提升“新农人”的诸多数字化素养。在当前，“新农人”应该基于数字化思想意识、信息技能和数字化创新策略[①]，经政府、企业、培训机构、职业院校和农民个人多渠道培育，且通过引导、实施和发展多个阶段综合形成的新型农民[②]。又由于城乡数字化“鸿沟”带来了永州精准对接粤港澳大湾区的产业难点，急需缩小城乡数字化的差距[③]，因此培育提升“新农人”数字化素养的必要性迫在眉睫[④]。

课题组在前人研究的基础上提出了“新农人”数字化素养培育路径模型（见图 6–2），该模型首先将培育层次分为政府、企业、培训机构、职业院校和农民；其次从培育引导期、实施期和发展期三个阶段，对农民的数字化思想意识、信息技能和创新策略方面进行提升路径设计[⑤]。该培育路径模型中政府主导培育政策制定和农业市场调控；企业专注于各自领域“新农人”上岗和管理；培训机构联合协会

① 沈晶晶、傅盛、谭福琛：《新时代农民信息素养提升研究》，《现代农业研究》2019 年第 4 期。

② 林克松、曾亭：《利益相关者视域下乡村工匠培育的现实困局与破解路径》，《教育与职业》2023 年第 16 期。

③ 余设华、沈忱：《数字时代农民数字素养培育现状探索和分析》，《现代畜牧科技》2023 年第 1 期。

④ 路辉：《培育“新农人”走好振兴路》，《江苏农村经济》2023 年第 4 期。

⑤ 余设华、沈忱：《数字时代农民数字素养培育现状探索和分析》，《现代畜牧科技》2023 年第 1 期。

企业对在岗“新农人”进行数字化就绪教育培训；职业院校则主要从事大学生未来面向“新农人”企业和市场的“校企地”联合教育；农民个人的自身职业规划和提升也是主动学习的路径。引导期指“新农人”培育初期，以法律法规和政策培育为主；实施期是精准对接运行期，以信息技能的提升为主；发展期指在培育的后期，通过创新策略指导，持续改进和循环提升数字化素养[①]。

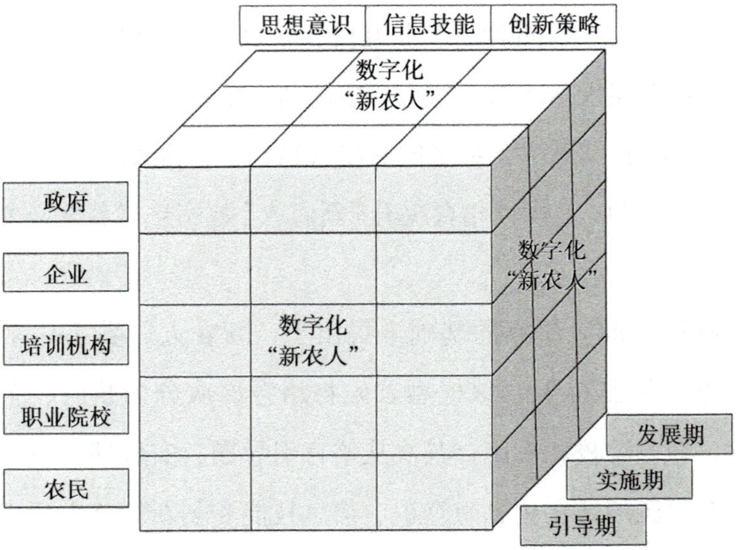

图 6–2 “新农人”数字化素养培育路径模型

培养永州精准对接粤港澳大湾区“新农人”，具体来说，要做到以下几点：

一是实施“人人学技能、人人持证”工程。实施“人人学技能、人人持证”工程，重视培养高素质农民，通过培训考核掌握技能，在

① 李鑫、韩永强：《新型职业农民数字化素养及其培育路径》，《中国成人教育》2022 年第 21 期。

农从农，在高技能支撑下做“新农人”[①]。加强农村科普，健全和完善县乡科学技术推广普及网络，大力推动农村科普出版物发行，增加农民买得起、读得懂、用得上的通俗读物的品种和数量。积极探索利用各类新媒体传播渠道，通过动画、短视频等农民喜闻乐见的形式，广泛宣传农业生产应用技能和成功经验。加强农技推广和公共服务人才队伍建设，支持农技人员在职研修，建立涉农院校与基层农技推广服务机构联合培养人才制度，基层农技特岗人员通过“定向招生、定向培养、定向就业”方式，引导鼓励本土高素质农科毕业生到基层开展农技推广服务。[②]

二是构建“校企地”远程协同教育实践平台。利用物联网、大数据、云存储等技术，帮助教师实现校企地协同育人模式，搭建乡村振兴“产教融合”服务平台，开展大学生创新创业实践教育和实战演练。构建以农民、教师、学生为主体的“立体协同”教育模式，建立多学科融合的协同教育机制，形成“校企地”联合新平台[③]。推进高素质农民学历提升行动计划，依托永州职业技术学院、潇湘技师学院、永州市农村党员和青年农民培训中心等教育资源，鼓励农民通过农学结合、弹性学制培养模式，接受职业教育提升学历层次。充分利用现有网络教育资源，加强农民在线教育培训。支持涉农职业院校等教育培训机构和相关社会组织依托新型农业经营主体和服务主体建设产教融合实训基地、创业孵化基地和农民田间学校等。[④]

---

① 郑洋洋：《培育更多高素质的“新农人”》，《发展》2021 年第 7 期。

② 永州市人民政府办公室：《永州市“十四五”农业农村现代化规划（2021—2025 年）》，2021 年 12 月 27 日。

③ 汪强：《乡村振兴背景下“新农人”培育模式研究》，《智慧农业导刊》2023 年第 3 期。

④ 永州市人民政府办公室：《永州市“十四五”农业农村现代化规划（2021—2025 年）》，2021 年 12 月 27 日。

三是培育和引进农村电商物流“新农人”。增强数字农村赋能农村电商物流发展能力，助力实现数字农村赋力农村电商物流的发展目标，促进农村电商物流产业更加高效、便捷、可持续发展，为农村经济发展注入新动力。通过引进“新农人”人才和实施就地培育计划，达到电商物流和农业产业结合的新模式①。通过农家书屋提升数字服务效率、培养和提高数字素养、精准匹配内生需求、丰富数字服务供给形式、加大服务推广力度、加强数字安全保护、完善评价机制等策略②。

四是创新“学行结合”，推进“头雁训练双提升”工程。创新乡村振兴领军人物培养模式，以培养有文化、懂技术、善管理的高素质农民为目标，多层次、多渠道、多形式开展农民教育培训工作③。挖掘乡村人才资源，加快乡村本土人才队伍孵化，培育一批种养业发展带头人、职业农民带头人、乡村旅游致富带头人、农村电商创业带头人。加快农村实用人才队伍建设，实施新型农业经营主体带头人、返乡入乡创新创业者、新生代农民工高素质农民培育计划、职业技能提升计划和“一村一名大学生工程”，实施新时代永州乡村好青年选培计划。持续优化乡村创业环境，培育农村创业创新带头人，大力开展家庭农场经营者轮训，分期分批开展农民合作社骨干培训，加大农业社会化服务组织负责人培训力度，鼓励引导党政干部、工商人士、专家学者、高级知识分子、离退休人员等各类人才积极投身乡村振兴。

---

① 马小雅、陈海芳、孙丽梅：《数字乡村赋能农村电商物流的运行机理和实现路径》，《南宁师范大学学报（哲学社会科学版）》2023 年第 4 期。

② 李超：《数字乡村建设下农家书屋数字化服务效能提升研究》，《图书馆理论与实践》2023 年第 1 期。

③ 路辉：《培育“新农人”走好振兴路》，《江苏农村经济》2023 年第 4 期。

五是解决“谁种地、怎么种地”的问题，大力培育新型职业农民。新型职业农民的培养关系到国家粮食安全、农业现代化、全面小康社会建设等方面，应形成新型职业农民培育体系深化推进、夯实基础、提高质量、规范管理发展的新阶段[①]。面向农民就业创业需求，发展技能培训、职业教育、农村社区教育、继续教育，激励大中院校、培训机构、推广机构、涉农企业和农民积极参与，建设一批产教融合基地。组织开展以新品种、新技术、新模式为主要内容的农民科技培训，建设一批农业科技示范展示基地。强化农民经营管理、营销策划、市场推广知识培训，建设一批示范性培训基地。

第四节　深化土地制度改革，激发乡村发展活力

土地制度是一个国家基础性、根本性、全局性的制度。党的二十大报告中指出：“深化农村土地制度改革，赋予农民更加充分的财产权益”，深化承包地“三权分置”改革，探索宅基地“三权分置”实现形式，继续推进土地征收制度和农村集体经营性建设用地入市制度改革，保障进城落户农民合法土地权益并鼓励其依法自愿有偿转让，赋予农民更加充分的财产权益，有助于激发乡村发展活力。

一、落实承包地“三权分置”制度

农村承包地“三权分置”制度的推行标志着中国农村土地制度的重大创新，其核心思想在于对原有土地“承包经营权”的解构与重构。

① 岳秀红：《提升新型职业农民培育质量的必然选择：精准培育》，《农业经济》2019 年第 7 期。

这一制度将土地“承包经营权”分解为“承包权”和“经营权”，将土地“所有权”归属于农村集体，土地“承包权”属于承包农户，而土地“经营权”则归于经营主体。通过这一优化配置，实现了农村土地资源和产权的有效整合。农村承包地“三权分置”制度的初衷在于借助市场机制推动土地“经营权”的有序流转，以推进农村土地适度规模经营，提升农业生产效率，降低生产成本，同时确保农民收入的提高，维护国家粮食安全。

习近平总书记在2013年首次提出了“三权分置”的概念，随后政府于2014年正式提出农村承包土地“三权分置”制度改革，之后的政策文件一直不断完善和推进这一改革。2019年中央一号文件明确提出“完善落实集体所有权、稳定农户承包权、放活土地经营权的法律法规和政策体系”，并指出当前的工作重心是完善农村承包地“三权分置”制度改革的法律法规和政策体系。最近一次的《农村土地承包法》修订中将“三权分置”制度法律化，并在民法典物权方面实现了理论和法律层面的落实。

永州市率先实践“三权分置”模式，推动农村承包地确权登记，促进耕地流转和集体资产产业化经营，取得显著成效。政府通过鼓励村集体经济组织提出耕地流转项目，使农村土地资源向高效、规模经营集中，成为农村经济可持续发展的典范。至今，全市已颁发农户证书106.93万本，到户率达99.06%，形成了“永州经验”。设立13个县级、195个乡镇级农村流转服务中心和2562个村级服务站，农村耕地流转面积达293.63万亩，占家庭承包耕地面积的58.45%。全市培育了10314个农民专业合作社、29224个家庭农场、29196户专业大户，覆盖538.22万亩稻田、793万头生猪、308.44万亩蔬菜、127.45

万亩柑橘、350 万亩油茶、20.44 万亩茶叶、23.17 万亩中药材等规模特色产业①。

但永州市仍面临着农村社保制度发展滞后及对土地保障功能的依赖、农村土地流转交易机制不健全导致农村承包地流转的交易成本过高、价格机制作用有限、农村土地承包经营权存在功能超载和权能缺失等问题，未来农村土地承包经营制度改革将朝着落实和完善“三权分置”的方向探索推进。具体措施如下：

（一）确保农村土地集体所有权

农村土地制度改革作为中国农业发展的重要一环，其核心问题在于集体所有权和耕地保护的维护。在承包经营制度的改革中，必须重点解决涉及流转合同、农地破坏以及农地发生“非农化”“非粮化”等问题，这些问题的解决对于保障农民权益、促进农业可持续发展至关重要。

首先，明确集体所有权的归属主体和权能是解决问题的首要任务。为实现这一目标，需要建立健全法定机构，明确定义村民委员会和集体经济组织的法定设立程序。这将有助于明晰权责关系，提高集体所有权的法律效力，为土地制度改革提供坚实的法律基础。通过规范集体所有权的行使方式，可以有效地防范不当侵权行为，确保集体经济组织和村民委员会合法合理地行使相关权益②。

其次，发展农村集体经济与组织是解决流转合同纠纷等问题的重

---

① 永州市农业农村局：《深化改革服务 发展壮大农村集体经济》，http://www.yzcity.gov.cn/nyw/0202/202305/54548dac521f4231a81c31aed06b4da2.shtml，2023 年 5 月 15 日。

② 张先贵：《集体经济组织享有集体财产所有权的谬误与补正》，《安徽师范大学学报（人文社会科学版）》2021 年第 3 期。

要途径。通过引导和支持集体经济组织的发展，可以提高农民的自主经营能力，推动农村集体经济的繁荣。同时，建立健全农村组织体系，为农民提供法律援助和维权服务，有助于解决承包经营制度改革过程中涉及的合同纠纷等问题，维护农民的合法权益。

最后，通过政府引导，加强对集体经济组织的支持和监管，确保其规范运作；同时，借助市场机制，通过市场调节资源配置，提高农业生产效益。这种“再集体化”策略有望在农村现代化和地权集体化方面取得积极成果。

综合而言，农村土地制度改革中的集体所有权与耕地保护是不可忽视的关键问题。通过明确集体所有权的归属主体和权能，发展农村集体经济与组织，以及尝试政府引导与市场机制相结合的“再集体化”策略，有效解决承包经营制度改革中的种种问题，推动农村经济的健康发展。这将为中国农业现代化提供有力支撑，促使农民从土地制度改革中获得更多实质性的利益。

（二）优化农村社会保障等制度

社会保障与土地之间存在密切关联，农民将土地视为维系生存和提供保险的关键资源。尽管非农就业机会逐渐增加，但农民对土地的依赖并未显著减少。当前农村社会保障体系存在明显不足，其保障水平相对较低，这导致农民对土地保障功能的认知和依赖难以迅速改变。因此，土地市场化配置改革在实践中需认识到土地的实物保障功能存在一定的有限性。

在推动土地市场化配置改革的过程中，政府应当首先采取措施完善社会保障体系，提升农民和农民工的生活保障水平，以减缓对土地的过度依赖。这不仅需要提高社会保障体系的覆盖面和力度，还需确保其能够有效满足农民多样化的需求。通过此举，有助于改变农民长期以来对土地保障功能的依赖模式，推动其在社会保障体系中的转型。同时，为促进农业人口转移和城乡要素自由流动，必须深化户籍制度改革。这一改革举措有助于解放农村土地的保险功能，为农民提供更为广泛的就业和生活选择。农业人口的自由流动有望促使农村土地的多元化利用，不仅满足农民就业需求，也有助于实现工业化、城镇化以及国家粮食安全的综合发展目标。

总体而言，土地市场化配置改革的成功需要综合考虑土地保障功能的有限性，并在此基础上加强社会保障体系的建设。通过深化户籍制度改革，为农民提供更多选择，有助于实现土地在农民生计中的多元化作用，促使农村社会保障体系更为完善和灵活，从而逐步减少对土地的过度依赖，为我国农村可持续发展奠定坚实基础。

（三）健全承包地流转市场机制

首先，在健全承包地流转市场机制的过程中，首要的关键举措在于通过推动永州市农村土地市场化配置，以价格机制为引导，积极促进土地流转市场的发展。需要增加交易主体参与，完善竞争性均衡价格的制定，并加强信息共享，以消除承包地流转中存在的“价格幻觉”问题。政府应减少行政干预，同时加强对农村土地市场的功能支持，以推动土地规模经营、乡村振兴和农业现代化的实现[①]。

其次，为了有效减少搜寻和信息成本，需要在永州市培育市场中介组织，旨在规范并引导流转合约的制定，充分发挥村委会在流转过程中的协调服务功能，并强化对流转过程的监督和信息公开，以降低

① 孔祥智、周振：《我国农村要素市场化配置改革历程、基本经验与深化路径》，《改革》2020 年第 7 期。

潜在的寻租行为。

最后，为解决“谁来种地”这一问题，需要培育永州市的新型经营主体。鼓励工商资本进入农村，形成新型的经营主体，并规范其经营行为，以防止违规利用土地和破坏生态环境。通过财政税收和金融政策的调整，可促进流转市场的扩大，同时发挥市场竞争和价格机制在资源配置中的作用，引导各权益主体进行竞争与合作。

总体而言，通过这些关键措施，可以推动永州市农村土地承包地流转市场机制的健全发展，实现资源的有效配置和农业经济的可持续发展。这既有助于提升农村土地利用效率，又有利于推进乡村振兴战略的全面实施。

（四）创新农村土地经营模式

第一，鼓励土地经营创新被认为是提高农业生产效率和可持续性的核心。创新通过引入现代技术、数字化管理和可持续农业实践来实现，有助于提高生产质量和数量，同时降低成本，使农业向更先进和适应性更强的方向发展①。

第二，有偿退出机制是优化土地资源配置的关键机制之一。通过建立健全有偿退出体系，实现农业用地的合理调整和再分配，提升农业生产力。这为希望退出的农户提供了公平的途径，释放土地资源以供更具发展潜力的农业经营主体使用，提高土地利用效率，支持农业产业结构的优化。

第三，多元化土地规模经营是实现农地可持续管理和提高农业抗风险能力的战略选择。支持不同规模的农业经营主体促使土地利用更

① 邓朝春、辜秋琴：《我国农村土地承包经营制度的演进逻辑与改革取向》，《改革》2022年第5期。

加多样化，降低单一农业模式的风险。多元化土地规模经营也推动农业产业链的协同发展，促进农业现代化和综合性发展。引入不同规模的投资者和经营者使农业生产系统可以更好地适应市场需求和技术创新，实现全方位的农业可持续性。

这三个方面的措施在土地改革实践中相互交织，形成一个有机整体，为农业高效、可持续发展奠定了坚实的基础。通过持续优化土地经营模式、推动有偿退出机制、促进多元化土地规模经营等方式，使社会更好地应对农业面临的多重挑战，实现农业产业的升级和可持续发展。

二、稳慎推进农村闲置宅基地流转

随着市场经济和城镇化的发展，农民对宅基地期望逐渐超越了仅有的保障功能，更强调其社会商品属性和交易价值。如何解决农村宅基地制度执行困境，统筹处理闲置宅基地和农房，全面整合农村土地资源，对于永州市发展优势特色农业产业，推动乡村振兴具有重要意义。

2013 年，永州市颁布了《永州市农村宅基地管理办法》。自 2019 年以来，宁远县积极探索农村宅基地改革，成为湖南省的典范，并在中央电视台专题推介。改革包括闲置宅基地入股、宅基地整治、历史宅基地保护等方面。通过引导宅基地入股，全县 1652 亩宅基地成功入股，吸引 580 万元社会资本合作开发，显著提升农村吸引力。鼓励村集体进行宅基地整治，已整治 3070 座残破房和 541.4 亩空心房，分配给 1100 户农户，确保基本居住权。对于承载历史元素的宅基地，采取保护优先、原址开发和修旧如旧的方式。县政府积极推动红色文化教育基地建设，已建14处红色文化教育基地，16处精品景点，新建36处村史馆和农耕文化展示馆①。

在永州市宅基地改革过程中，农村人口减少、宅基地面积增长，呈现宅基地闲置与不足共存的现象。城镇化进程中，农民仍保留宅基地，导致季节性和长期性闲置，宅基地布局无序扩张，缺乏合理规划，同时，农村新增户数的增加和改善居住条件的期望导致违规建设普遍存在。这些问题的根本原因在于缺乏宅基地使用权退出的激励机制和通道，合理规划不足，宅基地和农房功能利用不充分，审批程序烦琐，村集体管理宅基地的作用不够充分。可以尝试从以下几方面努力。

（一）深化农村宅基地制度改革

第一，在宅基地管理方面，确保宅基地取得的基本依据是集体经济组织成员权，以全面保障农户的居住权利。此认定应具有灵活性，以在各村实际情况下进行宅基地区域分配，有助于适应不同地方的特色和需求。第二，为了完善宅基地审批机制，建议优化审批流程，逐步下放审批权。允许区县级政府参与农村宅基地审批，并及时上报审批结果备案，可以提高效率，减轻政府行政负担，更好地满足地方需求。第三，为改进宅基地分配方案，提升规划质量，明晰宅基地平均面积，采用学术方法论确保宅基地的合理分配和可持续利用。在规划过程中，应综合考虑人口密度、土地类型、生态环境等因素，形成科学、合理的宅基地分配方案，以促进农村土地资源的合理配置。

（二）完善闲置宅基地退出机制

在土地资源优化配置的背景下，针对长期闲置宅基地问题，建议

① 永州市自然资源和规划局：《对市六届人大一次会议第1394号建议的答复》，http://gtzy.yzcity.gov.cn/gtzy/jytabl/202208/3b1efefc7fcb44e38ed0df6cc9ae35e0.shtml，2022年5月27日。

采取一系列措施以促进土地被更有效地利用。

首先，可以考虑通过适度征收相应的闲置费用这一经济手段，激发土地资源的积极利用，引导土地资源更加合理地配置。为确保退出过程的公正和透明，提倡通过集体协商方式明确退出时的补偿标准或无偿退出方式，并将相关安排纳入《宅基地使用权证》，以法律手段保障农民权益，促使土地更为顺畅地流转。

其次，改进进城农民的社会保障制度。确保农民自愿退出宅基地，前往城镇工作和生活，并为其提供未来返乡宅基地的合理安排。在社会保障政策中明确对进城农民的全方位保障，包括医疗、教育、住房等。为实现宅基地退出平衡，应制定合理的退出补偿规定，考虑当地经济发展、宅基地规划、住宅新旧等因素，确保退出补偿的公平性和合理性，促进土地资源的有效配置。

最后，在流程方面，建议将宅基地退出流程调整为村民主动提出退出申请，以更好地贴近农民的实际需求，提高农民对土地资源管理的积极性。经过村集体核查后，由上级政府审批，确保退出过程基于农民自愿原则，并保障其合法权益。通过这一调整，可以实现宅基地的有序退出和安置，促进土地资源配置更加灵活，符合农民自愿原则，有助于村庄和城市土地资源被更有效地管理和利用。

（三）审慎推进农村宅基地流转

第一，引入限制性财产权制度。在永州市推进宅基地流转的过程中，建议特别针对其独特情境引入限制性财产权制度。该制度的设立旨在精确规定农村社会管理和宅基地流转范围，并详细规定土地的具体用途，以更精准地把握土地增值收益。通过限制性财产权的建立，有效促进土地资源在流转中实现更精细管理和发展。

第二，规定流转范围和用途。首先必须明确规定宅基地流转仅限于农村地区，逐步扩大至本县域，支持农民在县域内进行住宅交易。同时，对宅基地流转的用途进行具体规定，包括租赁经营和商业规划经营，但禁止用于大型制造企业或商品房开发，以在资源配置和财产权方面实现平衡①。

第三，明确流转期限和利益分配方案。根据不同用途设定相应期限，提高流转管理效率。同时，科学制订流转的利益分配方案，由集体经济组织负责管理，并结合市场变化决定是否留存一定比例的增值收益，确保流转过程中各方权益平衡。这种利益分配方案的科学性和灵活性，有助于应对不同市场状况，保障土地资源在流转过程中的公平利用。

（四）完善农村宅基地管理体制

对城乡一体化建设方向进行梳理，提高宅基地规划的针对性。农村宅基地管理需从以下几方面入手：首先，通过村集体经济组织系统摸底宅基地信息，夯实管理基础。这有助于建立准确的宅基地数据库，提供科学数据支持。其次，颁布规划文件设定面积标准，保障基础设施用地，改善村容村貌，强调生态环保原则。规范宅基地使用，提高农村发展环境。再次，制定配套宅基地管理制度，明确农村发展规划空间标准。规范宅基地的开发和利用，确保土地有效利用和合理分配。最后，完善宅基地确权登记制度，详细规定数量和面积等信息，保障宅基地权益。有助于宅基地使用权流转，提高效率和明晰权益。

---

① 杨雨晴、张立恒：《乡村振兴视域下农村宅基地制度改革路径研究》，《农业经济》2023年第9期。

三、慎推集体经营性建设用地入市

农村集体经营性建设用地入市作为农村土地制度改革的重要组成部分，它不仅能够增加农户的土地财产权利，激活农村资源要素，同时也能为乡村产业发展、农民返乡创业提供土地支撑，还能影响城镇建设用地供给，减轻一些城镇用地比较紧缺的问题，这是一项需要党中央决策部署、关系到广大农村农民群众切身利益和社会各界利益关系的一项重要改革工作。

2015 年 2 月，国务院发文在全国选取了 33 个县（市、区）进行农村集体经营性建设用地入市试点。2019 年中央一号文件明确指出要“全面推开农村集体经营性建设用地入市改革”。2022 年 9 月，中央全面深化改革委员会提出农村经营性建设用地改革关系到广大农户的切身利益，关系到各方的利益调整，需要暂缓全面推开，再行试点。2023 年 3 月，自然资源部正式重新启动新一轮集体经营性建设用地试点工作。农村集体产权制度的变革关系到农村集体产权制度的完善，土地利用的市场化配置机制，以及土地增值收益的合理配置等，可谓牵一发而动全身。农村集体经营性建设用地入市改革从依法授权到试点探索再到修改土地管理法最后才进行实质性推进入市交易，前后用了约 8 年时间。党中央如此长时间聚焦一项单项改革，表明了中央对农村集体经营性建设用地入市改革态度慎重、落地举措慎重。

通过查阅相关资料并对实行集体经营性建设用地入市的试点地区进行调研，相关工作的推进还需从以下五个方面着力。

一是健全集体经营性建设用地入市配套制度。集体经营性建设用地入市的制度尚待进一步健全，特别是集体建设用地和国有建设用地项目的“同权同价”机制尚不成熟，集体经营性建设用地土地出让速度不够快，致使有关企业仍处于观望状态。相关部门需要完善相关的政策体系，提高改革的系统性与规范性，促进集体建设用地的市场化改革与产权改革、乡村产业发展和乡村社会治理等方面的协调发展。完善规划、投资、金融和税收等配套的服务体系。通过对用地规模、时序、节奏的把握，实现工业用地的有序配置，推动美丽乡村的发展，防止盲目开发和重复建设。

二是完善农村土地增值收益分配机制。完善农村土地增值利益的合理配置，要考虑到农民个人、集体以及国家三方面的利益。在保证农民个人权益的基础上，按照土地的使用状况和地域分布状况，对农民个人、集体和国家的收益进行适当的划分，以达到全面均衡的目的。要将眼前的短期利益和长远的发展利益关系处理好，特别是在农村集体经营性建设用地的转让中，采用货币补偿、入股分红等多种方式来进行，使其能够将资产配置和资金配置有机地融合在一起，提高农民土地增值收益的长期稳定性。

三是建立县乡统筹推进工作机制。建立以公正和高效为导向的集体建设地入市工作制度，健全乡镇集体建设地的价格评估制度，核算好工业建设用地的拆迁和建设的比重，合理估算集体建设地的投入成本，防止土地资源浪费，增加政府的财政负担。全面保障村集体在市场上的主导地位，摸清楚各村集体建设用地的底数，理顺各个乡镇与村、村与村、村与农户之间的利益，实现农村与农户、农村与农村的共同发展。在股权分配、拆迁腾退、利益分配、营商环境等各个环节中，要及时发现并化解存在的问题，促进改革的可持续发展，促进地区社会的安定。

四是建立矛盾预警及处置机制。要重视土地拆迁腾退中的冲突和矛盾的处理，制订统一的矛盾化解工作方案和疏导口径话术。公安、政法、检察、审判、信访等部门和机关要提前预判介入矛盾处理，在工作过程中实行协同联动，及时化解矛盾冲突，重点解决好涉法涉诉问题，力争将相关矛盾纠纷化解在萌芽状态。

五是建立完善全链条监督机制。强化对集体建设用地交易的全过程监管，完善纪检、审计、公安、司法、管理等部门的纪律和执法监察体系。根据各自的工作职责，以推动乡村振兴、壮大集体经济、维护群众利益为重点，对在改革中不担当、不作为、乱作为，不公平的股份分配、不公开入市交易、截留挪用分红基金等各种不公正的行为，以严格的法纪推进农村土地制度改革，切实维护农户的财产利益，以高品质的乡村振兴全面推进中国式现代化。

四、激励进城落户农民退出承包地

承包经营权是农民最重要的土地财产权益，是农民的“命根子”，因此农村土地承包经营权的退出事关广大农户的切身利益，是党中央和国务院重点关注的问题。2015 年 7 月在国务院办公厅发布的《关于加快转变农业发展方式的意见》中首次明确提出在坚持农村土地集体所有和充分尊重农民意愿的基础上，在农村改革试验区稳妥开展农户承包地有偿退出试点。随着各试点地区农村土地承包经营权工作的展开，可以看到农户土地承包经营权的退出不但盘活了闲置农村土地资源，同时也实现了农户、新型农业经营主体和村集体的三方共赢。

但由于土地承包经营权退出尚处于探索阶段，当前还面临不少突出困难和问题。根据调查访谈得知，80% 以上进城定居的农民工表示不放弃自己的承包地。虽然我国的法律法规和国家的相关政策都给予了农户退出土地承包经营权的权利，但其退出问题直接影响到农户的生活。总体来说，目前存在的问题有：土地流转规模小，区域分散，管理和利用困难；土地补偿周转资金数额巨大，资金筹集困难；农户的后期保障困难等。为解决这些问题，不同试点地区根据自身的条件从不同层面开展了探索，课题组研究了通过县域统筹实现农民土地承包经营权的自愿有偿退出与生态移民相结合的宁夏平罗模式，学习了该模式的先进经验，并创新出三种退出方式退用结合的重庆梁平模式，调研了以地养老，让农民老有所依的上海松江模式，参考这些成功地区的经验做法，永州在鼓励农民退出土地承包经营权时可以从以下几方面着手。

（一）加快规范土地承包经营权流转市场

在给予农户自由退出土地承包经营权的基础上，也要给予相关主体一定的自主进入权，以确保博弈的可重复性，提高农户的收益。要构建健康的土地承包经营权流转市场，必须要有相关的准入制度配合，以实现买卖双方的双向流通，只有这样，才能保证在农户的集体土地所有权不发生变化的同时实现农民集体的可持续发展。农民的自主进入权一方面可以提高农民的退出意愿，降低他们退出土地承包经营权的机会成本，同时可以吸引外来人口到乡村来经营土地，为乡村发展带来新的活力。因此，必须尽快构建规范的流转交易市场，农民的土地承包经营权能够实现有秩序的“能进能出”双向流转。要充分利用地方各级土地承包经营权转让市场的作用，在当地政府、金融机构和农民群体等多方参与的前提下，对农地承包经营权流转的相关事宜进行标准化，积极推进农村土地承包经营权流转，并有步骤地开放和健全农村宅基地使用权流转市场。

（二）进一步壮大新型农村集体经济组织

只有当农村集体经济组织发展壮大起来，才能使农民获得经济利益，才能让自愿退出农村土地承包经营权的农民得到“合理补偿”，才能激励更多农民自愿退出农村土地承包经营权，乡村集体经济组织也因此获得更多的土地资源，进一步发展壮大；同时，也能使退出土地承包经营权的农户有更多机会获得优质工作岗位，分享土地改革的成果，乡村集体经济也能够获得更多的人力资源，从而促进乡村集体经济组织的高质量发展，实现农民与乡村集体经济组织的互利共赢。要实现这一目标，可以从以下四个方面着力。一是要大力推动乡村集体经济的数字化建设与改造，提高乡村集体经济中的数字化运用水平，让数字科技与乡村集体经济更加紧密地融合在一起，从而提升乡村集体经济组织的市场竞争力。二是要抓住国家实施乡村振兴战略的机会，积极鼓励村集体成立混合所有制企业，让乡村集体经济能够更好地融入乡村振兴的各个领域中。同时，要进一步加强对农村集体所有制产权制度的改革，让土地和人力资本等生产要素能够自由地流动起来，充分发挥出各种要素的生产潜力。三是要根据当地的资源条件，引导新型乡村集体经济组织通过对农产品进行深加工，以此提高农产品的附加值和竞争力，推动乡村集体经济组织的转型发展，提高企业的发展质量。四是要通过发展智慧物流、电子商务等新兴产业发展模式，创新乡村集体经济的经营方式，充分利用乡村集体经济组织在联系群众、动员群众和利用乡村人才和土地资源要素等资源上的作用，扶持乡村集体经济组织不断发展壮大，培育新的经济增长点。

（三）完善土地承包经营权退出保障制度

要让农民能够自愿退出土地承包经营权，必须建立农民退出土地后的社会保障制度，让农民觉得老有所依。一是鼓励农民进城落户，从而享受城市相应的社会保障体系。二是建立失地农民的养老保障体系。通过与商业保险公司合作，开发适合退出土地农民的特殊养老保险，为退出土地农民提供长期的生活保障。三是给那些退出土地承包经营权的农户重新获得土地承包经营权的机会。村集体可以囤积一批土地，对那些因无法在城镇生存而想要返回乡村从事农业生产的农民，在返还相关的土地补偿款后，可以重新申请获得部分土地，或者使其能够以市场价格优先承接其他农户退出的土地承包经营权，最大限度地减少失地后面临的各种风险，降低农户退出土地的机会成本，更好地保护农民的利益，从而提高农户退出土地承包经营权的意愿。

五、推进农村土地经营权抵押贷款

2021 年发布的《关于金融支持新型农业经营主体发展的意见》（银发〔2021〕133 号）强调，银行业金融机构要为符合条件的新型农业经营主体提供免担保的信用贷款支持，并且针对不同类型新型农业经营主体的特点，研究制定差异化的信用贷款政策。积极推广农村承包土地的经营权抵押贷款，支持农机具和大棚设施等依法合规抵押质押融资。积极开展新型农业经营主体“首贷”、无还本续贷业务。支持符合条件的新型农业经营主体通过债券和股权进行融资[①]。《农村土

① 中国人民银行 中央农办 农业农村部 财政部 银保监会：《关于金融支持新型农业经营主体发展的意见》（银发〔2021〕133 号），https://www.gov.cn/zhengce/zhengceku/2021-05/25/content_5611723.htm，2021 年 5 月 18 日。

地经营权流转管理办法》已经农业农村部2021年第1次常务会议审议通过，自2021年3月1日起施行。对农村土地流转进行了规范，成立农村土地承包经营权流转服务中介组织，在试点区域建立乡（镇）土地流转服务中心和村级土地流转服务站，以协助抵押权人对经营权抵押的土地进行管理和流转，为农村土地承包经营权抵押信贷业务试点工作提供强有力的组织保障[①]。为进一步做好该项工作，还需从以下三个方面进行努力。

（一）明确农村土地承包经营权抵押条件和范围

农村土地承包经营权抵押条件和范围主要为以下八类。一是农户及专业大户、家庭农场、农民合作社、产业化龙头企业等新型农业经营主体信用良好；二是各类主体具有偿还贷款本息的能力；三是具备持续生产能力且有一定规模的农业种养业、现代休闲农业及其他符合抵押条件的农业项目；四是其自有资金比例不得低于投入农业生产经营所需资金的50%[②]；五是农村土地承包经营权合法取得，并取得县级以上人民政府颁发的《农村土地承包经营权证》，通过招标、拍卖和公开协商等其他合法方式取得，并拥有具备法律效力的权属证明材料；六是经营土地没有改变农业用途；七是对符合农业政策性保险的产业，必须参加农业保险（约定条款中载明第一受益人为贷款人）；八是流转土地经营权符合抵押登记条件，土地承包经营权产权关系清晰、合法，村委会或发包方对土地未作“禁止抵押和再流转”限制。

① 中华人民共和国农业农村部：《农村土地经营权流转管理办法》（2021年 第1号），http://www.moa.gov.cn/govpublic/zcggs/202102/t20210203_6361060.htm，2021年1月26日。

② 永州市人民政府：《关于推进农村土地承包经营权抵押贷款工作的意见》（永政发〔2014〕14号），http://www.yzcity.gov.cn/cnyz/szfwj/201411/f9f87bd8c98f47638f125c7260866039.shtml，2014年11月7日。

承包经营租赁协议和手续符合国家法规政策。[①]

（二）依法认定土地承包经营权抵押价值并登记

土地承包经营权抵押价值需根据抵押当事人提供的有资质的价值评估中介机构出具的评估报告（意见书）进行确认，或按照当地政府相关部门公布的同期辖区内各地区农村土地承包经营权的基准价格协商确认。认定的一般原则：土地承包经营权抵押价值＝年租地平均收益×经营期限＋种养物价值。按照《农村土地承包经营权证管理办法》的规定，结合确权过程中依法确认的承包地块、面积、四至、空间位置等登记信息，编制完善经营权登记簿，并通过承包经营权登记管理系统，对农户承包地实现包括农村土地承包经营权证、农村土地承包合同书、农村土地承包到户分布图的信息化管理。同时明确了各县农业行政主管部门为土地承包经营权抵押信贷业务的抵押登记部门。抵押登记后，还要将情况抄报乡（镇）农村土地管理部门和村集体经济组织备案，以方便农村土地管理。[②]

（三）防范农村土地承包经营权抵押贷款风险

一是把好贷款用途关，防范信贷风险和用地政策风险。土地承包经营权抵押贷款用于购买农业生产资料，购买种子、种苗，购置农机具，受让土地承包经营权，从事农田整理、农田水利、基地冷藏库、农产品质量安全检测设施设备、大棚等基础设施建设维修，发展

① 湖南省政府办公厅：《关于开展农村承包土地的经营权和农民住房财产权抵押贷款试点的实施意见》，http://www.hunan.gov.cn/hnszf/xxgk/wjk/szfbgt/201603/t20160331_4825523.html，2016年4月1日。

② 永州市人民政府：《永州市农村土地承包经营权确权登记颁证试点工作方案》，http://zt.yzcity.gov.cn/zwgkyd2017/nyggnctdcb/201610/892f088f59dd4bedbf188ded9976fed3.shtml，2016年10月26日。

多种形式规模经营等。二是合理确定贷款金额与期限。各银行业金融机构要根据借款人生产经营状况、偿债能力、还款来源、贷款真实需求、信用状况等因素，合理确定贷款的最高额度。贷款最高额度原则上不超过借款人农业生产经营项目所需投入资金的50%，或不超过借款人认定的流转土地经营权抵押评估价值的60%；抵押期限为《农村土地承包法》规定的承包期以内，同时抵押人取得的土地承包经营权期限应为3年以上，截至信贷抵押之日起，剩余期限不少于2年。三是建立担保机制，创新贷款模式。①“公司+土地经营权抵押”，即农业产业化企业是承贷主体，并将企业拥有的土地承包经营权作为抵押物，同时企业负连带责任；②“基金担保+土地经营权抵押”，即行业设立基金，由基金担保和经营户的土地承包经营权抵押共同担保以获得贷款，担保责任由基金和土地承包经营权按约定比例分担；③“土地承包经营权作股权抵押”，即两个以上经营户以拥有土地承包经营权作为股权成立联营公司，把股权作抵押申请贷款；④直接以农村土地承包经营权为抵押取得贷款；⑤其他符合法规的贷款模式。

第五节　推广农业先进技术，强化典型示范引领

农业先进技术是提高农业生产效率和质量的关键。可以通过种养大户的带动，促进农业技术的普及和应用；可以发挥科技特派员的作用，总结和推广农业典型经验，提供全方位的农业技术服务；政府还可以组织筹办大型蔬菜种业展会或蔬菜产业发展论坛，搭建先进技术交流平台；或者创建数字农业示范园区，推动和引领农业现代化进程的加速发展。

一、依托种养大户示范带动

随着现代农业的快速发展，先进技术已经成为提高农业生产效率、改善农产品质量的重要手段。然而，由于种种原因，许多先进的农业技术并未得到广泛推广，限制了农业生产的整体水平。种植大户是指所从事种植业达到较大规模，在同等土地和物质投入条件下单位产量明显超过当地平均水平，有一定示范带动效应，能帮助农民增收致富的业主或技术骨干人员。因此，永州需要大力推广农业先进技术，并通过依托种植大户示范带动的方式，促进农业技术的普及和应用。

一是进一步加强科技示范户建设。按照产业分布情况，遴选一批具有丰富生产实践经验、生产经营规模较大、种养水平较好的专业大户，开展先进适用技术的先学先试先用工作，使之熟悉技术要求、熟练掌握技术要领，成为技术运用的带头人。在此基础上，逐步扩大范围，实现以点带面，调动种植（养殖）户的积极性和主动性，使之从思想上深刻认识到农业先进技术对于发展种植（养殖）业的重要作用，从行动上更加认可先进技术对于种植业增产增收的实际意义。

二是注重加强科技试验示范基地建设。重点开展新品种、新技术、新机具的引进、试验、示范、展示和技术培训等工作。农业先进技术的推广和使用，首先必须掌握技术，加强科技试验示范基地建设是掌握技术的重要渠道。一方面，通过开展新品种、新技术、新机具的引进、试验和示范，能有效提升种植户的见识；另一方面，通过开展培训，能使他们有效地掌握新技术，从而运用到具体的种植（养殖）中。

三是加强示范片和示范方建设。在粮食生产技术推广中，全方位开展高产创建活动，建立各级示范片和示范方，综合运用各项技术，达到稳产高产效果。示范户、示范基地、示范片、示范方的建立，完整示范体系的构建，不仅使示范点自身加大了技术的应用力度，同时发挥了较好的辐射带动效应，加快了技术的推广应用。同时，要进一步加强政府与产地融合联动，深化合作，积极发挥示范片、示范方东联西进、南向北拓的区位优势，全面布局、统筹规划、各尽所能、各显所长，全力发展多节点、建设多平台，打造科技密集高地。

四是加强培训宣传引导。通过集中授课、现场辅导和媒体传播等多种方式，引导农民使用推介技术，强化技术应用中农民的主体地位。同时，要充分利用已有优势，通过培训宣传和引导，进一步集聚外部人才，培养本土人才，吸引人才扎根，减少人才流失，建设科学合理的人才梯队。建立和完善人才引入和激励机制，营造开放包容的用人环境，以政策留住人才，以特色吸引人才，以情感培植人才，不断探索典型示范在推广农业先进技术中的新思路、新模式、新路径。

二、发挥科技特派员的作用

科技特派员是实施乡村振兴战略的关键力量。实现永州精准对接粤港澳大湾区优势特色农业产业发展，离不开科技特派员发挥的重要人才支撑。

一是发挥科技特派员主体作用，推动农业人才发展。科技和人才在优势特色农业产业发展中具有重要的支撑作用，产业发展的羁绊往往源于人才吸引和流动机制的低效，因此，要把人才资源开发放在科技创新最优先的位置。下派科技特派员的一个重要目的就是弥补农村科技人才的缺乏，通过科技人才的引进，带动培育新型农民和本土人才；通过基层实践促进人才的自我发展和成长，增强乡村的人才力量。一方面，借助政府组织力量，将各类专业人才下派到农村。广大科技特派员进村入户，上山下田，以现场培训、技术示范、课堂教学及个别指导等多种形式向农民传授科技知识和农业生产技术，培养和带动乡土人才，充分显示出科技和人才资源的辐射带动作用。另一方面，科技特派员深入农村生产一线，与农民群体结成利益共同体，在创办领办企业、合作组织过程中领着农民干、做给农民看、带着农民赚，加快科技创新和科技成果转化，真正给科技工作者提供运用、完善和创新技术的机会，实现其个人价值和社会价值的统一，增强其自身本领。

二是发挥科技特派员载体作用，推进农业产业发展。永州精准对接粤港澳大湾区优势特色农业产业发展，必须要注重产品品质、延伸产业链条、提升整体效益。科学技术在提升产品品质、调整产业结构方面具有重要作用。一方面，科技特派员可以增加科技供给，提高产品质量。科技特派员既与技术成果市场紧密相连，又与农户企业不可分割，主要通过制造和服务环节弥补种植和养殖环节附加值低造成的第一产业竞争力弱的问题。主要表现为科技特派员提供科技供给，破解产品的技术难题，提高农产品供给的质量；创建农业品牌，向高质量农业发展，形成“需求—供给—需求”之间的良性循环。另一方面，科技特派员能促进产业融合发展，优化产业结构。特派员将一二三产业融合，改变传统的第一产业发展模式，传统农民可以进行多种经营，如种植养殖、加工、销售、服务全链条经营等，形成新的产业业态。

三是发挥科技特派员纽带作用，促进科技成果转化。科技特派员要在科技成果转化、带动各类主体和增强企业实力三个方面增强工作实效，促进优势特色农业产业发展。一方面，科技特派员要提高成果转化率，尽力做到科技成果与需求相适应、科技成果之间相互衔接等，以现实需求为导向，进行科学技术的升级和改造。另一方面，科技特派员要增强各类主体间的联系。以科技特派员为纽带，以具体科学技术应用为内容，集聚相关科研人才，关联有能力进行成果转化、有技术难题的企业，帮助企业找到问题的解决方案。再者，科技特派员要提高对企业的贡献率。要不断用科技提升产品价值，提供更便捷、更经济的技术服务，提升企业产品竞争力，要勇于创新，善于创新，努力解决“卡脖子”的问题。

三、筹办大型蔬菜种业展会

随着农业市场化、产业化、标准化、现代化、国际化的发展，农业会展已成为农业产业发展的风向标，成为沟通国家之间、行业之间、经营者之间的桥梁。作为一种新的展销方式和手段，农业类会展以其直接、快速的特点越来越受到业界的肯定和认可，它对农业进步的推动作用也越来越受到社会的重视。农业会展包括各种蔬菜博览会、种业博览会、涉农洽谈会、农资交流会等。

永州市农业农村局、永州市科学技术局、永州市农业科学研究院、永州特色农业商会等政府有关部门及相关单位应积极组织农业龙头企业、专业合作社和家庭农场筹办大型蔬菜种业博览会、农交会等各种大型展会，吸引包括粤港澳大湾区农产品生产加工企业、批发户在内的政府部门、科研院所、种业企业、农户以及市民朋友前来参会，以此来推广和宣传永州优质特色农产品，或组织相关单位、企业、农户参加在粤港澳大湾区举办的大型展会。通过展会，为农业科研院所、种业企业创新育种推广搭建交流平台，助推良种良法能够进村入户，助力农民增收致富，促进对接粤港澳大湾区优势特色农业产业发展。

建立永州特色品牌农产品展销中心，定期举办永州特色农产品产销对接会，积极开展农业招商引资工作。政府牵头举办“永州特色农产品展示会”，开展新品种发布会、品种评价会、日光温室智能装备展览展示会、设施蔬菜绿色高效生产技术集成与示范观摩会等分会，全方位呈现蔬菜种业的新成果、新范式；通过名优特农产品展、智慧农业技术展、大棚现代设施展、农业成果摄影展等，同时结合自动喷药、节水灌溉、绿色病虫防控等先进生产技术进行综合展示，打造永州农产品区域性品牌，形成区域性特色。此外，通过组织粤港澳大湾区高新企业到永州市进行实地考察，了解永州市农产品情况，为永州市农业龙头企业提供对接技术平台。

四、举办蔬菜产业发展论坛

除了筹办大型蔬菜种业展会外，永州还要定期举办蔬菜产业高质量发展论坛，邀请全国蔬菜领域优秀专家学者集聚永州，围绕蔬菜质量安全状况与发展趋势、新时代蔬菜产业转型升级方法路径、蔬菜生物育种技术产业化、特色农产品品种创新与应用、优势品种与高效栽培技术等主题进行探讨，聚焦品质提升、种业攻关、精深加工、商贸物流、数字赋能等议题深入对话，为永州精准对接粤港澳大湾区农业产业发展“传经送宝”。

举办蔬菜产业发展论坛是推广农业先进技术、加强交流和合作的重要平台。因此，永州应该充分利用蔬菜产业论坛，搭建长期交流合作平台，推动蔬菜产业高质量发展。具体而言，一是交流和分享先进的农业技术和管理经验。通过论坛，可以交流和分享分子育种、基因编辑、杂交制种、无土基质栽培等先进的农业技术和基于大数据、物联网等先进技术的数字农业、智慧农业管理经验，提高蔬菜产业的生产效率和质量。二是探讨和研究蔬菜产业的发展问题。通过论坛，可以探讨和研究蔬菜产业品质提升与标准化、蔬菜种业高质量发展、设施土壤改良与安全优质生产、蔬菜高效栽培模式等蔬菜产业的发展问题，为蔬菜产业的发展提供科学依据。三是建立和发展蔬菜产业的合作网络。通过论坛，可以探讨农产品品牌建设、冷链物流管理、电商平台运行、数字金融支持等话题，建立和发展蔬菜产业的合作网络，为永州蔬菜“圈粉”粤港澳大湾区“把脉献智”。

五、创建数字农业示范园区

随着科技的快速发展和数字化转型的推动，农业高质量发展需求、科技创新驱动包括市场竞争压力等因素同样推动着农业现代化的发展，传统农业面临诸多挑战，农业领域逐渐进入了数字化时代。为了提高农业生产效率，推动农业技术创新，促进农业可持续发展，提升农产品质量与安全性，加快农业产业转型升级，推动农村产业融合发展，增加农民收入，改善农村生活环境，数字农业示范园区的建设变得越来越重要。未来，需要进一步深化数字农业示范园区的建设和实践，探索适应我国国情的数字化农业发展道路，推动农业现代化进程的加速发展。

永州市高度重视现代化农业的发展，但不可否认的是数字农业示范园区的建设道阻且长，需要通过了解其他省区市数字农业示范区存在的问题及成功建设经验，提出解决措施和创建方法，进一步优化数字农业示范区的建设。

一是制订园区前期规划。在创建数字农业示范园区之前，需要进行科学合理的详细规划。首先，要明确园区的建设目标和方案，包括土地规划、基础设施建设、人才引进等方面。其次，要确定园区的核心产业和特色产品，并根据市场需求和资源优势进行优化配置。最后，还需要对园区进行整体规划和设计，包括功能分区、道路交通、绿化景观、信息化建设等方面。

二是完善基础设施建设。完善的基础设施包括智能温室、节水灌溉设备等现代化的农业生产设施，水库、灌溉渠道等配套的农田水利设施，以及拖拉机、收割机等农业机械设备。同时，还需要建设完善的电力、通信和交通基础设施，以保证园区的正常运营。

三是促进农业生产数字化。数字农业示范园区的核心是实现农业生产的数字化和智能化。这包括引进物联网、大数据、人工智能等现代信息技术，实现农业生产过程的全程监控和智能控制。同时，通过移动端办公和远程控制系统，实现对园区的远程管理和操作。这不仅可以提高生产效率，还可以降低成本，提高农产品的品质和市场竞争力。

四是推动农业科技的应用。数字农业示范园区需要推广应用先进的农业科技，以提高农业生产效率和品质。这包括物联网技术、无人机喷药技术、自动传感技术、智能温室技术、生物医药技术等。通过这些技术的应用，可以实现精准施肥、智能控温、高效节水、保护环境等功能，从而提高农产品的产量和质量。

五是制订营销策略与品牌建设方案。数字农业示范园区需要建立自己的品牌形象和口碑，以提高园区的知名度和影响力。因此，需要进行营销和品牌建设工作。包括制订营销策略和方案，通过互联网和新媒体等渠道推广园区品牌；开展农产品展示、展销活动，吸引消费者关注和购买；加强与科研机构、行业协会、各行企业的合作与交流，打响园区品牌。通过营销和品牌建设，提升园区的市场竞争力，推动园区可持续发展。

参考文献

一、中文文献

（一）中文专著

［1］《习近平谈治国理政》第四卷，外文出版社 2022 年版。

［2］陈志峰、刘新永、王海平：《乡村振兴背景下福建省县域特色农业布局与发展研究》，中国农业科学技术出版社 2023 年版。

［3］李志国：《特色农业产业化发展的动力与要素分析》，辽宁大学出版社 2022 年版。

［4］鲍宏礼：《特色农业产业链管理》，中国农业出版社 2022 年版。

［5］雷晓峰等：《湖南高质量发展研究丛书 湖南农业优势特色产业空间布局研究》，湖南大学出版社 2022 年版。

［6］伍国勇：《现代山地特色农业推广理论与实践》，人民出版社 2022 年版。

［7］王玉梅等：《广东优势特色农业产业 种植业 发展研究》，中国农业出版社 2021 年版。

［8］李俊杰、李建平：《农业综合开发对优势特色产业的影响研究》，中国农业科学技术出版社 2020 年版。

[9] 陈洁:《我国区域特色农业发展问题研究》,上海远东出版社2020年版。

[10] 刘富来、谢佰承等:《湖南山地垂直气候与特色农业》,气象出版社2020年版。

[11] 林涛:《县域农业特色产业创新发展与政策研究》,科学技术文献出版社2018年版。

[12] 汪发元等:《乡村振兴战略背景下特色农业发展研究》,中国农业出版社2018年版。

[13] 任修霞:《特色农业发展机制研究》,民主与建设出版社2017年版。

[14] 卫龙宝:《中国特色农业现代化道路研究》,科学出版社2016年版。

[15] 齐亚菲:《农业优势特色可持续发展》,中国建材工业出版社2016年版。

[16] 刘汉成:《现代农业发展的理论与实践》,中国经济出版社2016年版。

[17] 蒋和平等:《中国特色农业现代化建设机制与模式》,中国农业出版社2013年版。

[18] 王国敏等:《中国特色农业现代化道路的实现模式研究》,四川大学出版社2013年版。

[19] 姚志平:《特色农业论》,中国农业出版社2008年版。

[20] 沈道权等:《民族地区特色农业发展论》,民族出版社2007年版。

[21] 程桂龙、王晋川、都淑婷:《中国区域产业经济协同发展理

论与实践》，三晋出版社2023年版。

[22] 肖卓霖：《区域经济协同发展的理论与实践研究》，中国纺织出版社2021年版。

[23] 张峰等：《金融科技创新与区域经济协同发展研究》，经济科学出版社2021年版。

[24] 梅燕、蒋雨清：《农村电商产业集群驱动区域经济发展 协同效应及机制》，浙江大学出版社2020年版。

[25] 佘曙初：《区域文化资源与旅游产业经济协同发展研究》，经济日报出版社2019年版。

[26] 刘刚、王秀玲：《城乡与区域经济协同发展理论与政策研究》，河北人民出版社2018年版。

[27] 耿立艳：《区域物流与区域经济协同发展研究 基于京津冀区域的实证研究》，科学出版社2017年版。

[28] 王圣云等：《长江经济带区域协同发展 产业竞合与城市网络》，经济科学出版社2017年版。

[29] 李琳：《区域经济协同发展：动态评估、驱动机制及模式选择》，社会科学文献出版社2016年版

[30] 涂智寿：《信息化与区域经济非均衡协同发展研究》，西南财经大学出版社2013年版。

[31] 王力年：《区域经济系统协同发展理论研究》，东北师范大学出版社2013年版。

[32] 冷志明：《区域经济协同发展研究 对湘鄂渝黔边区的实证分析》，中南大学出版社2006年版。

[33] 黎鹏：《区域经济协同发展研究》，经济管理出版社2003

年版。

[34]何勇:《智慧农业》，科学出版社2023年版。

[35]姚光琴、谢久凤、向钦瀚:《新型智慧农业技术应用》，吉林科学技术出版社2023年版。

[36]唐珂:《智慧农业与数字乡村的中国实践》，人民出版社2023年版。

[37]祝坤艳、王莹、王震宇:《数字化农业经济管理研究》，吉林人民出版社2023年版。

[38]谢瑾岚:《数字时代大国农业供给结构重塑》，中山大学出版社2023年版。

[39]程萍:《广东数字农业发展报告2021》，世界图书出版公司2022年版。

[40]张仙、刘婕、赵鸭桥:《农业数字经济学》，中国农业出版社2022年版。

[41]肖艳、彭诗言、徐雪娇:《数字农业高质量发展评价指标体系构建及路径选择》，人民出版社2022年版。

[42]侯新烁:《数字赋能乡村产业振兴与智慧农业发展》，湘潭大学出版社2022年版。

[43]郭顺义、杨子真:《数字乡村 数字经济时代的农业农村发展新范式》，人民邮电出版社2021年版。

[44]孙红敏、贾银江:《数字农业技术及应用》，中国农业出版社2020年版。

[45]侯秀芳、王栋:《乡村振兴战略下"智慧农业"的发展路径》，中国海洋大学出版社2019年版。

[46] 李道亮:《农村信息化与数字农业》, 中国建筑工业出版社 2010 年版。

[47] 申明浩:《粤港澳大湾区蓝皮书 粤港澳大湾区协同发展报告 2022》, 社会科学文献出版社 2023 年版。

[48] 陈穗丽:《粤港澳大湾区技术创新协同研究》, 中国经济出版社 2022 年版。

[49] 中共中央党校(国家行政学院)"粤港澳大湾区建设研究"课题组:《粤港澳大湾区建设研究》, 人民出版社 2021 年版。

[50] 徐维军、付志能、张卫国:《粤港澳大湾区产业定位与金融服务发展》, 科学出版社 2021 年版。

[51] 国世平:《粤港澳大湾区的商业机遇》, 广东人民出版社 2021 年版。

[52] 李小瑛:《粤港澳大湾区科技创新研究》, 中国社会科学出版社 2019 年版。

[53] 杨沐、李明波:《粤港澳大湾区建设理论与实践》, 华南理工大学出版社 2019 年版。

[54] 中共永州市委宣传部:《永州市加快承接产业转移战略思考: 敞开南大门对接粤港澳》, 2008 年版。

(二) 中文译著

[1] [日] 藤田昌久、[美] 保罗·克鲁格曼、[英] 安东尼·J. 维纳布尔斯:《空间经济学城市、区域与国际贸易》, 梁琦译, 人民大学出版社 2011 年版。

[2] [美] 西奥多·W. 舒尔茨:《改造传统农业》, 梁小民译, 商务印书馆 2006 年版。

［3］［日］速水佑次郎、神门善久：《农业经济论》，沈金虎等译，中国农业出版社 2003 年版。

［4］［美］弗兰克·道宾：《新经济社会学读本》，左晗、程秀英、沈原译，上海人民出版社 2013 年版。

［5］［日］青鹿四郎：《农业经济地理》，东京农文协 1935 年版。

［6］［美］阿尔文·托夫勒：《第三次浪潮》，黄明坚译，中信出版社 2006 年版。

［7］［德］H. 哈肯·协同学：《大自然成功的奥秘》，上海译文出版社 2005 年版。

［8］MGI：《大数据：创新、竞争和生产力的下一个前沿》，美国麦肯锡全球研究院 2011 年版。

［9］［美］罗伯特·S. 卡普兰、戴维·P. 诺顿：《组织协同》，商务印书馆 2010 年版。

（三）中文期刊论文

［1］谭克虎、史铁成：《"十一五"时期太原市特色产业体系构建初探》，《山西大学学报》(哲学社会科学版) 2006 年第 6 期。

［2］沈道权：《培植特色产业促进西部开发》，《青海民族研究》2001 年第 2 期。

［3］杨志龙、陈卫强：《特色农业产业成长的逻辑理路研究》，《农业经济与管理》2021 年第 6 期。

［4］张永成：《运用特色理论发展广西特色产业》，《改革与战略》1999 年第 2 期。

［5］张斯琴、张璞、杨丽梅：《少数民族特色产业发展与创新的 SWOT 分析》，《前沿》2011 年第 13 期。

［6］唐平：《深化企业改革聚焦产业发展打造新疆优势特色农业发展新高地》，《中国农垦》2022 年第 10 期。

［7］赫修贵：《中国特色农业现代化模式探讨》，《学术交流》2010 年第 5 期。

［8］杨亚东、罗其友、伦闰琪等：《乡村优势特色产业发展动力机制研究——基于系统分析的视角》，《农业经济问题》2020 年第 12 期。

［9］杨启智、聂静：《农业特色优势产业竞争力研究——以都江堰市猕猴桃产业为例》，《农村经济》2012 年第 6 期。

［10］马福婷、岳崇山：《贫困地区优势特色农业产业选择与合理发展分析——以冀西北地区为例》，《广东农业科学》2014 年第 2 期。

［11］罗永乐：《特色农业产业集群形成与发展的动力机制分析》，《理论导刊》2015 年第 3 期。

［12］柴亚梅：《培育农业特色优势产业壮大县域经济实体》，《农业工程技术》2019 年第 14 期。

［13］马艳青、殷武平、汪端华等：《湖南蔬菜产业形势分析》，《中国蔬菜》2020 年第 11 期。

［14］储霞玲、刘小茜、郑林秀等：《广东蔬菜产业发展概况分析》，《中国蔬菜》2022 年第 11 期。

［15］郑家喜等：《发展特色农业产业壮大新型农村集体经济的理论逻辑、实践样态以及优化路径：以新疆为例》，《华中农业大学学报》2023 年第 5 期。

［16］冷志明：《湘鄂渝黔边区域经济协同发展的政策研究》，《产业与科技论坛》2006 年第 1 期。

[17] 李琳、刘莹:《中国区域经济协同发展的驱动因素——基于哈肯模型的分阶段实证研究》,《地理研究》2014 年第 9 期。

[18] 朱永达、张涛、李炳军:《区域产业系统的演化机制和优化控制》,《管理科学学报》2001 年第 4 期。

[19] 郭莉、苏敬勤、徐大伟:《基于哈肯模型的产业生态系统演化机制研究》,《中国软科学》2005 年第 11 期。

[20] 赵玉林、魏芳:《基于哈肯模型的高技术产业化过程机制研究》,《科技进步与对策》2007 年第 24 期。

[21] 武春友、刘岩、王恩旭:《基于哈肯模型的城市再生资源系统演化机制研究》,《中国软科学》2009 年第 11 期。

[22] 刘英基:《中国区域经济协同发展的机理、问题及对策分析——基于复杂系统理论的视角》,《理论月刊》2012 年第 3 期。

[23] 李军辉:《复杂系统理论视阈下我国区域经济协同发展机理研究》,《经济问题探索》2018 年第 7 期。

[24] 郭湖斌、齐源:《基于耦合模型的长三角区域物流与区域经济协调发展研究》,《工业技术经济》2018 年第 10 期。

[25] 梅燕、蒋雨清:《乡村振兴背景下农村电商产业集聚与区域经济协同发展机制——基于产业集群生命周期理论的多案例研究》,《中国农村经济》2020 年第 6 期。

[26] 郭雪萌、王志刚:《高新区与区域经济协同发展的机理分析及实证研究》,《东岳论丛》2021 年第 5 期。

[27] 王恕立、吴楚豪:《自贸试验区建设推动了区域经济协同发展吗》,《国际贸易问题》2021 年第 6 期。

[28] 王鹏:《基于地区间经济梯度发展视角的产业转移必要性研

究》,《商业经济研究》2015年第36期。

[29] 贺玉德、马祖军:《基于CRITIC-DEA的区域物流与区域经济协同发展模型及评价——以四川省为例》,《软科学》2015年第3期。

[30] 何天祥、黄琳雅:《高铁网络对湖南区域经济协同发展影响》,《地理科学》2020年第9期。

[31] 郭雪萌、王志刚:《高新区与区域经济协同发展的机理分析及实证研究》,《东岳论丛》2021年第5期。

[32] 丁佳:《建立法治保障机制促进区域经济与社会协同——以欠发达地区融入长株潭都市圈为例》,《产业创新研究》2023年第18期。

[33] 周新德、周杨:《数字经济赋能乡村产业振兴的机理、障碍与路径研究》,《粮食科技与经济》2021年第5期。

[34] 完世伟、汤凯:《数字经济促进乡村产业振兴的机制与路径研究》,《中州学刊》2022年第3期。

[35] 杨梦洁:《数字经济驱动城乡产业链深度融合的现状、机制与策略研究》,《中州学刊》2021年第9期。

[36] 李淑艳、李秀敏、李旭东:《区块链技术在粤港澳大湾区物流企业中的典型应用研究》,《企业经济》2021年第1期。

[37] 马改艳、杨秋鸾、王恒波:《数字经济赋能乡村产业振兴的内在机制、现实挑战与突破之道》,《当代经济管理》2023年第8期。

[38] 郭朝先:《数字经济时代产业组织演变:趋势、特征与效果》,《中国农村经济》2023年第10期。

[39] 杨水根、何松涛:《数字经济助推产业融合发展了吗?——以长江中游城市群为例》,《财经理论与实践》2023年第4期。

［40］金福子、卢衍航：《数字化精准赋能乡村产业振兴的逻辑建构及增能路径》，《学术交流》2023 年第 5 期。

［41］完世伟、汤凯：《数字经济促进乡村产业振兴的机制与路径研究》，《中州学刊》2022 年第 3 期。

［42］田野、叶依婷、黄进等：《数字经济驱动乡村产业振兴的内在机理及实证检验——基于城乡融合发展的中介效应》，《农业经济问题》2022 年第 10 期。

［43］时孜腾：《数字经济驱动乡村产业振兴的内在机理——评数字乡村：〈数字经济时代的农业农村发展新范式〉》，《国际贸易》2022 年第 11 期。

［44］王媛、郁钊：《数字乡村战略视野下我国农产品对外贸易能力提升研究》，《农业经济》2020 年第 9 期。

［45］赵成伟、许竹青：《高质量发展视阈下数字乡村建设的机理、问题与策略》，《求是学刊》2021 年第 5 期。

［46］任秦、沈月琴、朱哲毅：《山区县数字乡村产业发展的浙江经验与启示》，《浙江农林大学学报》2023 年第 4 期。

［47］王凯：《数字乡村建设对农产品流通现代化发展的影响》，《商业经济研究》2023 年第 19 期。

［48］樊雅文：《数字乡村视角下农产品跨境电商高质量发展研究》，《农业经济》2023 年第 12 期。

［49］毕达宇、初升：《数字乡村建设、农村消费升级与经济高质量发展》，《中南民族大学学报》（人文社会科学版）2024 年第 1 期。

［50］李玉清：《数字经济推动农村一二三产业融合发展的路径研究》，《当代经济》2019 年第 7 期。

[51] 郭朝先、苗雨菲:《数字经济促进乡村产业振兴的机理与路径》,《北京工业大学学报》(社会科学版)2023 年第 1 期。

[52] 迟明园、石雅楠:《数字经济促进产业结构优化升级的影响机制及对策》,《经济纵横》2022 年第 4 期。

[53] 陈怡冰、张文博、莫丽颖等:《数字经济赋能吉林省农村农业高质量发展的机制与路径研究——以"一亩阳光"电商平台为例》,《全国流通经济》2022 年第 1 期。

[54] 彭芳梅:《粤港澳大湾区及周边城市经济空间联系与空间结构——基于改进引力模型与社会网络分析的实证分析》,《经济地理》2017 年第 12 期。

[55] 张紧跟:《论粤港澳大湾区建设中的区域一体化转型》,《学术研究》2018 年第 7 期。

[56] 钟嘉毅:《粤港澳大湾区建设背景下广州深化战略定位的思考——以南沙为例》,《时代金融》2018 年第 6 期。

[57] 王方方、杨焕焕:《粤港澳大湾区城市群空间经济网络结构及其影响因素研究——基于网络分析法》,《华南师范大学学报》(社会科学版)2018 年第 4 期。

[58] 李郇、周金苗、黄耀福等:《从巨型城市区域视角审视粤港澳大湾区空间结构》,《地理科学进展》2018 年第 12 期。

[59] 陈嘉俊、李祥:《区域协作视角下湛江对接与融入粤港澳大湾区建设研究》,《沿海企业与科技》2022 年第 5 期。

[60] 李青、何珽鋆、韩永辉:《以机制联通推动粤港澳大湾区科创合作——兼论对建设全国统一大市场的启示》,《治理现代化研究》2022 年第 6 期。

[61] 张喆:《粤港澳大湾区高质量协同发展路径研究》,《理论学刊》2023 年第 5 期。

[62] 彭继增、王幼娟、李爽:《赣州对接融入粤港澳大湾区的可行性研究——基于承接产业转移的视角》,《金融与经济》2020 年第 5 期。

[63] 唐安杰:《郴州融入粤港澳大湾区路径及策略》,《湘南学院学报》2021 年第 6 期。

[64] 陈华平、张廷丹:《跨区域协同治理视阈下赣州"三南"融入粤港澳大湾区发展"飞地经济"的路径探讨》,《商业经济》2022 年第 11 期。

[65]李白:《广西全面对接粤港澳大湾区发展研究》,《中国市场》2023 年第 18 期。

[66] 赵瑞娟、梁栋:《推动广西特色农产品更好精准对接粤港澳大湾区研究》,《市场论坛》2023 年第 5 期。

[67] 马芳芳、祖钰博、文搏:《贵州与粤港澳大湾区产业合作研究》,《贵州商学院学报》2023 年第 1 期。

[68] 张靖:《赣南苏区建设承接粤港澳大湾区电子信息产业转移创新区的路径探究》,《投资与创业》2023 年第 8 期。

[69] 陈华平、钟乐童:《区域协同视角下赣州打造内陆与粤港澳大湾区双向开放先行区的优化路径探究》,《商业经济》2023 年第 5 期。

(四)学位论文

[1] 李俊杰:《农业综合开发对优势特色产业的影响研究》,博士学位论文,中国农业科学院,2017 年。

[2] 许烜:《湖南农业产业集群升级研究》,博士学位论文,湖南

农业大学，2015。

［3］刘莹：《区域经济协同发展：中国区域经济增长新路径》，博士学位论文，湖南大学，2018年。

［4］王力年：《区域经济系统协同发展理论研究》，博士学位论文，东北师范大学，2012年。

［5］路天浩：《要素禀赋、创新模式选择与区域经济高质量发展》，博士学位论文，吉林大学，2023年。

［6］吴宝林：《乡村振兴背景下农村宅基地"三权分置"制度研究》，博士学位论文，江西财经大学，2022年。

［7］陈诗：《乡村振兴战略下乡村能人培育研究》，博士学位论文，吉林大学，2023年。

［8］王奇：《数字乡村与经济发展》，博士学位论文，南财经大学，2021年。

［9］金恩焘：《数字乡村战略下农产品流通体系创新研究》，博士学位论文，南昌大学，2020年。

［10］霍祎黎：《粤港澳大湾区经济集聚—扩散对区域协调发展的影响研究》，博士学位论文，东北师范大学，2023年。

［11］曹冬梅：《协同创新、空间溢出对粤港澳大湾区产业技术创新效率的影响研究》，博士学位论文，武汉大学，2019年。

（五）电子文献

［1］中共中央 国务院：《粤港澳大湾区发展规划纲要》，https://www.gov.cn/zhengce/202203/content_3635372.htm#1，2019年2月18日。

［2］中共中央 国务院：《关于全面推进乡村振兴加快农业农村现代化的意见》，https://www.gov.cn/gongbao/content/2021/content_5591401.

htm?eqid=cacfa21e00028c7000000006646ee281，2021 年 1 月 4 日。

[3] 新华社:《中华人民共和国国民经济和社会发展第十四个五年规划和 2035 年远景目标纲要》，https://www.gov.cn/xinwen/2021-03/13/content_5592681.htm?eqid=e5fdcd42000308410000000036475b4ab，2021 年 3 月 13 日。

[4] 湖南省人民政府办公厅:《湖南省对接粤港澳大湾区实施方案（2020-2025 年）》(湘政办发〔2020〕8 号)，http://www.hunan.gov.cn/hnszf/xxgk/wjk/szfbgt/202003/t20200304_11764140，html.2020 年 3 月 2 日。

[5] 广州市农业农村局（乡村振兴局）:《喜报！——10 项粤港澳大湾区"菜篮子"团体标准正式发布》，http://nyncj.gz.gov.cn/gkmlpt/content/8/8762/post_8762049.html#414，2023 年 1 月 16 日。

[6] 广东省农业农村厅:《2023 年上半年广东省蔬菜产销形势分析》，https://dara.gd.gov.cn/gkmlpt/content/4/4229/post_4229227.html#3045，2023 年 8 月 8 日。

[7] 永州市人民政府办公室:《永州市对接粤港澳大湾区"菜篮子"工程建设实施方案》(永政办函〔2019〕37 号)，2019 年 7 月 10 日。

[8] 永州市人民政府:《永州市"十四五"农业农村现代化规划》，http://www.yzcity.gov.cn/cnyz/ghjh/201806/e78327d32b1e407d83d7a5335bd1540c.shtml，2021 年 12 月 27 日。

二、英文文献

[1] HOWARDA, An agriculturaltestament,Oxford:OxfordUniversityPress,1940, pp.1-266.

[2] Khoirul Anam, & Teguh Soedarto. (2022). Efforts to Encourage Development of Sustainable Modern Agriculture Through Empowerment of Farmer Group. Agricultural Science, 5(2), 91–101.

[3] Ju, X. (2022). Application of Big Data Technology to Promote Agricultural Structure Adjustment and High-Quality Development of Modern Agriculture. Computational Intelligence and Neuroscience, 2022.

[4] Davis, J., and Goldberg, R., (1957). A Concept of Agribusiness. Division of Research, Graduate School of Business Administration, Harvard University, Boston, 136.

[5] Cramer, G.L., and Jensen, C.W. (1979). Agricultural economics and agribusiness: an introduction. John Wiley & Sons.

[6] Reardon, T., and Barrett, C. B. (2000). Agroindustrialization, globalization, and international development: An overview of issues, patterns, and determinants. Agricultural economics, 23(3), 195–205.

[7] Gray, A.W., and Boehlje, M. (2007). The Industrialization of Agriculture: Implications for Future Policy, 1240–2016–101652

[8] Power, A. G. (2010). Ecosystem services and agriculture: tradeoffs and synergies. Philosophical transactions of the royal society B: biological sciences, 365(1554), 2959–2971.

[9] Boltyanska, N. (2018). Justification of choice of heating system for pigsty. TEKA. An International Quarterly Journal on Motorization, Vehicle Operation, Energy Efficiency and Mechanical Engineering,18(1), 57–62.

[10] Adnan, N., & Nordin, S. M. (2021). How COVID 19 effect

Malaysian paddy industry? Adoption of green fertilizer a potential resolution. Environment, development and sustainability, 23(6), 8089–8129.

[11] Walker, R. A. (2009). The country in the city: the greening of the San Francisco Bay Area. University of Washington Press

[12] Cole, P. (2018). Dockworker power: race and activism in Durban and the San Francisco Bay Area. University of Illinois Press.

[13] Tom, S. (2020). San Francisco Bay Area Squadron (San Francisco, California). Wings of Gold, 45, (1).

[14] Fisher, R., Tang, M., Le, T., Yee, D., and White, K. (2019). Accelerating beyond early adopters to achieve equitable and widespread electric vehicle use in the San Francisco Bay area. World Electric Vehicle Journal, 11(1), 3.

[15] Krapohl, S., & Vasileva–Dienes, A. (2020). The region that isn't: China, Russia and the failure of regional integration in Central Asia. Asia Europe Journal, 18(3), 347–366.

[16] Olzhebayeva, G., Buldybayev, T., Pavalkis, D., Kireyeva, A., & Micekiene, A. (2023). Is there interest in green deal research in Central Asia. Economics and Sociology, 16, 302–22.

[17] Torre Medina, M. D. L. (2020). Chinese Trade Bilateralism and Latin America: The Case of China–Chile Free Trade Agreement. M é xico y la cuenca del pacífico, 9(27), 109–128.

[18] Juust, M., Vahter, P., & Varblane, U. (2021). Trade effects of the EU – South Korea free trade agreement in the automotive industry.

Journal of East–West Business, 27(1), 1–29.

[19] Eanes, F.R., Singh, A.S., Bulla, B.R., Ranjan, P., Prokopy, L.S., Fales, M., Wickerham, B., and Doran, P. J. (2017). Midwestern US farmers perceive crop advisers as conduits of information on agricultural conservation practices. Environmental Management, 60, 974–988.

[20] Mueller, R.A.E. (2001). E–commerce and entrepreneurship in agricultural markets. American Journal of Agricultural Economics, 1243–1249.

[21] Salemink, K., Strijker, D., and Bosworth, G. (2017). Rural Development in the Digital Age: A systematic literature review on unequal ICT availability, adoption, and use in rural areas. Journal of Rural Studies, 54, 360–371.

[22] Amirova, E. F., Kirillova, O. V., Kuznetsov, M. G., Gazetdinov, S. M., & Gumerova, G. H. (2020). Internet of things as a digital tool for the development of agricultural economy. In BIO Web of Conferences（Vol. 17, p. 00050）. EDP Sciences.

[23] Fleming, A., Jakku, E., Fielke, S., Taylor, B. M., Lacey, J., Terhorst, A., & Stitzlein, C. (2021). Foresighting Australian digital agricultural futures: Applying responsible innovation thinking to anticipate research and development impact under different scenarios. Agricultural Systems, 190, 103120.

[24] Khudyakova, T.A., and Shmidt, A.V. (2018). Methodical approaches to managing the sustainability of enterprises in a variable economy Espacios, 39(13), 28.

[25] Fedorov, A. D., Kondratieva, O. V., and Slinko, O. V. (2020).

Process of digital transformation of agrarian economy. In International Conference on Policicies and Economics Measures for Agricultural Development (AgroDevEco 2020) (pp. 164–169). Atlantis Press.

[26] Gremmen, B., Blok, V., & Bovenkerk, B. (2019). Responsible innovation for life: five challenges agriculture offers for responsible innovation in agriculture and food, and the necessity of an ethics of innovation. Journal of Agricultural and Environmental Ethics, 32, 673–679.

[27] Rijswijk, K., Klerkx, L., & Turner, J. A. (2019). Digitalisation in the New Zealand Agricultural Knowledge and Innovation System: Initial understandings and emerging organisational responses to digital agriculture. NJAS–Wageningen Journal of Life Sciences, 90, 100313.

[28] Rahmah, M. (2017). The Protection of Agricultural Products under Geographical Indication: An Alternative Tool for Agricultural Development Indonesia. Journal of Intellectual Property Rights, 22 (2), 90–103.

[29] Zhang, Y., and Bi, C. (2022). Marketing strategy of One village One Product new Media Matrix Marketing in Thailand. Technium Social Sciences Journal, 38, 427–443.

[30] Hoang, G., and Nguyen, T.T. (2020). Geographical indications and quality promotion of agricultural products in Vietnam: an analysis of government roles. Development in practice, 30(4), 513–522.

后 记

建设粤港澳大湾区，是习近平总书记亲自谋划、亲自部署、亲自推动的重大国家战略。永州与广东毗邻，与大湾区地缘互依、交通互联、人缘相亲、商缘相连，精准对接融入粤港澳大湾区具有得天独厚的优势。特别是永州厚重的历史底蕴，优越的地理条件，为区域内优势特色农业产业发展奠定了基础。

党的二十大报告明确指出，要坚持农业农村优先发展，坚持城乡融合发展，畅通城乡要素流动，发展乡村特色产业，拓宽农民增收致富渠道。湖南省第十二次党代会报告提出，加强对接粤港澳大湾区建设，推动湘南建设中西部地区内陆开放合作示范区等，为永州的对外开放赋予了新的使命。瞄准大湾区对优质农产品的市场需求，充分发挥永州优势特色农业产业优势，加快乡村产业振兴的步伐，为大湾区提供丰富多样、绿色生态、优质安全、供需稳定的农产品，是推动永州区域经济发展的重大议题。

2022 年，湖南科技学院党委委员、副校长何福林教授牵头申报立项了湖南省哲学社会科学基金重大委托项目——“永州精准对接粤港澳大湾区优势特色农业产业发展对策研究”（23WTA07），本书是该项目的最终研究成果。本书从永州对接粤港澳大湾区优势特色农业产业发展的现实基础入手，深刻把握永州精准对接粤港澳大湾区优势特色农业产业发展主要成效和存在的问题，深入分析国内其他城市对接粤港澳大湾区优势特色农业产业发展的典型成功案例，提出永州精准对接粤港澳大湾区优势特色农业产业发展的战略重点，重点给出永州精准对接粤港澳大湾区优势特色农业产业发展的优化路径和实践对策。

项目研究期间，2023 年 5—7 月，课题组成员先后前往江华、江永、道县、冷水滩、零陵、东安、祁阳、蓝山、新田、宁远等地对 31 家农林产品加工企业进行实地考察，比较全面地掌握了永州市农林产品加工产业发展情况；2023 年 10 月和 2024 年 5 月等，课题组成员多次集中前往广东省进行深入调研，了解粤港澳大湾区现代农业产业发展规划、现代农业产业生产体系及标准、优质农产品需求与供给、质量监控体系与智能追溯、营销渠道与方式、物流体系建设与成本核算等。

在本书的写作过程中，湖南科技学院经济与管理学院教师蒋甲樱、方芳、王慧、李佳珂、罗婷、唐彬彬、邓凌峰、曹忠红、胡雨、梁志权、周小敏、焦娟妮、张志明、李若哲、龙海峰、黄超群、肖小爱、钱文彬、杨柳、周晓娟、陈琼、刘芳、王珂、屈文艳，旅游与文化产业学院教师肖辉军、李爱军、刘进、何真、张程、黄萌，化学与生物工程学院教师邵金华、骆鹰、袁志辉，智能制造学院教师周学斌、唐志好，科技处王志堂、胡晓、蒋阅、蒋玮玮、吴暑静等人参与了讨论、资料收集与部分撰写工作；周芳检、刘进、蔡保忠负责书稿的统稿，全书最终稿由何福林教授审定。

深深感谢湖南科技学院为本书写作创造的条件，感谢学校领导给予的亲切关怀，感谢湘粤智库联盟特别是广东省社科联、湖南省社科联给予的大力支持。本书的出版还得到了湖南省社会科学成果评审委员会重点课题（XSP24ZDI022）、湘南优势植物资源综合利用湖南省重点实验室资助项目、湖南省普通高等学校哲学社会科学重点研究基地（湘粤优势特色产业协同发展）、“工商管理”湖南科技学院应用特色学科重点建设项目资助、“融湾兴永·乡村振兴”湖南科技学院学科创新团队的支持。

在书稿正式出版前，刘小文、黄渊基、周基、覃佐东、谭永宏、曾二青等多位专家多次提供参考资料，细心阅改文稿并不吝赐教，为拙作增色不少。在此，表示深深的感谢！

囿于作者的学识和精力，书中谬误之处在所难免，敬请专家学者和广大读者批评指正。

何福林　周芳检

2024 年 7 月 12 日

责任编辑：高晓璐
封面设计：胡欣欣

图书在版编目（CIP）数据

环粤港澳大湾区优势特色农业产业对接研究 / 何福林，周芳检著 . -- 北京：人民出版社，2024. 11. -- ISBN 978-7-01-026930-6

I. F327.65

中国国家版本馆 CIP 数据核字第 2024D0U928 号

环粤港澳大湾区优势特色农业产业对接研究

HUAN YUE GANG AO DAWANQU YOUSHI TESE NONGYE CHANYE DUIJIE YANJIU

何福林　周芳检 著

人民出版社 出版发行

（100706　北京市东城区隆福寺街 99 号）

北京九州迅驰传媒文化有限公司印刷　新华书店经销

2024 年 11 月第 1 版　2024 年 11 月北京第 1 次印刷

开本：710 毫米 ×1000 毫米 1/16　印张：19.25

字数：296 千字

ISBN 978-7-01-026930-6　定价：69.00 元

邮购地址 100706　北京市东城区隆福寺街 99 号

人民东方图书销售中心　电话（010）65250042　65289539